अमेरिका 2020

एक बँटा हुआ देश

चुनावी सरगर्मी में भारतीय पत्रकार की
42 दिनों की अमेरिका-यात्रा

अविनाश कल्ला

अमेरिका 2020

एक बँटा हुआ देश

सार्थक
राजकमल प्रकाशन का उपक्रम

ISBN : 978-93-89598-98-8

मूल्य : ₹250

पहला संस्करण : 2021

सार्थक राजकमल प्रकाशन का उपक्रम

प्रकाशक
राजकमल प्रकाशन प्रा.लि.
1-बी, नेताजी सुभाष मार्ग, दरियागंज
नई दिल्ली-110 002

शाखाएँ
अशोक राजपथ, साइंस कॉलेज के सामने, पटना-800 006
पहली मंज़िल, दरबारी बिल्डिंग, महात्मा गांधी मार्ग, प्रयागराज-211 001
36 ए, शेक्सपियर सरणी, कोलकाता-700 017
वेबसाइट : www.rajkamalprakashan.com
ई-मेल : info@rajkamalprakashan.com

मुद्रक
यश प्रिंटोग्राफिक्स
ग्रेटर नोएडा-210 310 (उत्तर प्रदेश)

AMERICA 2020 : Ek Banta Hua Desh
Non fiction by Avinash Kalla

अर्चना और अनुभूति के लिए

मेरे विश्वास के आधार
जो चुपचाप हर ख़याल को हक़ीक़त में बदलते हैं...

क्रम

शुरुआत

"डेडा, इलेक्शन तो अमेरिका के थे, वहाँ कोविड भी सबसे ज़्यादा था, फिर आप वहाँ क्यों गए?" यह सवाल मेरी बेटी अनुभूति ने तब पूछा जब उसे पता चला कि मेरी किताब पूरी हो गई है। यात्रा तो कर आया, पर मैं अमेरिका गया क्यों था, यह सवाल कई लोग पूछना चाह रहे थे, पूछा भी। तो इस सवाल के जवाब के साथ ही अपनी बात की शुरुआत ठीक है।

दुनिया के सबसे ताक़तवर पद पर कौन आसीन होगा, अमेरिका में अमेरिकियों को यह चुनना था और दुनिया का सबसे विकसित देश किस तरह से अपना नेता चुनता है मुझे यह समझना था। सुना था कि संकट की घड़ी में ही असली कैरेक्टर निकलकर सामने आता है और इस वक़्त अमेरिका जिस संकट का सामना कर रहा है, वह पिछले कुछ दशकों में सबसे बड़ा संकट है।

यही जानने और समझने की जिज्ञासा मुझे अटलांटिक महासागर के पार ले गई। कैसे वह देश सबसे बड़ी वैश्विक महामारी से जूझ रहा है, वहाँ लोग कैसे इस संकट से मुक़ाबला कर रहे हैं, कैसे उनका जीवन बदल रहा है और जिस तरह के आँकड़े ख़बरों में आ रहे थे, महामारी से जूझती महाशक्ति को देखने और समझने का इससे बेहतर समय कोई और नहीं हो सकता था।

वैसे भी एक पत्रकार का पहला काम होता है ख़बर तक पहुँचना, दुनिया की सबसे बड़ी ख़बर अमेरिका में होने वाली थी और मेरे पास मौक़ा था वहाँ तक जाने का, इस मौक़े को मैं ज़ाया नहीं होने देना चाहता था।

27 सितम्बर, 2020 की सुबह 2 बजे एयर इंडिया के विमान से वॉशिंगटन डीसी के लिए उड़ान भरने के 16 घंटे बाद ही 27 सितम्बर की सुबह 8 बजे ही मैं ड्यूल्स एयरपोर्ट पर उतरा। टाइम ज़ोन से यह मेरी पहली मुलाक़ात थी। विमान से उतरते ही तय किया कि दो दिन राजधानी में बिताने के बाद यात्रा शुरू की जाएगी।

प्लान बनाया गया, अगले 30 दिनों में तक़रीबन 10,000 मील (क़रीब 16,000 किलोमीटर) का सफ़र तय किया जाएगा, सड़क मार्ग से। कोविड के चलते सफ़र का सबसे सुरक्षित तरीक़ा यही था। इस यात्रा में 30 राज्यों से निकलते हुए वापस वॉशिंगटन डीसी आया जाएगा और सत्ता परिवर्तन देखा जाएगा।

1 अक्टूबर को जब न्यूयॉर्क पहुँचा तो पहली बार कोविड का डर समझ में आया। मैं तीसरी बार न्यूयॉर्क आया हूँ और मैंने यह शहर इतना ख़ाली कभी नहीं देखा। गगनचुम्बी इमारतें ख़ाली पड़ी हैं, रास्ते सुनसान हैं और जीवन अस्त-व्यस्त! मेरे एक मित्र जो यहाँ कई सालों से रहते हैं, वे बताते हैं कि उन्हें लगता है इस शहर को अपने स्वाभाविक रूप में आने में दो से तीन साल लगेंगे।

हम सभी को न्यूयॉर्क से आते हुए आँकड़ों ने हैरानी में डाला। दुनिया की मैक्सिमम सिटी महामारी के समय में किसी भी छोटे शहर की तरह डरी हुई थी। जैसे-जैसे यात्रा आगे बढ़ी, समझ में आया कि महामारी के इस दौर में दुनिया की महाशक्ति कितनी बँटी हुई थी। यहाँ के हुक्मरानों ने महामारी को राजनीति का माध्यम बना दिया। जहाँ रिपब्लिकन राज्यों ने सब कुछ सामान्य रखा और कहा, 'वायरस से डरने की ज़रूरत नहीं,' वहीं

डेमोक्रेटिक राज्यों ने सभी कुछ बन्द कर दिया और वहाँ जानमाल के साथ रोज़गार की भी बड़ी हानि हुई। दोनों दल अपनी-अपनी सुविधा के हिसाब से कोविड को अपने चुनावी हित साधने में इस्तेमाल कर रहे थे। नतीजा यह कि दुनिया में सबसे ज़्यादा कोविड-19 का प्रकोप अमेरिका में ही रहा।

सफ़र जब न्यूयॉर्क से नॉर्थ की तरफ़ कनेक्टिकट होते हुए बोस्टन की ओर जब बढ़ा तो रास्ते में न्यू इंग्लैंड का इलाक़ा आया और आपको यहाँ शहरों के न्यू लंदन, शेफ़ील्ड, केम्ब्रिज, यॉर्क जैसे कई नाम दिखने लगे। ये सभी अंग्रेज़ों के दिए नाम हैं और यहाँ इन नामों के इर्द-गिर्द कोई हो-हल्ला नहीं होता। लगता है, राष्ट्रवाद हमारे यहाँ की तरह अभी अमेरिका नहीं पहुँचा। वरना तो जगहों के नाम बदलने पर ही वोट माँग लिये जाते हैं।

अपनी इस 42 दिनों की यात्रा में अमेरिका का जो असली रूप देखा वह हमारे सीमित नज़रिये से देखे जाने वाले अमेरिका से काफ़ी अलग है। मैंने सीमित नज़रिया इसलिए कहा, क्योंकि मेरी तरह ज़्यादातर लोगों के लिए अमेरिका वॉशिंगटन डीसी, न्यूजर्सी, न्यूयॉर्क, कैलिफ़ोर्निया और लॉस वेगास तक ही सीमित है। हमें अमेरिका दिखाने वाले ख़बरिया चैनल वॉशिंगटन की राजनीति, न्यूयॉर्क की चकाचौंध, कैलिफ़ोर्निया में सैन फ़्रैंसिस्को की आईटी इंडस्ट्री और लॉस एंजेलस में हॉलीवुड, वेगास के कसीनो और हद से हद न्यूजर्सी में रहने वाले भारतीय मूल से आगे दिखाते ही नहीं हैं।

जब उनका नज़रिया इतना सीमित है तो उससे हम अमेरिका जैसे बड़े देश को कैसे समझ पाएँगे। इन राज्यों और हॉर्वर्ड के इलीट ज्ञानियों से प्राप्त अमेरिका को देखने के लिहाज़ से यह यात्रा महत्त्वपूर्ण रही।

जब यहाँ के गाँव देखे तो अचरज हुआ कि इतनी छोटी सी आबादी के लिए भी कोई इतनी सुविधा कैसे दे सकता है। माउंट रश्मॉर जाते वक़्त हम बीच में एक छोटे-से क़स्बे 'वॉल' पर रुके, जहाँ की आबादी महज़ 895 है और यह 113 साल पुराना क़स्बा है। पर यहाँ आधुनिक सुविधाएँ सारी थीं।

जैसे-जैसे इन छोटे क़स्बों से होते हम आगे बढ़े, अमेरिका शान्त, सुन्दर और मिलनसार लगा। यहाँ के लोग आत्मीय थे, उन्हें मेरी फ़िक्र थी, वे मेरे सहयात्रियों से सरलता से मिल रहे थे। यह शहर में बसने वाले अमेरिकी लोगों से उलट था।

ऐसे ही एक गाँव में किसानों को भी देखा। उनके हालात हमारे यहाँ आन्दोलन कर रहे किसानों से ज़्यादा अलग नहीं हैं। वहाँ पर खुला बाज़ार है, कोई सरकारी मंडी नहीं। वे जहाँ चाहें, जिसे चाहें अपने खेत की उपज बेच सकते हैं। ऐसा यहाँ क़रीब 70 वर्षों से हो रहा है। बावजूद इसके एक साधारण अमेरिकी किसान अब भी ग़रीबी रेखा से नीचे ही है, साल के 50,000 डॉलर भी नहीं जुटा पा रहा। जहाँ पहले 21 प्रतिशत अमेरिकी खेती करते थे, आज सिर्फ़ तीन प्रतिशत ही अमेरिका का भरण-पोषण कर रहे हैं। वे कहते हैं, कॉरपोरेट घरानों ने अपने फ़ायदे के लिए खेती करने वालों का नुक़सान कर दिया। हमारे यहाँ इन्हीं अमेरिकी किसानों के सामर्थ्यवान होने का उदाहरण देकर खेती के कॉरपोरेटीकरण की दलील दी जा रही है।

एक समृद्ध देश होने के बावजूद, आम अमेरिकियों का जीवन हममें से किसी से ज़्यादा अलग नहीं है। वहाँ भी मासिक किस्तों (EMI) का जाल है तो नौकरी खोने का डर भी। यहाँ हिन्दू-मुस्लिम का भेद और हर चीज़ या घटना के पीछे पाकिस्तान तो वहाँ काले-गोरों के बीच बढ़ती दूरियाँ और चीन का जिन्न। वहाँ इस डर से कि अश्वेत कुछ ही सालों में श्वेतों को जनसंख्या में पीछे छोड़ देंगे, विभाजन किया जा रहा है। यहाँ भी व्हाट्सएप्प यूनिवर्सिटी कुछ ऐसा ही ज्ञान फैला रही है।

अमेरिकी चुनावों का हवाला पिछले कुछ सालों से भारत में बहुत दिया जाता है। पर वहाँ चुनाव हमारे चुनावों से काफ़ी अलग है। मेरी नज़र में चुनाव केवल राजनीतिक नहीं होते, वे उस जगह की संस्कृति को भी दर्शाते हैं। चुनाव काफ़ी कुछ सांस्कृतिक भी होते हैं। दो सदियों से भी ज़्यादा समय से वहाँ चुनाव हो रहे हैं, दुनिया में शायद सबसे पहले से।

वहाँ की प्रक्रिया हमसे भिन्न है, लोगों से मिलना, उन तक अपनी बात पहुँचाना, नेताओं से जवाबदेही माँगना, वहाँ सब सामान्य है। हमारे लिए अमेरिका होने की कल्पना भी करना सही नहीं होगा।

चुनाव का माहौल वहाँ क़रीब-क़रीब 18 महीने चलता है, उम्मीदवारी से लेकर शपथ ग्रहण तक। वहाँ पार्टियाँ अपने उम्मीदवार को पार्टी पर और जनता पर थोपती नहीं हैं, आपको अपनी उम्मीदवारी जीतनी पड़ती है, अपने साथियों के साथ खड़े होकर। उनसे प्राइमरी और कॉकस में डिबेट करके, आपको अमेरिका के लिए अपना विज़न बताना पड़ता है और लोगों में विश्वास पैदा करना पड़ता है कि देश का कमांडर इन चीफ़ होने के लिए आप ही सबसे अच्छे हैं। आपको अपनी उम्मीदवारी जीतने में क़रीब-क़रीब एक साल लग जाता है, आप अपने प्लान के साथ पूरे देश में घूमकर अपने लिए समर्थन हासिल करते हैं फिर चुनाव में उतरते हैं।

दावेदारी जीतने के बाद भी, आपको अपने प्रतिद्वन्द्वी से सबके सामने दो-दो हाथ करने होते हैं डिबेट में। ये डिबेट एक निष्पक्ष संस्था संचालित करती है, जो इन्हें मॉडरेट करते हैं और जो इन डिबेट में भाग ले सकते हैं उनके नियम बने हुए हैं। जब आप ये डिबेट देखते हैं, तो आपको और उम्मीदवार जो आमने-सामने हैं उन्हें सवाल उसी वक़्त बताए जाते हैं। 2016 में हुए आख़िरी सर्वे के हिसाब से 63 प्रतिशत अमेरिकी नागरिक इन डिबेट को देख अपना मत बनाते हैं।

इलेक्शन डे हमेशा नवम्बर का पहला मंगलवार होता है, और सत्ता हस्तान्तरण 20 जनवरी को दोपहर 12 बजे ही।

यहाँ वोटिंग 16 दिनों तक चलती है, और इलेक्शन डे, जिस दिन आख़िरी मतदान किया जाता है उससे 18 दिन पहले शुरू की जाती है। यह अर्ली वोटिंग 15 दिनों तक चलती है। आप इसमें अगर वोट नहीं डाल सके तो आख़िरी दिन मतदान कर सकते हैं। एक और विशेष बात, यहाँ हर राज्य के वोट डालने के क़ायदे-क़ानून अलग होते हैं। 50 राज्य, 50

अलग नियम एक ही चुनाव के। मिसाल के तौर पर, नेवाडा में आप सिर्फ़ अपनी गाड़ी का नम्बर बताकर अपनी पहचान सत्यापित कर सकते हैं, वहीं जॉर्जिया में आपके लिए यह अनिवार्य होता है कि राज्य का पहचान-पत्र अगर आपके पास है तभी वोट डाल सकते हैं।

यह भी नहीं है कि आपने ज़्यादा वोट जीत लिये तो आप राष्ट्रपति बन जाएँगे। हर राज्य के इलेक्टोरल कॉलेज वोट होते हैं। इलेक्टोरल कॉलेज वोट राज्य की जनसंख्या पर आधारित होते हैं, पर हर राज्य के 2 सीनेट मेम्बर होते हैं और उनके दो वोट। कैलिफ़ोर्निया की जनसंख्या सबसे ज़्यादा है, तो उसके 55 इलेक्टोरल वोट (53 जनसंख्या के अनुपात से और 2 सीनेट के)। उसी तरह नेवाडा क्षेत्रफल के आधार से बड़ा है पर वहाँ के 6 इलेक्टोरल वोट हैं (4 जनसंख्या के अनुपात से और 2 सीनेट के)। इस तरह कुल 543 इलेक्टोरल वोट होते हैं, जो भी 270 वोट हासिल कर लेता है वह राष्ट्रपति बनता है। 48 राज्यों में जिसको सबसे ज़्यादा पॉप्युलर वोट मिलते हैं, उसी को सभी इलेक्टोरल कॉलेज वोट मिलते हैं। मेन और नेब्रास्का अपने वोट उनको देते हैं जो विजेता होता है।

अब ज़रा अपने चुनावों को भी देख लीजिए। यहाँ नेता चुनावी वादों को जुमला कहने में वक़्त नहीं लगाते और कोई आवाज़ नहीं उठती, डिबेट तो दूर की कौड़ी है, बिना प्रश्न पहले साझा किए साक्षात्कार तक नहीं देते। जहाँ अमेरिकी चुनावों में ख़र्चे की सीमा नहीं होती परन्तु एक-एक डॉलर का हिसाब होता है, हमारे यहाँ इलेक्शन बांड होते हैं। हम राजनेताओं को देव पुरुष मानते हैं, वहाँ वे उन्हें एक आम नागरिक। डीसी में पहले ही दिन ट्रम्प का काफ़िला देखा तो लगा इस से ज़्यादा तो हमारे यहाँ एमएलए साहब लावलश्कर लेकर निकलते हैं। इनको देखकर लगता है, हमें अपनी पार्लियामेंटरी डेमोक्रेसी को वैसा ही रखना चाहिए और हर चीज़ की तरह उसका पश्चिमीकरण नहीं होना चाहिए।

क़रीब 18,000 किलोमीटर की यात्रा के बाद एक और सत्य का ज्ञान

हुआ कि अमेरिका के राष्ट्रपति का जैसा आभामंडल देखते हुए हम बड़े हुए हैं और जैसा हमें बार-बार बताया जाता है, एक आम अमेरिकी नागरिक के लिए वह उतना बड़ा आदमी नहीं है। वह सर्वशक्तिमान भी नहीं है। एक अमेरिकी नागरिक के लिए उसके राज्य का गवर्नर ज़्यादा बड़ा और काम का व्यक्ति है। वहाँ राज्य और उनकी न्यायपालिका स्वतंत्र हैं और राष्ट्रपति ट्रम्प के चुनाव में धाँधली के आरोप को जिस तरह से उन्होंने ख़ारिज किया, वह क़ाबिलेग़ौर है।

एक बात और, दुनिया के सबसे पुराने लोकतंत्र के रूप में अमेरिका विश्वभर में इस शासन-प्रणाली में विश्वास रखने वालों का आदर्श माना जाता है। चार साल पहले, वहाँ के लोगों ने एक डिसरप्टर को अपना कमांडर इन चीफ़ चुन लिया। देश और देशवासी आर्थिक रूप से समृद्ध हुए पर सामाजिक तौर पर उन्हें इसकी बड़ी क़ीमत चुकानी पड़ी।

अब 20 जनवरी को जो बाइडन जब राष्ट्रपति पद की शपथ लेंगे तो वह अमेरिका के लोगों की जीत होगी, उनके विवेक का निर्णय होगा।

मेरे लिए यह यात्रा बड़ी ज्ञानवर्धक रही। मैं पहली किताब लिख रहा हूँ, वह भी हिन्दी में तो एक प्रसंग साझा करना चाहता हूँ। जब 11वीं कक्षा में विषय चुनने थे तो पिताजी ने कहा, "हिन्दी ले लो, पर जो भी करना मन से करना। हिन्दी में मैं कभी 40-50 अंकों से आगे नहीं बढ़ा। उनके कहने का अर्थ था, जो मन का हो वो करो। उन्होंने और पारो (मैंने अपनी माँ का नाम यही रखा है) ने कभी काम को लेकर मुझ पर ज़ोर नहीं डाला। उसके चलते आज यहाँ तक आ पाया हूँ। अर्चना के प्रोत्साहन और साहस के बिना यह रोमांच सम्भव नहीं था। डॉ. सी. पी. जोशी जो मुझे 2013 से यह यात्रा करने को कह रहे थे, राजीव सिंह ठाकुर और डॉ. सतीश पूनिया जिन्होंने मेरा हौसला बढ़ाया, और जिगर शाह का धन्यवाद; जिन्होंने अटलांटिक महासागर को पार करने में मेरी मदद की। एक बड़ा धन्यवाद अकील ख़ान और द्रोण यादव को जो मेरे प्लान से

रोमांचित हो मेरे साथ निकल पड़े। इनके बिना इतना लम्बा सफ़र मुश्किल रहता। मेरे मित्र वॉशिंगटन पोस्ट के स्तम्भकार और पुलित्ज़र कमिटी के सदस्य यूजीन रॉबिन्सन का आभार, जिन्होंने मेरी पूरे रास्ते मदद की और महामारी के बीच अमेरिका जाने का हौसला बढ़ाया। राजकमल प्रकाशन के सत्यानन्द निरुपम, जिन्होंने इस 40 नम्बर वाले से हिन्दी में लिखवाने का जोखिम लिया, और मेरे जैसे अनुशासनहीन व्यक्ति से लेखन जैसा अनुशासित काम करवा लिया। तो आगे आप जो पढ़ें उसमें कुछ अच्छा लगे तो श्रेय इनको और न लगे तो भी इनके खाते में। मैं राजकमल प्रकाशन के प्रबन्ध निदेशक अशोक महेश्वरी का शुक्रगुज़ार हूँ जिनकी इस किताब में दिलचस्पी मानीख़ेज़ है। धर्मेन्द्र सुशान्त, राकेश कौशिक, गणेश रजवार, खेम सिंह, सन्दीप कुमार, त्रिभुवन द0त्त, आलोक कुमार, शिप्रा और अनिल आहूजा तथा चन्दन—इन सबके धैर्य और सहयोग के बिना किताब इतने कम समय में आ नहीं सकती थी। सबको धन्यवाद।

इन सब महानुभावों से भी विशेष आभार अनुभूति को, कि उसने डेडा को कोविड के समय में 42 दिनों के लिए बाहर जाने की अनुमति दी। शुक्रिया, अनु!

जैसा कि कहा जाता है, अन्त भला तो सब भला। मैं सकुशल यह यात्रा कर वापस लौट आया, और वहाँ जो देखा, समझा और महसूस किया वो अब आपके सामने है। अपनी राय भेजिएगा, आगे की यात्राओं में उनका ध्यान रखूँगा।

—अविनाश कल्ला

जनवरी, 2021
जयपुर, राजस्थान

1

वॉशिंगटन

27-28 सितम्बर, 2020

कोई और वक़्त होता तो 'सफ़र' शब्द सुनकर ही मन कुलाँचें भरने लगता। मगर इन दिनों कोई सफ़र का नाम भी ले-ले तो घबराहट-सी होने लगती है। मुझे भी हुई। पर जब यह सोचा कि ऐसा मौक़ा फिर कब मिलेगा तो थोड़ी हिम्मत बँधी।

जब बॉलीवुड टीवी न्यूज़ को निगल गया और इसका असर अख़बार की सुर्ख़ियों और न्यूज़ वेबसाइट पर भी दिखने लगा तो घर में विदेशी ख़बरिया चैनल का रुख़ किया गया। वहाँ पर दो ख़बरें छाई हुई थीं। पहली ख़बर थी विश्व के सबसे ताक़तवर व्यक्ति का चुनाव, और दूसरी थी कोविड संक्रमण। जिस तरह से ये दोनों ख़बरें चल रही थीं विचार आया कि क्यों न अटलांटिक पार जाकर इन दोनों बड़ी परिघटनाओं को नज़दीक से देखा और समझा जाए।

देखा जाए कि सबसे पुराना लोकतंत्र किस तरह अपना मुखिया चुनता है। वहाँ के लोग क्या सोचते हैं, ख़ासकर वे लोग जो न्यूयॉर्क, वॉशिंगटन जैसे बड़े शहरों से दूर नॉर्थ कैरोलिना में या फिर वायोमिंग में रहते हैं। वहाँ चुनाव में क्या अपेक्षाएँ होती हैं, लोग क्या सोचकर अपना वोट देते हैं,

राजनेता मतदाताओं के सामने अपनी बात कैसे रखते हैं, किस बात को किस लहज़े में बोलते हैं, रणनीति क्या रहती है, इन सब कामों में तकनीक का कितना और कैसे इस्तेमाल होता है। सुना है, हर व्यक्ति का पर्सनल डाटा खँगाला जाता है। दो वर्ष पहले एक मित्र आए थे। जनाब ने कहा था, एक नम्बर को हम 80 पैरामीटर पर जज करते हैं।

इन्हीं सब विचारों के साथ डिनर पर अर्चना से चर्चा शुरू हुई। हम दोनों ही ख़बरों पर नज़र रखते हैं (अर्चना मुझसे थोड़ी ज़्यादा ही रखती है) तो इस पर गम्भीरता से बात शुरू हुई। एक-दो दिन में जब विचार पक्का हो गया कि इसे किया जाए, तब कुछ राजनेताओं से भी बात हुई। विचार सभी को अच्छा लगा पर सभी ने कोविड की बात की तो हम दोनों को भी डर लगा।

लेकिन शाम को फिर चर्चा चली तो यह निष्कर्ष निकला कि कोविड कहाँ नहीं है, चाहे जयपुर हो, दिल्ली हो या अमेरिका। पर बड़ी ख़बर कहाँ है? अगर सफ़र के दौरान कोविड प्रोटोकॉल का पालन करें तो ये दोनों बड़ी घटनाएँ देखी जा सकती हैं। मेरे हर प्रयोग को मूर्त रूप अर्चना की प्लानिंग ही देती है, इस बार भी ऐसा ही हुआ।

जब मित्र मंडली से बात साझा की तो दो मित्र, अकील खान और द्रोण यादव साथ चलने को राज़ी हुए। एक से भले दो, दो से भले तीन।

आख़िरकार 27 सितम्बर को हम तीनों वॉशिंगटन जाने के लिए दिल्ली के इंदिरा गांधी हवाई अड्डे पर पहुँच गए।

हवाई अड्डे पर पहले वाली रौनक़ नहीं थी। अन्दर हरदम जगमगाती रहने वाली दुकानें बन्द पड़ी थीं, कई जगह सिर्फ़ फ़र्नीचर रह गया था, हालाँकि कई लोग मास्क और शील्ड पहने घूम रहे थे, दूरी का ख़याल रखा जा रहा था, और इक्की-दुक्की नाश्ते की दुकानें या कोई ड्यूटी फ़्री शॉप खुली थी।

जहाज़ में अन्दर जाते वक़्त देखा, जिन लोगों को बीच वाली सीट

मिली थी उन्हें एयरलाइन के कर्मचारी पीपीई किट पहना रहे थे।

विमान अन्दर से किसी आईसीयू वार्ड की तरह लग रहा था। एयर होस्टेस वार्ड की नर्स के समान लग रही थीं। सीट पर नाश्ते का एक पैकेट पहले से ही विराजमान था। घोषणा हुई कि खाना सिर्फ़ एक बार मिलेगा, आप नाश्ता करके अन्दर रखी थैली में डिब्बा डालकर सीट के नीचे रख दें, पानी विमान में पीछे रखी बॉटल से ख़ुद लें और विमान में मनोरंजन के लिए लगी स्क्रीन पर कुछ नहीं दिखाया जाएगा।

अगले 16 घंटे अपने आपसे बात करना भी एक अलग अहसास था। शायद हर आधे घंटे में ख़ुद से पूछा होगा, क्या मैं यह ठीक कर रहा हूँ? कभी घबराहट बढ़ती तो कभी साहस। मन में यह द्वंद्व चल ही रहा था कि कप्तान ने घोषणा की कि विमान वॉशिंगटन के डल्लास हवाई अड्डे पर उतरने वाला है।

धड़कनें अचानक बढ़ गईं। अमेरिका से आ रही ख़बरें ज़ेहन में चल रही थीं।

विमान से निकलकर इमिग्रेशन काउंटर पर पहुँचते ही वहाँ बैठी अधिकारी ने पूछा, "कैसे आना हुआ अमेरिका?"

"दोस्त से मिलने।" मैंने जवाब दिया।

"क्या यही समय मिला आपको?" उसका अगला सवाल था।

"जी।" मैंने सहमति में सिर हिला दिया।

उसने मेरी तरफ़ देखा और चुप हो गई। फिर दो-तीन सेकंड में पासपोर्ट पलटा और स्टाम्प लगाकर आगे जाने का इशारा किया। यह कुछ सेकंड मेरे इमिग्रेशन अनुभव का शायद सबसे लम्बा समय था।

डल्लास हवाई अड्डे पर भी सन्नाटा पसरा पड़ा था। सामान लेने के बाद हम, शहर में जाने के लिए सीधे बाहर निकले। हवाई अड्डे पर कोई जाँच या पूछताछ नहीं हुई। उड़ने से पहले सुना था कि 14 दिन तक क्वॉरंटीन किया जाएगा, पूछताछ होगी, पर ऐसा कुछ भी नहीं हुआ। अचरज

भी हुआ, क्योंकि इससे ज़्यादा एहतियात तो बाहर से आने वालों के साथ जयपुर हवाई अड्डे पर बरता जाता है।

बाहर निकलते ही, बस मिल गई, लेकिन उस पर 'नॉट इन सर्विस' का बोर्ड टँगा था। उसके ड्राइवर से हमने सिर्फ़ हॉस्टल का पता पूछा और नज़दीकी बस स्टॉप की जानकारी चाही। पर उसको जाने क्या लगा कि उसने हमें शहर तक लिफ़्ट मुफ़्त में दे दी।

बस से निकलते ही शहर की भव्यता ने अपना क़ायल कर लिया। दूसरे विश्व युद्ध में 6 जून, 1944, जब जर्मन सेना का पलड़ा झुकने लगा उस दिन की याद में बने स्मारक के सामने कुछ बुज़ुर्ग साइकिल सवार नाच रहे थे। जब पूछा तो एक ने कहा, "इस मायूस समय में कुछ पल साथ साइकिल चलाकर नाच-गा लें तो इससे अच्छा क्या होगा।" बात पूरी होते ही वह झुंड वहाँ से निकल गया।

क़दम कुछ ही आगे बढ़े थे कि एक जाने-पहचाने गुम्बद को देखा। क़दम ख़ुद-ब-ख़ुद तेज़ी से आगे बढ़ने लगे। अमेरिका की सत्ता का केन्द्र कैपिटल बिल्डिंग, जहाँ अमेरिकी सीनेट और कांग्रेस बैठती है।

इतवार का दिन था, लोगों की आवाजाही बिलकुल न के बराबर थी। सड़क की दूसरी ओर बनी इस इमारत की भव्यता देखते ही बन रही थी। इसके इर्द-गिर्द ही अमेरिकन सेंटर ऑफ़ आर्काइव्ज़, डिपार्टमेंट ऑफ़ जस्टिस जैसे कई महत्त्वपूर्ण संस्थान हैं। कैपिटल से कुछ ही दूरी पर, ठीक एक-दूसरे के सामने वियतनाम वॉर मेमोरियल और लिंकन मेमोरियल स्थापित हैं।

तीन किलोमीटर की पदयात्रा के बाद, आख़िरकार हॉस्टल पहुँच ही गया। यहाँ भी लगभग सन्नाटा ही था, हमें हमारे अलावा सिर्फ़ चार लोग ही नज़र आए। अब थोड़े विश्राम के बाद निकला जाएगा हाल-ए-अमेरिका जानने।

जब बाहर निकलने के लिए रिसेप्शन पर आया तो, हॉस्टल के मालिक

अजी मोहम्मद से बातचीत की शुरुआत हुई। 28 वर्षीय अजी अफ्रीकी अमेरिकी मूल के युवा होटेलीयर हैं, लॉस एंजेलस से आते हैं पर डीसी में ही उनके तीन हॉस्टल हैं जहाँ साल-भर छात्रों और यात्रियों का जमावड़ा-सा लगा रहता है। मेरे साथी द्रोण 2018 में क़रीब दो महीने यहाँ रहकर गए थे, उन्हीं के सुझाव से हम यहाँ पहुँचे थे। उनका कहना था, इस जगह से अच्छा होस्ट पूरे डीसी में नहीं मिल सकता, फ़िलहाल तो ऐसा ही लग रहा था। हमारा कमरा अपग्रेड कर दिया गया, मालिक ने स्वयं पूरी जगह का चक्कर लगाकर हमें हॉस्टल दिखाया, हमें कार किराए पर लेनी थी उसके लिए कुछ नम्बर भी दिए।

जब मैं रिसेप्शन तक पहुँचा तो वे अपने स्टाफ़ को कुछ समझा रहे थे। मैंने पूछा सब ठीक तो बोले, "इन दिनों हर दिन को उसकी मेरिट पर निकाल रहे हैं, मेरे अधिकतर स्टाफ़ स्टूडेंट हैं जो यहाँ पढ़ते हैं और साथ में काम करते हैं। मैं इन्हें रहने की जगह और नाश्ता देता हूँ और बदले में ये यहाँ का रख-रखाव करने में मेरी सहायता करते हैं।

"पिछले 6 महीनों से इनके स्कूल और आमदनी के बाक़ी स्रोत बन्द हो गए हैं, ये सभी लोग बाहर के देशों से आए हुए छात्र-छात्राएँ हैं। मैं जितना हो सके इनकी मदद कर रहा हूँ, पर मेरे भी 4 लोग पिछले 3 महीनों में जा चुके हैं। मेरे 3 हॉस्टल में 12 लोग काम कर रहे थे, अब सिर्फ़ 8 हैं।

नौकरी का ज़िक्र चल ही रहा था कि अजी बोले, "मेरे हिसाब से ग़रीबी और अशिक्षित युवा अमेरिका के लिए सबसे बड़ी परेशानी हैं। आप इकोनॉमी और कोविड के बारे में सोच रहे होंगे, पर यह सब टेम्परेरी है, बीमारी का इलाज निकाल लिया जाएगा और अर्थव्यवस्था पटरी पर आ जाएगी। पर जिस तरह से शिक्षा को मल्टी बिलियन डॉलर का व्यवसाय बना दिया गया है, उसने इसको आम जन की पहुँच से दूर कर दिया है। अमेरिका में दुनिया की सबसे अच्छी शिक्षा मिलती है पर आम जन की पहुँच से बाहर है। यहाँ उच्च शिक्षा एक विलासिता है जिसे हर कोई अफ़ोर्ड

नहीं कर सकता। जो लोग अच्छे इंस्टिट्यूट में शिक्षा लेते हैं और पढ़ाई ख़त्म होते ही एक बड़े क़र्ज़ को चुकाने में लग जाते हैं।"

अजी पढ़ाई के लिहाज़ से कम्प्यूटर इंजीनियर हैं। उन्होंने ग्राफिक्स में मास्टर डिग्री की है। उन्होंने 2005 से 2009 तक ब्रिटेन में रहकर अपनी पढ़ाई पूरी की और साथ ही वहाँ कुछ वर्ष काम कर, वहाँ की नागरिकता भी ले ली।

"ऐसा क्यों? पढ़ाई तो ठीक है, पर नागरिकता?"

"ब्रिटेन में पढ़ाई अमेरिका के मुक़ाबले सस्ती है, मैं वहाँ रहा इसलिए मास्टर्स तक पढ़ पाया। मेरे भाई-बहन ऐसा नहीं कर पाए। वे ग्रेजुएट नहीं हैं। जहाँ तक नागरिकता की बात है, मैंने उसे अपनाने में कोई हर्ज नहीं समझा। यहाँ अगर हालात ठीक नहीं रहते तो मैं ब्रिटेन में रह सकता हूँ, मैं अपना परिवार वहाँ शुरू कर सकता हूँ और अपने परिवार और बच्चों को अच्छा जीवन दे सकता हूँ।

उनकी बात सुन अचरज हुआ। हिन्दुस्तान में तो यही सुनते हुए बड़ा हुआ कि अटलांटिक महासागार के पार सम्भावनाओं का ख़ज़ाना है। एक ऐसा देश है जहाँ सब कुछ अच्छा है और वहाँ पहुँचते ही जीवन बदल जाता है।

बात चल ही रही थी तो मैंने रुख़ आगामी चुनाव की ओर किया। अजी थोड़ा रुके और बोले, "मैंने पिछली बार वोट ही नहीं दिया। ओबामा रेस में नहीं थे, और हिलरी मुझमें विश्वास ही पैदा नहीं कर पाईं कि मैं उनके लिए जाकर वोट करूँ। उन पर लगे आरोपों ने मुझे उनसे दूर ही रखा। फिर यह भी था कि बिल दो बार राष्ट्रपति रह चुके थे, हिलरी स्वयं ओबामा के साथ महत्त्वपूर्ण पद पर काम कर चुकी थीं, वे ऐसा क्या नया कर देतीं।"

"तो क्या आप राष्ट्रपति ट्रम्प के काम से सन्तुष्ट हैं?"

"ऐसी बात नहीं है, राष्ट्रपति तो स्वयं यह जानकर सकते में थे कि

वे जीत गए हैं। ऐसा उनके हाव-भाव से लग रहा था। पर अगर मैं वोट कर भी देता तो क्या, इलेक्टोरल कॉलेज से पड़े वोटों के हिसाब से ट्रम्प ही जीत जाते।"

उनका मानना है कि शिक्षा का अभाव एक तरह की सोची-समझी साज़िश है। "हमारे युवा जो कॉलेज की शिक्षा नहीं ले पा रहे हैं वे ज़्यादा लिख-पढ़ नहीं पाते, उनकी सोचने-समझने की क्षमता सीमित होती है। जो टेलिविज़न पर दिखता है वही उनकी समझ बनता है। और इसीलिए आप टी.वी. पर न्यूज़ में वह सब देखते हैं जिसकी शायद ज़रूरत नहीं है। मेरे ख़याल में अमेरिका एकमात्र देश होगा जहाँ पुलिस जब बदमाशों का पीछा कर रही होती है तो उसे सीधा प्रसारित किया जाता है। हमारे राष्ट्रपति अभी भी ऐसा बर्ताव करते हैं मानो वे अभी भी अपने शो के अप्रेंटिस पर हों। 'यू आर फायर्ड' व्हाइट हाउस में भी उनका पसन्दीदा वाक्य है।"

बात करते हुए मैं अजी की निराशा पढ़ सकता था। वे असहज लग रहे थे। मैंने उनसे आख़िरी सवाल पूछा, "आप कैसा अमेरिका चाहेंगे?"

"एक ऐसा अमेरिका जो दूसरों के जीवन में दख़ल न दे और अपने काम से काम रखे। अगर दूसरे देशों को कोई तकलीफ़ या समस्या है, तो आप उसमें तब तक दख़ल न दें जब तक वे ख़ुद आपसे मदद नहीं माँगते।"

अजी की बातों ने तो अमेरिकी ड्रीम को मानो चकनाचूर ही कर दिया। उन्होंने यह सोचने पर मजबूर कर दिया कि दुनिया जिसके पीछे भागती है उसकी क़ीमत क्या है, शायद वह नहीं जानती।

अजी से मिलकर हम डाउंटाउन (शहर) की ओर निकल पड़े। रविवार का दिन था। हर तरफ़ सन्नाटा-सा पसरा पड़ा था। जोधपुर से निकलकर 2002 में जब मैं दिल्ली पहली बार आया और लुटियंस ज़ोन में संसद भवन, राष्ट्रपति निवास और तमाम बड़े दफ़्तर देख जिस तरह चकित हुआ था, यहाँ भी हैरत का भाव उससे कम नहीं था। दुनिया में अनेक जगहें देख चुका हूँ, लेकिन सीनेट बिल्डिंग से निकलकर व्हाइट हाउस तक पहुँचने

पर आश्चर्य इस बात का हुआ कि जहाँ ज़्यादातर इमारतों की भव्यता उनके आकार से झलकती है, वहीं दुनिया के सबसे ताक़तवर व्यक्ति का घर उनके अनुपात में छोटा नज़र आता है।

द्रोण ने कहा, "व्हाइट हाउस के बाहर सुरक्षा का घेरा बढ़ा दिया गया है। पहले आप लोहे की सलाख़ों तक बिना रोक-टोक जा सकते थे, अब वहाँ बैरिकेड लगा दिए हैं। पुलिस का घेरा भी बढ़ गया है। अन्दर लॉन में दो जानी-पहचानी बीस्ट (राष्ट्रपति की आधिकारिक कार) खड़ी दिखती हैं।"

बाहर का नज़ारा भी कमाल का है। तीन लोगों का समूह ठीक सामने टेंट लगाकर, 'ब्लैक लाइव्ज़ मैटर' के समर्थन में गाने गा रहा है और नारे लगा रहा है। कुर्सी पर बैठा एक व्यक्ति माइक लेकर राष्ट्र के हाल पर अपना ज्ञान साझा कर रहा है, लोग उससे बहस भी कर रहे हैं। इधर उसकी कुर्सी के ठीक पीछे एक बुज़ुर्ग महिला अपने तीन परिजनों के साथ खड़ी है और ट्रम्प के समर्थन में कोई गीत गा रही है, जिसके आख़िरी शब्द हैं, 'यूएसए नीड्ज़ यू।' तभी कुछ टूरिस्ट इन गा-बजा रहे लोगों से आकर नगाड़ा माँगते हैं और नगाड़े की धुन पर राष्ट्रगान गाना शुरू कर देते हैं। एक झुंड साथ खड़ा होकर गा रहा है और पास खड़े लोग उसका साथ दे रहे हैं।

कुछ दूर पर कोरयाई मूल की एक महिला एक बोर्ड लिये खड़ी है जिस पर लिखा है कि उनके देश के नाम की स्पेलिंग korea से बदल कर corea कर दी जाए। यह माँग वे क्यों कर रही हैं, आप उनसे पूछें।

द्रोण ने आगे बढ़कर पूछा तो महिला ने जवाब दिया, "जापान से युद्ध के बाद उन्होंने हमारा नाम इस तरह लिखना शुरू कर दिया और तब से दुनिया-भर में यह इसी तरह प्रचलित है। यह सही नहीं है। हम बदलाव कर नाम मूल रूप में चाहते हैं।" कमाल की माँग है, और महिला अकेले खड़ी शान्ति से विरोध कर रही है।

कुछ दूर चलने पर देखा कि सड़क किनारे एक लातिन मूल का अधेड़

उम्र का जोड़ा टोपी, चुम्बक, पोस्टकार्ड का स्टॉल लगाए था। हम सामान देख रहे थे कि मोटरसाइकिलों के सायरन सुनाई दिए। हम इधर-उधर नज़र दौड़ा ही रहे थे, कि उस पुरुष ने बिना नज़रें उठाए कहा, “ट्रम्प का क़ाफिला निकल रहा है।”

हम सब कुछ छोड़ सड़क पर नज़र गड़ाकर खड़े हो गए, कोई ट्रैफ़िक नहीं रोका गया, 10-12 मोटरसाइकिलों ने अपने कर्णभेदी सायरन से सड़क ख़ाली करवा दी। उसके पीछे दो पुलिस की गाड़ियों के बीच 9 एक जैसी कारों में राष्ट्रपति ट्रम्प का क़ाफ़िला व्हाइट हाउस में दाख़िल हुआ। न कोई समर्थकों का उत्साह और ना विरोधियों का जमावड़ा! रोज़मर्रा की तरह विश्व का सबसे ताक़तवर व्यक्ति अपना काम कर घर लौट आया।

हम ख़बरिया चैनलों पर जो तस्वीर देखते हैं, उसके उलट अमेरिका अपने सरल और स्वाभाविक अन्दाज़ में समर्थन और विरोध की आज़ादी का निर्वाह करते चल रहा है।

विस्मय के भाव के साथ, मैं निकल पड़ता हूँ 'द वॉशिंगटन पोस्ट' में टिप्पणीकार और पुलित्ज़र सम्मानित पत्रकार, यूजीन रॉबिन्सन से मिलने। यूजीन दो दशकों से व्हाइट हाउस पर लिख रहे हैं और जैसा कि मुम्बई के सम्पादक सचिन कलबाग कहते हैं, वॉशिंगटन में रहकर बिना यूजीन की टिप्पणी पढ़े आप, व्हाइट हाउस पर अपनी समझ नहीं बना सकते।

यूजीन को धन्यवाद कि वो हमसे मिलने आए। क्योंकि अभी जिस किसी से भी बात कीजिए, वह फ़ोन या फ़ेसटाइम पर ही बात करना चाहता है।

बात राजनीति से ही शुरू हुई।

“अमेरिकी राजनीति में हर दिन कुछ नया हो रहा है, आप बड़े मुश्किल पर रोचक समय में अमेरिका आए हैं। देश आज जितना विभाजित है, पहले कभी नहीं रहा, या तो आप राष्ट्रपति ट्रम्प के पक्ष में हैं या नहीं। बीच में कोई जगह नहीं।”

"तो राष्ट्र कहाँ जाएगा, ट्रम्प राष्ट्रपति बने रहेंगे या नहीं?"

"अभी कहना मुश्किल है। राष्ट्रपति का एक संगठित वोटर बैंक है, क़रीब 35 प्रतिशत लोग उनके अन्ध भक्त हैं। वे किसी भी हालत में उन्हें ही अपना वोट देंगे।"

"कौन हैं ये लोग?"

"व्हाइट मैन विदाउट कॉलेज डिग्री, (बिना कॉलेज डिग्री) के गोरे पुरुष।"

"पुरुष।"

"जी।"

और गोरी महिलाएँ?

"वो भी रिपब्लिकन वोट बैंक थीं पर ट्रम्प की हरकतों से उनका झुकाव रिपब्लिकन से दूर हो रहा है। महिलाओं के प्रति उनका रवैया आदर का नहीं है।"

यूजीन ने बताया कि उनको लगता है देश में निराशा और हताशा बढ़ रही है। ट्रम्प ब्लू कॉलर जॉब (फ़ैक्टरी और स्किल पर आधारित रोज़गार) देने का वादा कर रहे हैं, पर ऐसा कर पाना सम्भव नहीं है। उनके हिसाब से तीन मुख्य मुद्दों पर चुनाव होगा। पहला, कोविड, दूसरा, उससे पनपा आर्थिक संकट और तीसरा, रंगभेद।

हेल्थ केयर बड़ा मुद्दा है। 2018 में जब कोविड नहीं था तब लोअर हाउस के लिए हुए मध्यावधि चुनावों में डेमोक्रेटिक पार्टी को स्वास्थ्य के मुद्दे पर बड़ी जीत हासिल हुई थी।

रंगभेद पर बात करते हुए यूजीन ने कहा, "अभी ग़ैर-गोरे लोग अल्पसंख्यक हैं। इनकी संख्या क़रीब 30 प्रतिशत के क़रीब है लेकिन 2040 तक इनकी संख्या गोरों के बराबर हो जाने का अनुमान है और इनकी आवाज़ को नज़रअन्दाज़ नहीं किया जा सकता।"

यूजीन की मानें तो चुनाव को तीन राज्य सीधा प्रभावित करेंगे। ये

राज्य हैं : पेंसिलवेनिया, विस्कॉन्सिन और मिशिगन। ये तीनों राज्य मूलतः डेमोक्रेटिक बहुल इलाक़े हैं पर पिछले चुनावों में हिलरी क्लिंटन यहाँ पिछड़ गईं। इन जगहों पर हार निर्णायक रही। अगर इस बार बाइडन यहाँ पार्टी के वोटरों को फिर से खींच सके तो ट्रम्प का जीतना मुश्किल होगा।

ट्रम्प को सुर्ख़ियों में बने रहना आता है। वे किसी भी बात को कहने में हिचकिचाते नहीं हैं। चाहे वह कितनी भी आपत्तिजनक क्यों न हो।

ट्रम्प ने अपने कई मुख्य सलाहकारों को किनारे कर दिया है। इनमें स्टीव बैनन, माइकल कोवन और रॉजर स्टोन शामिल हैं। स्टीव बैनन की www.breitbart.com वेबसाइट ने 2015/16 में ट्रम्प और राइट विंग का काफ़ी एजेंडा चलाया था, वे अभी बाहर हुए हैं। माइकल कोवन उनके क़रीबी सलाहकार थे, लेकिन अब बाहर हैं। रॉजर स्टोन दो दशकों से ट्रम्प के क़रीबी हैं और उन्हें व्हाइट सुप्रेमेकिस्ट कहा जाता है, उन्हें 40 महीने की कोर्ट से सज़ा मिलने के बाद अभी राहत मिली है। उनकी भूमिका भी सन्देह के घेरे में है।

इस पर यूजीन ने कहा, "ट्रम्प बड़े ही शातिर हैं, उन्हें पता है कब किससे दूरी बनानी है और कब किससे संवाद करना है। वे दूरी बना लेते हैं पर सम्बन्ध जोड़े रहते हैं और बातचीत जारी रखते हैं।" उन्होंने कहा, "आपने जिन लोगों का ज़िक्र किया, मेरा मानना है कि बेनोन और स्टोन अभी भी पर्दे के पीछे रहकर ट्रम्प के लिए काम कर रहे हैं। पिछली बार इनसे नज़दीकी ट्रम्प के लिए काफ़ी विवादास्पद रही थी, इस बार वे ख़ुद कई विवादों से घिरे हुए हैं और इनसे सार्वजनिक तौर पर दूर हैं। बेनोन से पूरी तरह, स्टोन का कहना मुश्किल है, पिछली बार भी वे कैम्पेन से आधिकारिक तौर से हट गए थे पर काम फिर भी जारी रखा था। इस बार भी कुछ ऐसा हो सकता है इसकी पूरी सम्भावना है।"

अब ज़रा ट्रम्प के प्रतिद्वन्द्वी पूर्व उपराष्ट्रपति जो बाइडन की बात करते हैं। बाइडन के साथ हैं भारतीय और अफ्रीकी मूल की कमला हैरिस।

प्राइमरी में कमला को काफ़ी सराहा गया और बाद में बाइडन ने उन्हें अपना 'रनिंग मेट' यानी उपराष्ट्रपति उम्मीदवार बना लिया।

कमला, यूएसए की सीनेट मेम्बर हैं और कैलिफोर्निया से हैं। बेहद उम्दा वक़्ता हैं और डेमोक्रेटिक पार्टी यह उम्मीद करती है कि इनके ज़रिये वह एफ्रो अमेरिकन और भारतीय मूल के वोटरों को आकर्षित कर लेंगी। उनकी माँ भारतीय थीं, पिता अफ्रीकी मूल के थे।

यूजीन ने बताया कि "कमला ने अपनी पिच ठीक ढंग से नहीं रखी। उन्होंने प्रोफ़ेशनल कैम्पेन मैनेजर की जगह पर अपनी बहन को यह अहम ज़िम्मेदारी सौंपी, और यह काफ़ी महँगा पड़ा। अमेरिकी चुनाव में कैम्पेन मैनेजर का चुनाव काफ़ी महत्त्वपूर्ण होता है और वे यहाँ पिछड़ गईं। डेमोक्रेटिक पार्टी में उनसे कई लोगों को उम्मीदें थीं। पर उनका दौड़ में रहना पार्टी के लिए अच्छा है।"

51 राज्यों से बना यूएसए भले ही अपना राष्ट्रपति चुन रहा हो, पर यहाँ चुनाव एक ही नियम-क़ानून से नहीं होता। हर राज्य के अपने नियम और क़ायदे हैं। कोई राज्य अपने यहाँ 14 दिन तक मतदान रख सकता है तो कोई महज़ एक दिन में ही मतदान सम्पन्न कर सकता है। मसलन, फ़्लोरिडा अपने यहाँ डाक वोटों की गिनती आधिकारिक गिनती से पहले ही शुरू कर देगा पर बाक़ी राज्यों में यह काम सामान्य वोटों की गिनती के साथ ही होगा, कैलिफोर्निया में वोटिंग वाले दिन अर्थात् नवम्बर 3, तक डिस्पैच किए डाक मत ही वैध माने जाएँगे। यहाँ के नियम उन्हें यह आज़ादी देते हैं। इस बार भी कई लोग अपने मताधिकार का प्रयोग डाक मत के ज़रिये करेंगे।

यूजीन की मानें तो मिशिगन, विस्कॉन्सिन और पेंसिल्वेनिया का चुनाव ही तय करेगा कि अमेरिका का अगला राष्ट्रपति कौन होगा। उन्होंने कहा, अगर डेमोक्रेटिक बहुल राज्यों में फिर से नीला परचम लहराया तो इस चुनाव का अन्तिम नतीजा भी यही रहेगा।

एक मँजे हुए पत्रकार से मिलकर लगा कि हमें आमतौर पर अमेरिकी चुनाव के बारे में कितनी काम जानकारी है।

ट्विटर पर मेरी पोस्ट देख वेस्टमिंस्टर लन्दन में मेरे सहपाठी रहे म्लादेन पेटकोव ने मुझसे सम्पर्क किया। म्लादेन बुल्गारिया से है। वह रेडियो बुल्गारिया के लिए जर्नलिस्ट रह चुका है। वह पिछले आठ साल से अमेरिका में रह रहा है, और अभी अमेरिकन यूनिवर्सिटी में फ़ेक न्यूज़ पर शोध कर रहा है।

हमने मिलने का समय तय किया और निश्चित समय पर मैं उससे मिलने गया। दस वर्षों में म्लादेन में कोई ख़ास बदलाव नहीं आया था। हमने एक-दूसरे का हाल जान, भोजन का ऑर्डर दिया और सीधे राजनीति को लेकर बातचीत करने लगे।

म्लादेन की नज़र में सबसे बड़े चुनावी मुद्दे थे कोविड और रंगभेद।

"हैरत की बात है, दुनिया के सबसे ताक़तवर कहे जानेवाले देश में, कोविड महामारी एक स्वास्थ्य सम्बन्धी महामारी नहीं बल्कि राजनीतिक मुद्दा बन गई है। डेमोक्रेटिक शासित राज्य लॉकडाउन कर, मास्क पहनना अनिवार्य कर रहे हैं, लेकिन रिपब्लिकन शासित राज्यों को इसकी परवाह नहीं है। डेमोक्रेटिक शासित न्यूयॉर्क ने अभी तक क्वॉरंटीन के सख़्त नियमों का पालन किया है, मगर ऐरिज़ोना और फ़्लोरिडा में मानो ऐसा कोई नियम ही नहीं है।"

मैंने पूछा, "तुम्हें कभी रंगभेद का या बाहरी होने का अहसास हुआ है?"

"क़िस्मत से यूरोपियन होने से सिर्फ़ इतना फ़ायदा मिलता है, कि मेरा रंग इनके रंग से कुछ ख़ास जुदा नहीं है। इसलिए पहली नज़र में मैं इनकी (पुलिस) की नज़र में नहीं आता। अफ़्रीकी, एशियाई या किसी और मुल्क वाले को बोलने से पहले ही ये शक़ की निगाह से देखते हैं। उन्हें मुँह खोलते ही अपने आपको निर्दोष साबित करना है। यह ग़लत है, पर यहाँ

ऐसा ही है। अगर आपकी चमड़ी का रंग गोरा है तो आप पहली नज़र से ही सही हैं, यहाँ की पुलिस का यही बर्ताव होता है।

“पर बात करते ही हम यूरोप वालों को भी ये जान जाते हैं, पर हमारी मुश्किलें हमारे रंग की वजह से थोड़ी कम हैं।

“यहाँ पुलिस का अपना एक सिंडिकेट चलता है और उसे पाट पाना किसी भी सरकार के बस की बात नहीं है।”

रंगभेद यहाँ कितना आम है इसका अन्दाज़ा आप 1974 में छपी रॉबर्ट मोज़ेज़ की जीवनी ‘ए पावर ब्रोकर’ को पढ़कर लगा सकते हैं। इसके लेखक रॉबर्ट कैरो ने लिखा है कि बीसवीं शताब्दी की शुरुआत में मोज़ेज़ ने न्यूयॉर्क के लॉन्ग आयरलैंड तक जाने वाले ओवर ब्रिज का निर्माण कुछ इस तरह कराया था कि शहर से आने वाली बसों को उससे गुज़रने से रोका जा सके। उसकी डिज़ाइन कुछ इस तरह की थी कि शहर से आने वाली कोई भी बस उस पर नहीं चढ़ सकती थी। उन बसों में अश्वेत सफ़र करते थे। यह ‘उपाय’ इसलिए किया गया था कि अश्वेतों को उस मनोरम समुद्र तट तक पहुँचने से रोका जा सके।

“ऐसी मानसिकता वाले देश को सुधारने के लिए ऐसे व्यक्ति की तलाश है जो सबको साथ लेकर चल सके।” म्लादेन बोला।

इतनी देर में भोजन आ गया और हम दोनों राजनीतिक चर्चा को वहीं छोड़ भोजन करने में जुट गए।

2

न्यूयॉर्क

29 सितम्बर-1 अक्तूबर, 2020

यूएसए के राजनीतिक हालात पर वॉशिंगटन डीसी में टिप्पणी सुनने के बाद समय था न्यूयॉर्क होते हुए पूरे यूएसए की परिक्रमा करने का। लक्ष्य रखा था कि अगले 39 दिनों में 20 राज्यों से होते हुए फिर डीसी पहुँच जाऊँगा और इस दौरान अमेरिका को समझने की कोशिश करूँगा।

सफ़र के लिए हमने कार ऑनलाइन बुक कर ली थी। तय स्थान पर जब गाड़ी लेने पहुँचे तो पता चला, अगर आपके पास क्रेडिट कार्ड न हो तो अमेरिका में आपके होने के कोई मायने नहीं हैं। हम तीनों में किसी के भी पास अपने नाम का क्रेडिट कार्ड नहीं था, और जो कार्ड हमारे पास थे उन्हें वे लेने को तैयार नहीं थे। लेकिन लगभग ढाई घंटे और पाँच अधिकारियों से बात करने के बाद, हमें इन्फ़िनिटी एस.यू.वी. की चाबी मिल गई।

हम तीनों में से किसी ने भी पहले कभी लेफ़्ट हैंड ड्राइव वाली गाड़ी नहीं चलाई थी। ड्राइव करने का पहला नम्बर मेरा था, बड़ी सावधानी से मैं गाड़ी को हाइवे पर ले गया। इसमें जितनी घबराहट हुई उतनी तो पहली बार गाड़ी चलाने पर भी नहीं हुई थी।

20 मील प्रति घंटे की गति से शुरुआत करने के कुछ ही देर बाद गाड़ी

हवा से बात कर रही थी और द्रोण की उँगलियाँ मोबाइल पर दौड़ रही थीं। रास्ते में फ़िलाडेल्फिया आने वाला था और वह वहाँ से डेमोक्रेटिक पार्टी के उम्मीदवार निखिल साँवले से सम्पर्क साधने का प्रयास कर रहा था।

दो घंटे की मशक्कत के बाद निखिल का फ़ोन आया कि हम उनसे 7 से 7:30 के बीच जेफर्सन स्क्वॉयर में मिल सकते हैं। वहाँ पहुँचकर उन्हें फ़ोन किया तो उन्होंने हमें जेफर्सन पार्क में बुलाया और एहतियातन सबसे दो फ़ीट की दूरी पर खड़े होने का अनुरोध किया। उन्होंने माफ़ी भी माँगी और कहा, अभी हालात कुछ ऐसे ही हैं कि जितनी दूरी बनी रहे उतना बेहतर। हमारे लिए भी यह एक चेतावनी थी कि आगे आने वाले दिनों में किस तरह के व्यवहार की उम्मीद की जाएगी।

अभी बात शुरू ही हुई थी कि इन्द्रदेव मेहरबान हो गए। ऐसे में सिर छुपाने के लिए हम सब पेड़ के नीचे पहुँचे। बात सीधे चुनावी सरगर्मियों से शुरू हुई। 2016 के चुनाव में अप्रत्याशित रूप से ट्रम्प ने डेमोक्रेट्स की नीली दीवार में सबसे पहले यहीं सेंध मारी थी। पिछली बार के तीन स्विंग स्टेट (जहाँ का परिणाम अपने मूल स्वरूप से पलट आता है) में फ़िलाडेल्फिया भी शामिल था।

"ऐसा क्यों हुआ?" मैंने जिज्ञासा की।

"यहाँ के लोगों को हिलरी क्लिंटन पसन्द नहीं आईं। उन्होंने भी इस जगह को अपना परम्परागत वोट बैंक समझकर नज़रअन्दाज़ ही किया और बहुत देर से प्रचार करने आईं।" निखिल ने जवाब दिया।

वे बताने लगे, पेंसिलवेनिया की 40 प्रतिशत आबादी फ़िलाडेल्फिया में रहती है। यहाँ पिछली बार के मुक़ाबले डेमोक्रेटिक सपोर्ट ज़्यादा है। अभी यहाँ बाइडन आगे हैं, अगर यह लीड बरकरार रहती है तो ट्रम्प के लिए मुश्किल होगा।

निखिल भारतीय मूल के हैं, उनके माता-पिता बैंगलुरु से फ़िलाडेल्फिया साठ के दशक में आ गए थे। इस सन्दर्भ को ध्यान में रखते हुए मैंने उनसे

पूछा कि भारतीय मूल के वोटर क्या इस बार राष्ट्रपति ट्रम्प को वोट करेंगे?

"पिछले चुनाव में उन्हें भारतीय मूल के लगभग 20 प्रतिशत वोटरों के वोट मिले थे। इसको देखते हुए, ट्रम्प फ़रवरी में प्रधानमंत्री नरेन्द्र मोदी के न्योते पर भारत गए थे और अहमदाबाद (गुजरात) में क़रीब एक लाख लोगों से भरे मोटेरा स्टेडियम में कार्यक्रम किया था।"

"इसका कितना असर पड़ेगा?"

सनद रहे कि पिछले दिसम्बर में ब्रिटेन के चुनाव में दक्षिणपंथी विचारधारा वाले भारतीय समूहों ने और 'ओवरसीज़ फ्रेंड्स ऑफ़ भाजपा' ने 23 सीटों पर प्रचार किया और 17 सीटों पर उनके द्वारा समर्थित उम्मीदवार विजयी हुए।

"यहाँ हिन्दू अमेरिकन फ़ाउंडेशन काफ़ी सक्रिय है। उसमें कई बुज़ुर्ग हैं जो फ़ेसबुक और व्हाट्सएप्प पर अपने लोगों के बीच काफ़ी सक्रिय हैं। इस कारण उन्हें लगता है, माहौल उनके अनुकूल है पर ऐसा नहीं है। अगर आप युवाओं से बात करेंगे तो आपको पता चलेगा कि हालात कैसी है।" यह सोचना है निखिल का। उन्होंने कहा, "भारतीय लोग सम्पन्न हैं, पैसा भी ख़र्च करते हैं, पर वोटों के मामले में उनकी संख्या इतनी नहीं है कि वे चुनाव के परिणाम बदल सकें।"

"तो क्या मोदी फ़ैक्टर यहाँ काम नहीं करेगा?"

निखिल का आकलन है, "मोदी भारतीय समाज में कुछ वोटों को प्रभावित करने में सफल भी हो जाएँ तो भी रिपब्लिकन्स को भारतीय वोटरों के 30 प्रतिशत से अधिक मत नहीं दिला पाएँगे।"

पेंसिलवेनिया में चुनाव का परिणाम मूलतः इस बात पर निर्भर करेगा कि ट्रम्प से असन्तुष्ट कितने लोग वोट देने के लिए बाहर निकले।

यहाँ के पश्चिमी क्षेत्र में, जहाँ कभी कारख़ाने हुआ करते थे, वहाँ के लोग मानते हैं कि ट्रम्प अभी भी वहाँ ब्लू कॉलर जॉब (वे नौकरियाँ जिनमें शैक्षिक योग्यता की ज़रूरत नहीं होती) ले आएँगे। पर ट्रम्प फ़िलाडेल्फ़िया

के साथ-साथ पिट्सबर्ग में भी कमज़ोर हैं। हमें उम्मीद है वो यहाँ बेहतर नहीं कर पाएँगे।

एक डेमोक्रेट होने के नाते उनका यह कहना स्वाभाविक है। पर जब निखिल से पूछा कि क्या बाइडन एक दमदार उम्मीदवार हैं, क्या कमला हैरिस अपना जादू चला पाएँगी तो उनका जवाब था, "देखिए, मैंने बर्नी सैंडर्ज़ के लिए प्रचार किया था, मुझे लगता है वे काफ़ी दमदार कैंडिडेट होते। एलिज़ाबेथ वॉरन भी अच्छी पसन्द होतीं। पर ये पुरानी बातें हैं, अब हम सब बाइडन को जिताने के लिए काम कर रहे हैं।"

"पर बाइडन के कैम्पेन में आपको अभी क्या कमी लग रही है?"

"देखिए, जो का राजनीतिक जीवन 48 वर्षों का है, इतने सालों में आपके कामकाज को बड़ी बारीक़ी से परखा जाता है। कुछ निर्णय ऐसे हो सकते हैं जो जनता को पसन्द ना आएँ।"

"आप उनके लिए वोट कैसे माँग रहे हैं?"

"इन दिनों पूरा-पूरा दिन लैपटॉप के सामने निकल जाता है। फ़ोन, ज़ूम कॉल्स और मैसेज में दिन कब समाप्त हो जाता है, पता ही नहीं चलता।"

"क्या आप डोर नॉकिंग नहीं कर रहे?"

"अभी नहीं। पर लगता है हम अन्तिम दिनों में ऐसा करेंगे। जब डिलीवरी वाले खाना पहुँचा सकते हैं तो हम वोटर तक क्यों नहीं पहुँच सकते।"

हमने निखिल को अपना समय देने के लिए धन्यवाद दिया और अलविदा कहा।

बारिश तेज़ हो गई थी सो हमने बीच रास्ते माउंट लॉरल में ही होटल बुक कर लिया। एक कारण यह भी था कि पहला प्रेसिडेंशियल डिबेट भी शुरू होने वाला था।

डिबेट से ठीक पाँच मिनट पहले हमने चेक इन किया, बड़बोले राष्ट्रपति ट्रम्प और शान्त व सौम्य बाइडन के बीच मुक़ाबला रोचक होना

चाहिए। टीवी शुरू करने तक डिबेट के पहले पाँच मिनट निकल चुके थे। न्यूज़ शुरू होते ही देखा, मॉडरेटर फ़ॉक्स न्यूज़ के क्रिस वॉलेस राष्ट्रपति ट्रम्प को टोक रहे थे: "श्रीमान आप वाइस प्रेसिडेंट बाइडन को बोलने दें, आप उनकी बात बीच में नहीं काट सकते हैं।" वॉलेस को बोलते सुन अचरज हुआ। ऐसा आमतौर पर होता नहीं है, पर यह शायद शुरुआत भर थी।

अगले 90 मिनट जैसी प्रेसिडेंशियल डिबेट दुनिया ने देखी वैसी 1968 से अब तक कभी नहीं देखी गई थी।

दोनों अनुभवी राजनेता जिस तरह से आपस में लड़ रहे थे, लग नहीं रहा था कि वह दुनिया के सबसे ताक़तवर पद के लिए बहस कर रहे थे। इसमें 'शटअप' का प्रयोग मेरी जानकारी में पहली बार ही हुआ था। पूरी बहस में व्यक्तिगत आरोप, कटाक्ष और निम्न स्तर की भाषा के अलावा कोई भी संजीदगी भरी बात सुनने को नहीं मिली।

बहस सुनने के बाद होटल के रिसेप्शन पर पहुँचा और पूछा, इस वक़्त खाना कहाँ मिल सकता है तो वहाँ फ्रंट डेस्क पर मैट और स्टेफ़नी ने कुछ फ़ूड डिलिवरी वालों के ब्रोशर दे दिए। अभी कोविड के कारण कोई भी होटल किचन सर्विस नहीं दे रहा, सभी होटल बुकिंग ऐप्स में ब्रेकफ़ास्ट लिख देते हैं, पर होटल पहुँचते ही पता चलता है यह भी नहीं मिलेगा।

"आप क्यों इनसे इतने वक़्त बाद भोजन की बात पूछ रहे हैं?" मैट ने पूछा।

"मैं डिबेट देख रहा था।" मैंने कहा।

इस पर स्टिफन ने कहा, "समय ज़ाया कर दिया आपने, ये लोग काम की कोई बात नहीं कर रहे इस चुनाव में। न मेक्सिको की दीवार का कुछ हुआ, न ओबामा केयर का, जिसके पीछे पड़े थे। हाँ, इस बार चीन को पकड़ा है।"

"तो क्या आप डेमोक्रेट्स को सपोर्ट कर रही हैं?"

"नहीं, उनके पास भी पेश करने को कुछ नहीं है, वरना बाइडन को क्यों उतारते मैदान में। राजनेताओं से उम्मीद करना बेकार है।" यह कहते हुए वो अपने ऑफ़िस में चली गईं।

"क्या आप भी यही राय रखते हैं?" मैंने मैट से पूछा।

"मैंने अभी तक चुनाव को लेकर कोई राय नहीं बनाई है।" यह कहकर वह भी चला गया, और मैं वापस अपने कमरे में लौट आया।

रात दूध और पारले जी के सहारे कटी। सवेरे निकल पड़े न्यूयॉर्क।

अगला पड़ाव था न्यू जर्सी। न्यूयॉर्क से सटा हुआ राज्य, जर्सी सिटी में होटल खोजा गया। न्यूयॉर्क से आ रही कोविड की ख़बरों को पढ़कर वहाँ रुकने की हिम्मत ही नहीं हुई।

रात वहाँ अकील के मित्र कपिल गुलेरी, जो एक इंडिपेंडेंट फ़ाइनेंशियल कंसल्टेंट हैं, ने खाने का न्योता दिया और तय हुआ हम वहाँ इंडियन स्ट्रीट पर मिलेंगे। भारतीय मित्रों का यह सबसे बड़ा फ़ायदा होता है कि उन्हें भारतीय भोजन के ठिकानों का पता रहता है, होटल में रखे ब्रोशरों का पुराना अनुभव कुछ ख़ास नहीं रहा।

तय समय पर हम इंडियन स्ट्रीट पहुँचे, जो पहली नज़र में करोलबाग मार्केट-सा महसूस हुआ। रात 8 बजे मेन रोड के दाएँ रोशनी, जगमगाती सड़कें, खाने की ख़ुशबू, लोगों की चहलक़दमी; मूलत: भारतीय माहौल और वही बाईं ओर मंद रोशनी वाली दुकानें, शान्ति और सन्नाटा, आमतौर पर अमेरिकी शहर 8 बजे के बाद।

हम लोग वैभव रेस्टोरेंट में खाने बैठे। वहाँ बातचीत की शुरुआत हुई जयपुर के ज़िक्र से, जो शहर के हाल, पुराने दिनों के क़िस्सों से होती हुई अमेरिका, कोविड और चुनाव तक जा पहुँची।

यह सुनकर कि हमारा कल न्यूयॉर्क जाने का विचार है, कपिल ने हमें कहा, अगर हो सके तो फ़ोन पे ही बात कर ले, वहाँ कोविड काफ़ी ज़्यादा फैला हुआ है।

कोविड को लेकर कपिल का मानना था कि यह एक ऐसी बीमारी आई जिसके बारे में किसी को कुछ भी नहीं पता था। ऐसे में सरकार के पास भी अधिक विकल्प नहीं थे, और जितना वह कर सकती थी उतना उसने किया।

"पर हम तो कुछ और ही सुनते है ख़बरों में। क्या उसमें कोई सचाई नहीं कि राष्ट्रपति ट्रम्प ने लापरवाह तरीक़े से इस महामारी का सामना किया है और सरकार काफ़ी देर से सजग हुई?"

"ऐसा नहीं है, सरकार को भी स्थिति का जायज़ा लेने में समय लगता है और कोई भी निर्णय जल्दबाज़ी में नहीं लिया जा सकता।"

फिर कुछ पल रुकने के बाद कपिल ने कहा, "अमेरिका की सबसे बड़ी त्रासदी यह रही की इतनी बड़ी महामारी यहाँ राजनीतिक लड़ाई बन गई। ट्रम्प की राह पर रिपब्लिकन्स ने बिज़नेस को आगे रखते हुए, लॉकडाउन लगाने में देरी की और उतनी सख़्ती नहीं बरती। जबकि डेमोक्रेटिक पार्टी ने लॉकडाउन को सख़्ती से बरता। फिर क्या था, चुनावी साल होने के कारण कोई पीछे हटने को तैयार नहीं हुआ। इनकी राजनीतिक महत्त्वाकांक्षाओं के चलते लोगों को बड़ा नुक़सान हुआ।"

"फिर तो यह कहना ग़लत नहीं होगा सरकार सजग नहीं थी?"

इस पर कपिल बोले, "अगर हम भारत से तुलना करें तो यहाँ राज्यों और केन्द्र के बीच काफ़ी कटुता भरे रिश्ते थे। भारत में केन्द्र और राज्य सरकारें परस्पर वार्ता कर रही थीं, अलग विचार होने के बावजूद वे साथ काम कर रही थीं, और कई जगह एक-दूसरे की सराहना भी कर रही थीं।"

यह बात सुन अच्छा लगा कि हमारे यहाँ सरकारों ने अमेरिका से बेहतर काम किया। कभी-कभार अपने राजनीतिक विपक्षी राज्य की तारीफ़ करने में भी केन्द्र पीछे नहीं रहा।

"पर ट्रम्प की एक बात तारीफ़ के क़ाबिल रही," कपिल ने कहा, "जो आर्थिक मदद उन्होंने लोगों की की वो सराहनीय रही।"

अप्रैल से ही हर परिवार में प्रति वयस्क 1200 और प्रति बच्चा 500 डॉलर प्रति माह सरकार ने देना चालू किया। इसके इतर जो लोग बेरोज़गार हैं या हुए हैं, उन्हें 600 डॉलर हर हफ़्ता और हर छोटी कम्पनी को अपने कर्मचारियों को ढाई महीने की तनख़्वाह देने के लिए पैसा सीधे खाते में ट्रांसफ़र किया। सस्ते लोन दिए। तीन ट्रिलियन डॉलर जो उन्होंने अर्थव्यवस्था में डाले, उससे अमेरिकी परिवारों की हालत ठीक रही।

कपिल ने बताया कि चुनाव में ज़्यादातर अमेरिकी लोग, अर्थव्यवस्था को देखकर वोट करेंगे। बाक़ी सब बातें जेब में पैसा आने के बाद ही आती हैं। मुझे लगता है ट्रम्प अच्छी अर्थव्यवस्था पर जीतेंगे।

अगली सुबह टाइम्स स्क्वॉयर के लिए बस में क़दम रखते ही ख़ाली सीटें देखकर हैरत हुई। वीक डे में लोग बस में न हों, ऐसा होता नहीं है। बस ने टाइम्स स्क्वॉयर ट्रेन स्टेशन पर उतारा। वहाँ का नज़ारा देख लगा कि मैं किसी अनजानी जगह पर उतर गया हूँ। न्यूयॉर्क की यह मेरी तीसरी यात्रा है, इस स्टेशन पर भी मैं तीसरी बार आया हूँ, पर आज की यह शान्ति देख बड़ा असहज महसूस किया।

भीड़-भाड़ भरी चहल-पहल ही यहाँ की पहचान है, कुछ अव्यवस्थित-सा माहौल, जिसमें अन्दर जाने में पहली बार डर-जैसा लगता है पर एक बार आप क़दम बढ़ा लें तो वह भीड़ आपको अपने में समो लेती है और बिना किसी भेदभाव के आपको अपने गंतव्य तक पहुँचा देती है। यह वर्णन अमेरिकी टीवी हस्ती ओपरा विनफ्रे का है, जिन्होंने यह बात जयपुर लिटरेचर फ़ेस्टिवल में भारत के लिए कही थी। मेरी नज़र में टाइम्स स्क्वॉयर भी कुछ ऐसा ही है। पर आज यहाँ सन्नाटा पसरा था।

स्टेशन पर भी हर दूसरे क़दम पर कोई स्टिकर, कोई बोर्ड लगा था, जिस पर मास्क पहनने और उचित दूरी बनाए रखने का सन्देश लिखा था। मेट्रो के अन्दर का नज़ारा भी काफी कुछ बस जैसा ही था, जिस मेट्रो में

खड़े रहने की जगह नहीं मिलती, वहाँ आज 'पिक योर सीट' जैसा हाल था। स्टॉप-दर-स्टॉप इक्का-दुक्का लोग ही बैठ रहे थे। सभी के चेहरे ढँके हुए थे।

मैं जा रहा था अशोक व्यास जी से मिलने जो हिन्दी चैनल itv गोल्ड में एंकर हैं। इनका दफ़्तर लॉन्ग आयरलैंड सिटी में है। स्टूडियो में सिर्फ़ तीन ही लोग थे। "अभी सब शिफ़्ट में आते हैं कि कम-से-कम जितने आवश्यक हैं बस उतने ही।" मैंने उनसे पूछा। साथ ही यह भी कि "न्यूयॉर्क ने महामारी का किस तरह से सामना किया।"

"सबने अपने-अपने हिसाब से, पर मेरे और मेरे परिवार के लिए पिछले कुछ महीने कठिन रहे। मेरी बेटी डॉक्टर है, पैथोलॉजिस्ट है, पर महामारी को देखते हुए उसकी ड्यूटी जनरल अस्पताल में लगा दी गई थी। वह रोज़ जब तक घर नहीं आती थी डर लगा रहता था। उसे अभी काम पर जाते साल ही हुआ है, इतनी अधिक संख्या में बीमारों को देखकर वह काफ़ी सहम गई थी, और जिस दिन किसी की मृत्यु होते देख लेती उस दिन घर आकर ख़ूब रोती।" कहते हुए अशोक जी उदास हो जाते हैं।

"पर धीरे-धीरे, शायद उसकी वो संवेदना ख़त्म-सी हो गई। वो घर आकर रोती नहीं थी, पर ख़ामोश बैठ जाती थी। शायद कुछ जल्दी ही बड़ी हो गई मेरी बेटी।"

अशोक जी ने मुझे अपने कार्यक्रम में चर्चा के लिए बुलाया था। इस बात को ख़त्म कर हम रिकॉर्डिंग के लिए गए और चर्चा रिकॉर्ड होने पर उनसे विदा ली।

अगला पड़ाव था ब्रुकलिन, न्यूयॉर्क सिटी का चर्चित इलाक़ा, यहाँ के ब्रिज कई बॉलीवुड मूवी में हम देख चुके हैं।

ब्रुकलिन पहुँचने से पहले आपको एक मार्केट से गुज़रना होता है जहाँ चीनी व्यापारियों की बहुलता है। शाम के 6 बजे हैं और सड़क ख़ाली पड़ी है, इक्का-दुक्का खुली दुकानें, तेज़ी से निकलते राहगीर। हर कोई

एक-दूसरे से जितनी दूरी बना सकता है, उतनी दूर है और ग़लती से भी कोई पास से निकल जाए तो मास्क से ढके चेहरे का भाव आँखों में झलक आता है। हर कोई हर किसी को शक़ से देख रहा है। असहजता यहाँ डर में बदल जाती है।

यहाँ से कुछ आगे जाकर मिलना था बेन विज़्नर से जो अमेरिकन काउंसिल ऑफ़ सिविल लिबर्टीज़ के डायरेक्टर हैं। व्हिसल ब्लोअर एडवर्ड स्नोडेन के वकील हैं। मैंने भारत से रवाना होने से पहले ही बेन से बात कर ली थी। उन्होंने कहा था वे कॉल पर ही बात करेंगे पर मुझे अपने शहर में देखकर उन्होंने कहा, वे मुझसे हेलो करने मार्केट में आएँगे पर ज़्यादा नहीं रुकेंगे और बात फ़ोन पर ही करेंगे।

मुझे अजीब लगा, पर वे मिलने के लिए बाहर निकले। मैंने उनका शुक्रिया किया।

"मैं माफ़ी चाहता हूँ, आप मेरे शहर में आए और मैं आपसे ठीक से मिल भी नहीं पाया। न ही आपको लंच करा सका।" बेन ने कहा।

दो मिनट ही हुए थे कि वे असहज से दिखने लगे। उनके असमंजस को भाँपकर मैंने कहा, आप घर लौटें हम फ़ोन पर ही बात करते हैं। बेन मुस्कुराए, उनका घर वहाँ से पास ही था। थोड़ी देर बाद मेरे फ़ोन पर बेन की कॉल आई।

"कोविड-19 ने न्यूयॉर्क को बदल दिया है। मुझे नहीं लगता है यह जल्दी सामान्य होगा।" बेन बोले।

"कैसे?"

"आप ब्रुकलिन को देख लीजिए, इतना सन्नाटा मैंने 25 साल में यहाँ नहीं देखा, कई दुकानें और दफ़्तर बन्द हो गए हैं। कुछ आगे चलिए, मैनहटन और टाइम्स स्क्वॉयर में कई बड़े दफ़्तर बन्द नज़र आएँगे, इमारतें सूनी पड़ी हैं, फिर भी कम्पनियों का काम चल रहा है। मुझे लगता है,

वैक्सीन आने के बाद भी लोग मैनहटन या ब्रुकलिन जैसे महँगे इलाक़ों में आम किराए से 5-6 गुना ज़्यादा पैसे देकर ऑफ़िस किराए पे लेने से पहले अब दो बार सोचेंगे।

"इसका असर न सिर्फ़ इकोनॉमी पर पड़ेगा, बल्कि न्यूयॉर्क सिटी के कल्चर पर भी पड़ेगा। आप कहीं भी निकलिए आपको लोगों के चेहरों पर असमंजस और अनिश्चितता के भाव दिखेंगे।"

बेन की बात ठीक ही लग रही थी। महज़ दो-तीन घंटे में मैंने कुछ ऐसा ही महसूस किया था।

बेन से मैंने पूछा, "इस चुनाव को आप कैसे देखते हैं?"

"मुझे अपने देशवासियों पर भरोसा नहीं है, मैं किसी भी तरह का कमेंट करने से ख़ुद को दूर रखूँगा।" उनका जवाब था।

"ऐसा क्यों कह रहे हैं आप?"

"और क्या कहूँ? आप 2016 के चुनाव देखिए, मुझे कोई भी अमेरिकी ऐसा नहीं मिला जो डोनाल्ड ट्रम्प से सहमति रखता हो। सभी अमेरिकी उनके ख़िलाफ़ थे, पर जब भी मैं किसी ऐसे व्यक्ति से बात करता, जो मूलत: अमेरिकी नहीं होता तो वह ट्रम्प के जीतने की बात करता। केवल वही लोग ऐसा सोच रहे थे।

"हम उनकी बात पर हँसते थे। पर आख़िरी हँसी उनकी ही रही। कोई भी सर्वे यह नहीं बता रहा था, और हमारे यहाँ आँकड़े अक्सर सही रहते हैं। इसलिए इस बार कोई पूर्वानुमान नहीं है। पर मैं नहीं चाहूँगा कि ट्रम्प दोबारा चुने जाएँ।"

"क्यों? सुना है उन्होंने अर्थव्यवस्था को इस बुरे समय में भी सँभाल के रखा?"

"सही बात है। उनका पहला स्टिमुलस पैकेज तारीफ़ के क़ाबिल था। उसने कई परिवारों की मदद की, पर आप केवल एक अच्छे आर्थिक निर्णय के कारण राष्ट्रपति नहीं बन सकते। देश को एक स्टेट्समैन और

लीडर चाहिए न कि ध्रुवीकरण करने वाला व्यापारी। ट्रम्प इससे ज़्यादा कुछ नहीं हैं।"

उनका सपोर्ट कम हो रहा है और वे यह जानते हैं। इसीलिए वे इस भयानक महामारी में भी पोस्टल बैलेट जिसे यहाँ 'वोट बाई मेल' कहते हैं उसका विरोध कर रहे हैं।

पोस्टल बैलेट और उनकी गिनती पर अलग ही बहस चल रही है जिसका ज़िक्र मैं आगे करूँगा।

बेन से बात कर लगा कि ख़बरिया चैनलों के ज़रिये हमें जो कुछ जानने-समझने को मिल रहा है, हालत उससे ठीक विपरीत है। और एक न्यूयॉर्कर अपने शहर को लेकर कितना चिन्तित है, जहाँ वह पला-बढ़ा है।

मुझे वॉशिंगटन में रह रहे टिप्पणीकार सदानन्द धूमे से बात करनी थी। ब्रुकलिन ब्रिज से ठीक पहले चौराहे पर मुझे एक ख़ाली बेंच मिली। उसी पर बैठकर मैंने उन्हें कॉल किया। मेरी कॉल थोड़ी लम्बी चली, इस बीच वहाँ से गुज़रने वाला हर व्यक्ति मुझे घूरता हुआ गया। जब मेरी कॉल समाप्त हुई और मैं चलने लगा, तब रेड लाइट पर खड़े ट्रैफ़िक कर्मी ने मुझसे कहा, "पब्लिक प्लेस पर इस तरह ज़्यादा देर तक बैठना आजकल ठीक नहीं है, न्यूयॉर्क में तो बिलकुल नहीं। आगे से ख़याल रखना।"

ट्रैफ़िक कर्मी की हिदायत सुनकर डर थोड़ा और बढ़ गया। ख़ैर मैं तेज़ क़दमों से बस स्टॉप की ओर निकाल पड़ा। होटल पहुँचकर टीवी चालू किया तो ख़बर आई कि राष्ट्रपति ट्रम्प कोविड पॉज़िटिव पाए गए हैं, वे न्यू जर्सी में एक 'फंड रेज़' करने आए थे। ख़बर आते ही मानो ज़लज़ला आ गया, ट्रम्प विरोधी मीडिया अगले 24 घंटे यह कहता रहा, यह राष्ट्रपति ख़ुद को कोविड से बचा नहीं पाया तो देश को क्या बचाएगा। दूसरी ओर ट्रम्प समर्थक मीडिया यह दलील देती रही कि ट्रम्प को देश की सेवा करने के दौरान कोविड हुआ है।

अगले दिन, सुबह 1991 में न्यूयॉर्क आए बैंकर से एंकर बने विभूति

झा से बात हुई। 1991 में न्यूयॉर्क आए विभूति बैंकर से एंकर बने हैं। उनका itv गोल्ड पर एक शो आता है—'फ्रैंकली स्पीकिंग विद विभूति'। अर्णब गोस्वामी के शो से प्रभावित है यह नाम।

विभूति भी पिछले दिन के उस फंड रेज़ में शामिल हुए थे जिसमें ट्रम्प के कोविड से संक्रमित होने की ख़बर आई थी। वहाँ राष्ट्रपति ने जिन प्रेस वालों से मुलाक़ात की उसमें भी विभूति शामिल थे।

मैंने उनसे स्वास्थ्य के बारे में पूछा। वे अच्छा महसूस कर रहे थे। उन्हें सुबह ही व्हाइट हाउस से मेल आ चुका था जिसमें कहा गया था कि अगर उन्हें बीमारी के कोई भी लक्षण दिखे तो वे अपने डॉक्टर को दिखाएँ और उसकी सूचना दें और अपना ख़याल रखें।

"और कुछ भी था क्या व्हाइट हाउस के उस मैसेज में?" मैंने पूछा।

"नहीं।"

मुझे बड़ी हैरत हुई। उन्हें अपनी जाँच कराने के लिए भी नहीं कहा गया था। ज़ाहिर तौर पर बड़ा ही ग़ैर-ज़िम्मेदार रवैया था सरकार का।

बात आगे बढ़ी। विभूति ने बताना शुरू किया, "मैं सन् 1991 से यहाँ हूँ। और साल दर साल देखता हूँ कि दुनिया-भर से लोग यहाँ ज़्यादा से ज़्यादा आना चाहते हैं। यह एक महान लोकतंत्र है। यह कुछ तो अच्छा करता ही होगा जिस कारण सबके सपनों का देश बना हुआ है।"

"अच्छी बात है। पर आप इस लोकतंत्र को आज किस नज़र से देखते हैं, जब अमेरिका न सिर्फ़ महामारी से सबसे ज़्यादा प्रभावित है बल्कि यहाँ श्वेत, अश्वेत का टकराव चरम पर है।"

"ये सारी बातें जो आप कह रहे हैं अविनाश जी, वे सभी इस सच से निकलती हैं कि ट्रम्प एक बाहरी बिज़नेसमैन हैं जिन्होंने वर्षों से स्थापित व्यवस्था को चुनौती दी है और उसे बदलने का प्रयास किया है।

"आप देखिए, पिछले लगभग तीन दशकों में चाहे वो व्यवस्था के चहेते राष्ट्रपति जॉर्ज डब्ल्यू बुश हों या फिर विद्वान् राष्ट्रपति बिल क्लिंटन

या कि चेंज मैन बराक़ ओबामा हों, सभी ने उस व्यवस्था का विरोध किया जो वॉशिंगटन डीसी में क़ायम है। उसमें लॉबीईस्ट काफ़ी प्रभावी हैं। लेकिन राष्ट्रपति बनते ही उन सभी ने हालात से समझौता कर लिया और उसी व्यवस्था का हिस्सा बन गए।

"ट्रम्प ने ऐसा नहीं किया। एक बिज़नेसमैन होने के नाते उन्हें पता है कि इस व्यवस्था की मशीन में कहाँ ख़राबी है और कहाँ ज़ंग लगी है, जहाँ तेल डालने की ज़रूरत है। उन्होंने सही जगह पर नकेल कसनी शुरू की तो सभी उनके विरोधी हो गए। न सिर्फ़ डेमोक्रेट बल्कि कई रिपब्लिकन भी उनसे ख़फ़ा हैं।"

विभूति गर्व से कहते हैं कि वे राष्ट्रपति ट्रम्प को सपोर्ट करते हैं, और सभी भारतीय अमेरिकी नागरिकों को उन्हें सपोर्ट करना चाहिए।

पर जब मैंने तर्क दिया कि पिछली बार लगभग 20 प्रतिशत भारतीय मूल के अमेरिकी नागरिकों ने ही ट्रम्प को सपोर्ट किया था और अधिकतर प्रवासी डेमोक्रेट विचारधारा से प्रभावित हैं तो विभूति ने जवाब दिया, "इसका सम्बन्ध विचारधारा से ज़्यादा, अप्रोच से है। डेमोक्रेट्स घर-घर जाकर सदस्य बनाते हैं जबकि रिपब्लिकन्स के कन्वेंशन में आपको ख़ुद जाना होता है। भारतीय यहाँ तीस-चालीस साल पहले आए। सन् 2000 तक तो हमने अपने आपको स्थापित किया और हम बस पैसा कमाने में ही लगे रहे। इसलिए जो भी हमारे पास आया, हमसे सलीके से बात की और हमें सम्मान दिया, हम उसके साथ हो लिये। यही एक अहम कारण है कि आपको अधिकतर भारतीय डेमोक्रेट्स विचारधारा वाले मिलते हैं। पर अब समय बदल रहा है।"

विभूति यह सब एक ही साँस में बोल गए।

डेमोक्रेट्स के प्रति प्रवासियों के झुकाव को लेकर चाहे जो स्पष्टीकरण दिया जाए, ट्रम्प का हर सम्भव प्रयास रहेगा कि वे अधिक-से-अधिक प्रवासियों को अपनी ओर आकर्षित करें। ये प्रवासी न केवल वोट हैं, बल्कि

बड़े दानदाता भी हैं। इसी कारण इस साल ट्रम्प प्रधानमंत्री नरेन्द्र मोदी के बुलावे पर अहमदाबाद में 'नमस्ते ट्रम्प' रैली में आए।

इसके फलस्वरूप भारतवंशियों की कई संस्थाएँ अलग-अलग तरह से ट्रम्प के लिए समर्थन जुटाने में लग गई हैं। इनमें सबसे प्रचलित व्हाट्सएप्प ग्रुप है, "फिर एक बारी, ट्रम्प की दूसरी पारी।"

यह प्रयास कितना सार्थक होगा यह तो वक़्त ही बताएगा।

राजनीति का परिणाम चाहे जो हो, एक बात साफ़ है अमेरिका के अधिकतर शहरों को फिर से अपने चरम तक पहुँचने में अभी काफ़ी समय लगेगा। आने वाले राष्ट्रपति के लिए भी यह बड़ी चुनौती रहेगी।

3

बोस्टन

2-3 अक्टूबर, 2020

सफ़र न्यूयॉर्क से उत्तर की तरफ़ कनेक्टिकट होते हुए बोस्टन की ओर बढ़ रहा था। रास्ते में न्यू इंग्लैंड का इलाक़ा पड़ा। आपको यहाँ शहरों के न्यू लंदन, शेफ़ील्ड, केम्ब्रिज यॉर्क जैसे कई नाम आसानी से दिख जाएँगे। ये सभी अंग्रेज़ों के दिए नाम हैं और जिस तरह से इन नामों के इर्द-गिर्द कोई हो-हल्ला नहीं होता, उससे लगता है कि राष्ट्रवाद हमारे यहाँ की तरह अभी अमेरिका नहीं पहुँचा।

कनेक्टिकट के रॉकी नेक स्टेट बीच पर मानो सन्नाटा पसरा हुआ था, कुछ देर वहाँ गुज़ारने के बाद दो बुज़ुर्ग कपल वॉक के लिए आते दिखे। एक ने तो बात करने से मना ही कर दिया मगर फ़ुटबॉल कोच रहे 80 वर्षीय हॉवर्ड और 72 वर्षीय उनकी पत्नी मोरिस हमसे बातें करने के लिए तैयार हो गए। मोरिस एक नर्स के तौर पर रिटायर हुई थीं।

बात शुरू हुई तो हॉवर्ड ने कहा कि ट्रम्प एक विभाजक हैं और इनके कार्यकाल में ऐसा लग रहा है की हम वापस मार्टिन लूथर किंग के समय में जा रहे हैं। "इतनी घृणा भर दी है इस राष्ट्रपति ने कि पढ़े-लिखे लोग भी इसके बहकावे और झूठ में आ गए हैं।" उन्होंने कहा, "मैं रिपब्लिकन

समर्थक रहा हूँ, पर यह मेरा नेता नहीं है।"

मैंने उनसे पूछा, "क्या ट्रम्प महामारी से बचाव की समुचित व्यवस्था करने में क़ामयाब रहे हैं।"

"उसने कुछ भी नहीं किया, आप जिस जगह पर खड़े हैं वो लोगों से भरी होती थी, पर अपनी जान के ख़तरे से लोग बाहर नहीं निकलें और हम सुरक्षित रहें, ट्रम्प का इससे कोई लेना-देना नहीं। जो ख़ुद मास्क जैसी बेसिक चीज़ नहीं पहन सकता और लोगों को पहनने को नहीं कह सकता वो क्या देश चलाएगा।"

हॉवर्ड और मोरिस अपने पालतू कुत्ते के साथ आगे निकल गए। और कुछ देर वहाँ ख़ाली पड़े मनोरम नीले सफ़ेद बीच पर थोड़ा वक़्त गुज़ारने के बाद हम आगे बढ़े।

बोस्टन यह मैसेच्युसेट्स की राजधानी है, जहाँ विश्व प्रसिद्ध हॉर्वर्ड यूनिवर्सिटी है। बड़ी उत्सुकता थी, यह देखने की कि ऐसा क्या है जो हॉर्वर्ड को हॉर्वर्ड बनाता है।

केम्ब्रिज शहर में बसी इस यूनिवर्सिटी के आसपास के इलाक़े में छात्र-छात्राएँ इक्के-दुक्के ग्रुप में घूमते हुए दिख रहे थे। हमने भी यूनिवर्सिटी के पास ही पार्किंग की जगह देख ली।

पार्किंग स्लॉट वैसा ही था जैसा पुरानी हॉलीवुड फ़िल्मों में बार-बार देखा है, पर इसे काम में कैसे लिया जाए? उस पर एक पार्किंग एप का लिंक दिया गया था, पर वह भारतीय नम्बर पर डाउनलोड नहीं हो रहा था। वहाँ से गुज़रते हुए छात्रों से भी पूछा कि कोई मदद कर दे, पर सभी ने असमर्थता जताई।

कमाल है, आधा घंटा मशक़्क़त करने के बाद भी राहगीरों से लेकर, छात्रों क्या, गूगल देव तक कोई हमारी मदद नहीं कर पाया। तभी हमारी हालत पर तरस खा, सामने के लॉन में अपनी कार पार्क कर रहे एक दम्पती ने हमारी मशीन की ओर रुख़ किया।

"कितनी देर रुकना है?" उन्होंने पूछा?

"दो घंटे।"

वे मुस्कुराए, मशीन पर जहाँ एप का स्टिकर लगा था उसके पास वाली स्लाइड को हल्के से हिलाया, और उसमें सिक्के जमा करने को कहा। हम एक-दूसरे को देख हँस पड़े।

पार्किंग की गुत्थी सुलझाने के बाद, हमने यूनिवर्सिटी का रुख़ किया।

बाहर से यह किसी भारतीय यूनिवर्सिटी जैसी ही लगी। अमेरिका में हर बिल्डिंग बड़ी भव्य बनाई जाती है, लेकिन यहाँ बाहर से वैसा नहीं लगा।

1636 में स्थापित यह अमेरिका की सबसे पुरानी यूनिवर्सिटी है। आप मुख्य द्वार से जब प्रवेश करते हैं तो बाईं तरफ़ हॉर्वर्ड हॉल है, और उसके ठीक आगे, यूनिवर्सिटी हॉल के बाहर एक मूर्ति लगी हुई है जहाँ आपको छात्रों से ज़्यादा सैलानी ऊँची कुर्सी पर एक पैर आगे करके बैठे एक सज्जन के जूते को पकड़कर फ़ोटो खिंचवाते दिख जाएँगे।

ख़ासी हलचल देख मैं भी उसकी तरफ़ चल पड़ा। पता लगा कि वे महाशय जॉन हॉर्वर्ड हैं। यूनिवर्सिटी के पहले दानदाता, जिनका 1938 में देहान्त हो गया था। उन्होंने अपनी पूरी लाइब्रेरी और आधी ज़मीन यूनिवर्सिटी को दान में दे दी थी। हॉर्वर्ड साहब का पैर पकड़कर फ़ोटो खिंचवाने का यह आलम है कि इनके बाएँ पैर के जूते का रंग बाक़ी मूर्ति से अलग दिखता है।

अध्यापकों से मेरी कभी कुछ ख़ास बनी नहीं और मैंने हॉर्वर्ड साहब के पैरों पर हाथ रखकर फ़ोटो खिंचवाना उचित नहीं समझा और आगे निकल गया।

अन्दर गार्डन छात्र-छात्राओं से भरा हुआ था। लोग चार-पाँच के समूह में बैठे थे। कुछ ने मास्क लगा रखा था बाक़ी ने नहीं, यह देख थोड़ा अचरज हुआ। गार्डन के दोनों तरफ़ बड़ी इमारतें थीं, एक तरफ़ पुस्तकालय और

दूसरी तरफ़ विज्ञान भवन की बिल्डिंग। लाइब्रेरी की सीढ़ियाँ छात्रों से भरी पड़ी थीं, विज्ञान भवन की ओर लोग ज़रा कम थे और उनमें ज़्यादातर मास्क पहने हुए थे। मैंने विज्ञान भवन का रुख़ किया।

वहाँ बैठे दो लोग कुछ दूरी से मेरी तरफ़ देख रहे थे, मैं उनकी तरफ़ बढ़ा और उन्हें हाथ हिलाकर हेलो किया, तो उनकी आँखों में मुस्कुराहट दिखी। पास जाकर मैंने अपना परिचय दिया, तो उन्होंने भी अपने बारे में जानकारी दी।

डेनिस नीनो, हैम्बर्ग, जर्मनी से हैं और भौतिक विज्ञान में रिसर्च कर रहे हैं और यक्षिन, बेजिंग से हैं और स्कॉलर हैं। जब मैंने उन्हें अपनी यात्रा के बारे में बताया तो डेनिस बात करने को राज़ी हो गए जबकि यक्षिन ने कहा कि वे बातचीत में हिस्सा नहीं लेंगी।

डेनिस हॉर्वर्ड में छह महीने से रह रहे हैं। कुछ दिन पहले ही रिसर्च असिस्टेंट का काम सँभाला है। उन्होंने बताया, "मुझे दिसम्बर में ऑफ़र मिला हॉर्वर्ड से, सितम्बर से काम शुरू करना था, और यूनिवर्सिटी ने कहा, वे चाहेंगे कि मैं मार्च में ही आ जाऊँ, ताकि कैम्पस को जान सकूँ, यहाँ से परिचित हो जाऊँ, काम के तौर-तरीक़े समझ सकूँ और ख़ुद को सहज महसूस कर सकूँ। इसलिए छह महीने पहले ही आ जाऊँ। मुझे अचरज हुआ, छह महीने पहले बिना काम के कौन बुलाता है और पैसे देता है।"

डेनिस जब मार्च में आए तो हॉर्वर्ड बन्द था, लेकिन शहर खुला था। मई आते-आते शहर भी बन्द हो गया। उन्होंने कहा, "यहाँ बन्द करने में सरकार ने काफ़ी ढिलाई बरती।"

"जर्मनी में कैसा हाल था?" मैंने पूछा।

"हमारे यहाँ लॉकडाउन नहीं हुआ था, पर लोग ख़ुद एहतियात बरतने लगे थे। सब कुछ बन्द-सा ही था। लोग प्रोटोकॉल्स का पालन कर रहे थे, लेकिन यहाँ ऐसा कुछ देखने को नहीं मिला। यहाँ फ़ेडरल और राज्य

सरकारें आपस में झगड़ती दिखीं। महामारी उनके लिए राजनीति का मुद्दा बनकर रह गई।

"इस देश के आकार और छवि को देखकर लगता था कि यहाँ सभी कुछ यूनाइटेड है पर यहाँ रहने के बाद इसके विपरीत ही अनुभव हुआ।" डेनिस बोले।

मैंने उनसे कहा, "मैं हिन्दुस्तान से यहाँ चुनाव को समझने के लिए आया हूँ। अमेरिकी चुनाव पर दुनिया की नज़र लगी रहती है। आपको क्या लगा? आपका अनुभव कैसा है?"

"जी, चुनाव पर सबकी नज़र लगी हुई है, अगर आप अमेरिका में हैं तो राजनीतिक बातों से अभी दूर नहीं रह सकते। अपने अमेरिकी दोस्तों से अभी तक जितना जान पाया हूँ वह यह है कि यह चुनाव अमेरिका के लिए अहम है। क्या अमेरिका अपने मूल्यों के लिए एकजुट होगा या वह अपनी जेब के लिए वोट करेगा?"

"जेब के लिए वोट?"

"जी हाँ। मैंने ऐसा ही समझा। मेरे अमेरिकी दोस्त ट्रम्प से ख़ुश हैं, वे कहते हैं, ट्रम्प देश के लिए अभी अच्छे हैं।"

ऐसा सुनकर मुझे हैरत हुई। मैंने बात को आगे बढ़ाते हुए कहा, "और आपको क्या लगा?"

"मुझे यह समझ नहीं आ रहा कि अगर आप अपना मत डाक से भेज रहे हैं तो इस पर इतना हल्ला क्यों हो रहा है। हमारे यहाँ भी ऐसा होता है, मैंने कभी मतदान केन्द्र पर जाकर मत नहीं डाला।"

डेनिस अपनी रौ में बोले जा रहे थे, मैंने उनको नहीं रोका।

उन्होंने आगे कहा, "मुझे लगा कि प्रेसिडेंशियल डिबेट को यहाँ कुछ ज़्यादा ही तवज्जो दी जाती है।"

ऐसा क्यों? मैंने पूछा।

"आप कभी जर्मनी आइए, इन डिबेट से ज़्यादा रोचक और गम्भीर

डिबेट वहाँ हर महीने ही होते हैं।"

"अच्छा है, यहाँ राष्ट्रपति पद के उम्मीदवार आपस में वाद-विवाद करते हैं। इसमें क्या मसला है? मैंने कहा।

"ठीक है। हमारे यहाँ भी क़द्दावर नेता, मंत्री, विपक्ष इनसे ज़्यादा वाद-विवाद करते हैं, और वो भी गम्भीर और तर्क के साथ। यहाँ केवल अच्छी-अच्छी, ऊपरी बातें की जाती हैं, हमारे यहाँ मुद्दे के तह तक जाया जाता है, वो भी सबके सामने।"

मुझे अचरज हुआ। जहाँ भारत में हम इसी कल्पना पर डिबेट करते हैं, कभी हमारे यहाँ के राजनेता अमेरिका की तर्ज़ पर वाद-विवाद करें, वहीं-कहीं कोई जगह ऐसी भी है जहाँ इस डिबेट को जुमलेबाज़ी समझा जाता है।

"अमेरिकी नागरिकों की सबसे बड़ी समस्या है फ़ेक न्यूज़। इतनी ग़लत ख़बरें दोनों गुटों द्वारा फैलाई जा रही हैं कि सत्य क्या है, यह समझना मुश्किल है।" अन्त में डेनिस ने कहा, "मैं कुछ ज़्यादा ही बोल गया।"

"नहीं, ऐसी बात नहीं," मैंने कहा और फिर से यक्षिन से बात करनी चाही पर उन्होंने चुप रहना ही मुनासिब समझा।

डेनिस से मैंने उनके उन दोस्तों के बारे में पूछा जो ट्रम्प के समर्थक हैं, "क्या वे बात करेंगे?" उसने कहा, "पूछता हूँ।" थोड़ी देर बाद उसके फ़ोन पर मैसेज आया कि उसका दोस्त बात तो कर सकता है पर वह अपना नाम ज़ाहिर नहीं करना चाहेगा।

मैंने डेनिस के दोस्त की शर्त मान ली और सुविधा के लिए उनको एक नाम दे दिया—जैक।

जैक हॉर्वर्ड में पब्लिक हेल्थ में मास्टर्स कर रहे हैं और अभी काम से दो साल की छुट्टी ले रखी है। वे बोस्टन में ही रहते हैं और व्हाइट हाउस के पब्लिक हेल्थ डिपार्टमेंट में पिछले 12 साल से कंसल्टेंट है।

जैक ने हमें पास में ही मार्केट प्लेस में पिज़्ज़ा शॉप पर आने को कहा। मैंने डेनिस से अलविदा कहा और पिज़्ज़ा शाप का रास्ता पूछकर हॉर्वर्ड

कैम्पस से बाहर निकल पड़ा।

पिज़्ज़ा शॉप के पास म्यूज़िक की लाइव परफॉरमेंस चल रही थी, सभी रेस्ट्रांट्स बैठक बाहर खुले में रख रहे थे, भीड़ तो नहीं थी पर काफ़ी चहल-पहल थी। संगीत से पहले, मार्केट से बाहर सड़क के दूसरी तरफ़ तीन अश्वेत युवाओं पर ध्यान गया। एक नई मोटरबाइक पर बारी-बारी से दो लोग बैठकर फ़ोटो खिंचवा रहे थे और तीसरा युवक फ़ोटो खींचते हुए हँस रहा था। लग रहा था कि एक ने बाइक नई-नई ली है और उसके दो दोस्त उस पर अपना हक़ दिखाते हुए फ़ोटो खिंचवा रहे हैं। आप बोस्टन को एक मिनट के लिए भूल जाएँ तो यह नज़ारा आपको दिल्ली के पटेल नगर या पंजाबी बाग की तरह लगेगा। दोस्त की मोटरबाइक पर अपनी सेल्फ़ी लेने का सुख अलग ही होता है।

मुझे दूर से आता देख जैक ने हाथ हिलाकर अपनी ओर आने का इशारा किया।

फ़ोन पर आवाज़ सुनकर जो अन्दाज़ा लगाया था, वह उससे बिलकुल विपरीत लग रहे थे, क़रीब 50 वर्ष के, बड़ी डील-डौल वाले। उन्होंने मास्क लगा रखा था। हमने कोहनी से कोहनी मिला एक-दूसरे का अभिवादन किया।

"क्या लेना पसन्द करोगे? बीयर, वाइन या व्हिस्की?" जैक ने पूछा।

"कोई भी कोला," जवाब सुन जैक ने हाथ झटककर निराशा में वेटर को बुलाया और एक बीयर और एक कोला लाने को कहा।

जैक से मैंने पूछा, "डेनिस कह रहे थे कि उनके मित्रों का मानना है कि डोनाल्ड ट्रम्प राष्ट्र के लिए अभी सबसे अच्छे हैं, ऐसा क्यों?"

"देखिए, मैं एक बात साफ़ कर दूँ कि मैं ट्रम्प समर्थक नहीं हूँ। उनकी अलगाव की राजनीति का मैं समर्थन नहीं करता मगर इसके अलावा मुझे उनमें कोई ग़लत चीज़ नज़र नहीं आती।

"वे 'अमेरिका फ़र्स्ट' की बात करते हैं, और ऐसा करना या कहना

ग़लत नहीं है। उनके कार्यकाल में अभी तक अर्थव्यवस्था अच्छी बनी हुई है, कोविड के आने से पहले तक सब अच्छा चल रहा था। उन्होंने छोटे व्यवसायों और नये उद्यमों के लिए राह आसान की। एक राष्ट्रपति से आपको और क्या चाहिए।"

जैक एक ही साँस में सब बोल गए। तभी वेटर ड्रिंक्स ले आया और जैक उसे शुक्रिया कहने के लिए रुके। फिर हमने चीयर्स कर बात आगे बढ़ाई।

"पर क्या व्यापार और अर्थव्यवस्था ही सब कुछ है?" मैंने कहा।

"अराजकता, घृणा और एक-दूसरे पर सिर्फ़ उनके रंग के आधार पर भेदभाव करना कहाँ तक सही है?"

"देखो, यह अमेरिका है, यहाँ 'शो मस्ट गो ऑन' पर लोग विश्वास करते हैं। आप जो भी कह रहे हैं वह बातचीत के लिए अच्छा है मगर ज़िन्दगी को चलाते रहने के लिए सबसे ज़रूरी है पैसा और उन्होंने पैसे में बाधा नहीं आने दी। मेरे लिए यही सबसे अहम है।" जैक ने स्पस्ट किया।

एक पल रुककर जैक बोले, "मेरी बेटी जो अभी पेंसिलवेनिया में कॉलेज मैं है, वह ट्रम्प से नफ़रत करती है। उसकी नज़र में वे अभद्र, मुँहफट और बदमिज़ाज इनसान हैं जो जाने कैसे अमेरिका के राष्ट्रपति बन गए।"

"कुछ दिन पहले, ट्रम्प को लेकर उसकी मेरी बहन के पति से बहस हो गई। मेरे बहनोई ट्रम्प समर्थक हैं, बात इतनी बढ़ गई कि उसने उनका नम्बर अपने फ़ोन से उड़ा दिया और फ़ेसबुक पर उन्हें अनफ्रेंड कर दिया। काफ़ी समझाने के बाद उसने उनसे बात की।"

"फिर आप उसको क्या दलील देकर समझाते हैं?" मैंने पूछा।

"कुछ भी नहीं। वह अभी युवा है, उसमें जोश है और जीवन की हक़ीक़त का उसे अन्दाज़ा नहीं है। जब होगा तब शायद वह समझ जाएगी।"

राजनीति से आगे बढ़ते हुए, मैंने बातचीत को महामारी की दिशा में आगे बढ़ाया। जैक पब्लिक हेल्थ में मास्टर्स कर रहे हैं और अरसे से एड्स एडवाइज़री काउंसिल में कार्यरत हैं। उनकी वायरस को लेकर समझ से मैंने कुछ निकलना चाहा।

"देखो मैं आधिकारिक तौर पर तो कुछ नहीं बोल सकता क्योंकि मैं इस पर काम नहीं कर रहा हूँ और अभी छुट्टी पर हूँ।"

"पर फिर भी, वायरस के बारे में आपकी एक समझ है। एक अमेरिकी नागरिक के बारे में आप क्या सोचते हैं कि क्या सरकार ने इसको ढंग से सँभाला?"

वह थोड़ी देर के लिए चुप हुए, अपनी बीयर को ख़त्म किया और बोले, "सरकार को इसका अन्दाज़ा था कि यह वायरस घातक साबित हो सकता है। लेकिन उन्होंने इसे अधिक तवज्जो नहीं दी। स्वास्थ्य विशेषज्ञ दिसम्बर से इसके बारे में बात कर रहे थे, पर सरकार इसकी गम्भीरता को समझ नहीं पाई। ट्रम्प को डॉक्टर और वैज्ञानिकों की बात गम्भीरता से लेनी चाहिए थी। वहाँ बड़ी चूक हुई।

"इसके बाद जो हुआ वह सबके सामने है। हमारे राजनेताओं ने इसको स्वास्थ्य से दूर कर राजनीति का मुद्दा बना दिया। यह दुर्भाग्यपूर्ण है।"

आगे जैक ने सवाल किया, "आपके यहाँ क्या हाल है, कोविड से भारत कैसे निपट रहा है?

"हालत हमारे यहाँ भी बेहतर नहीं है, पर बड़ा फ़र्क़ यह है कि तमाम मतभेदों के बावजूद हमारे नेताओं ने इसे राजनीति का मुद्दा नहीं बनाया। केन्द्र और राज्य सरकारें सामंजस्य बनाकर योजनाएँ बनाती रहीं, और पूरे देश ने एकजुटता दिखाई।"

एड्स पर काम कर चुके जैक ने शंका जताई कि शायद ही इस महामारी का कभी कोई टीका आ पाएगा। उन्होंने कहा, "देखिए, एचआईवी का आज तक कोई टीका नहीं आया, इसका आएगा मुझे उम्मीद

कम है। अभी चुनाव का माहौल है, हर कोई टीके को लेकर सिर्फ़ दावे कर रहा है। टीका बनने में वर्षों लग जाते हैं। मेरा अनुभव कहता है, कोई असरदार टीका नहीं आएगा। हार्ड इम्यूनिटी ही इसका इलाज है, और वह अपना समय लेगी।"

मेरे चेहरे की मायूसी देख जैक बोले, "मैं प्रार्थना करता हूँ कि मेरा यह आकलन ग़लत साबित हो। पर जब तक टीका या इलाज नहीं आए, अपना ख़याल रखना।" हमारी बातचीत पूरी हो गई थी। हमने एलबो शेक कर एक दूसरे को अलविदा कहा।

4

शिकागो

4-6 अक्तूबर, 2020

हमारा सफ़र अब बढ़ रहा था इलिनॉ राज्य की राजधानी शिकागो की ओर। शिकागो पूर्व राष्ट्रपति बराक ओबामा की कर्मभूमि रहा है। '80 के दशक में कम्यूनिटी ऑर्गनाइज़र से वकालत के पेशे में आने, फिर मीशेल से शादी करने, पिता बनने, इलिनॉ के सीनेटर की कुर्सी सँभालने और अन्ततः राष्ट्रपति बनने का सफ़र उन्होंने यहीं से तय किया।

जब राष्ट्रपति चुनाव की सरगर्मी चरम पर पहुँच रही है, तब बराक ओबामा के शहर की ओर बढ़ते हुए, एक अजीब-सी उत्सुकता हो रही है।

शहर से क़रीब 70 मील दूर हम एक गैस स्टेशन पर पेट्रोल लेने के लिए रुके हैं। चार गाड़ियाँ और खड़ी हैं। सब कुछ शान्त सा है। द्रोण पैसे देने के लिए स्टेशन के अन्दर गया है, तभी दो अश्वेत लड़के तेज़ी से बाहर निकलते हैं और एक अश्वेत महिला चिल्लाते हुए उनके पीछे आती है। उनमें छीना-झपटी हो रही है। वे लड़के महिला का बैग छीनकर अपनी गाड़ी की ओर बढ़ रहे हैं और कोई उस महिला की मदद के लिए आगे नहीं बढ़ रहा। हम दरवाज़ा खोल बाहर निकलने की बात सोच ही रहे थे कि पास लगी गाड़ी में अपने बच्चों के साथ बैठे एक अश्वेत पुरुष ने हमें

आँखों के इशारे से शान्त बैठने को कहा।

हम रुक गए, तभी उस महिला ने अकील की तरफ़ के काँच पर हाथ मारा और अब गाड़ी का नम्बर लिखने का इशारा किया, जिसमें वो लड़के बैठ रहे थे। वे लड़के उसे धकेलकर निकाल गए। अकील ने उसे गाड़ी का नम्बर दिया, जिसे लेकर वह चिल्लाते हुए स्टोर में गई और एक पुरुष के साथ निकलकर गाड़ी में बैठ चिल्लाती हुई निकल गई।

उसके चले जाने के बाद हमारे साथ वाली गाड़ी में बैठे व्यक्ति ने कहा, "आगे शिकागो है, आप सिर्फ़ अपने काम से काम रखें तो ही ठीक है।"

बड़ा अजीब लगा। कोई भी मदद करने नहीं निकला।

द्रोण ने बताया कि वे लड़के उसके साथ ही थे, किसी बात पर झगड़ा हुआ, हाथापाई हुई और वे बैग ले निकल पड़े।

हमने भी यात्रा शुरू की। थोड़ी देर गाड़ी में चुप्पी रही और फिर होटल बुक करने की क़वायद।

यहाँ पड़ाव दो दिन का है, और हर बार की तरह ठिकाने से क़रीब 50 मील पहले हम बुकिंग एप पर रैन बसेरा खोजते हैं। पिछली सीट पर बैठे अकील भाई ने ठिकाने की खोज शुरू कर दी। 75 का पहाड़ा, डाउन टाउन से दूरी, शहर के प्राइम पार्किंग स्पॉट, ये कुछ अहम पहलू होते हैं बसेरा ढूँढ़ने से पहले।

आज बुकिंग महाराज की मदद से रगाडा होटल में कमरा खोजा है। डाउन टाउन से आधे घंटे की दूरी पर पड़ाव डाला गया है। रिसेप्शन पर पहले से एक महाशय चेक इन कर रहे थे। उनको देख विश्वास ही नहीं हो रहा था कि जो आँखें देख रही हैं वे सच हैं। मैंने अपने दोनों सहयात्रियों की तरफ़ देखा। उनका भाव भी वही था। जो व्यक्ति रिसेप्शन पर बात कर रहा था उसके हाथ और चेहरे पर शायद ही कोई जगह बाक़ी थी जहाँ पर उसने टैटू नहीं बनवा रखा हो।

जब वह वहाँ से निकला तो मैंने और रिसेप्शन पर खड़े बन्दे ने भौंहें उठाकर विस्मय के भाव से एक-दूसरे को हैलो कहा। "मैंने ऐसा व्यक्ति प्रत्यक्ष रूप में कभी नहीं देखा।" उसने कहा।

चेक इन करने के बाद पहला फ़ोन मैंने अपने कॉलेज के मित्र भरत हदवानी को किया जो पिछले 15 साल से अमेरिका में रह रहा है। इस यात्रा की एक अच्छी बात यह भी है कि मैं कॉलेज के ज़माने के अपने कई साथियों से भी बरसों बाद मिल पाऊँगा।

फ़ोन करने के घंटे भर में ही भरत होटल आ गया। इतने सालों में भी वह बिलकुल नहीं बदला था और लग रहा था न्यू हॉस्टल के कमरा नम्बर 215 से निकलकर ही आ रहा है।

बातों का सिलसिला शुरू हुआ ही था कि वह बोला चलो बाहर निकलते हैं कमरे में कब तक बैठोगे।

वह हमें वुडफ़ील्ड मॉल ले गया, पार्किंग लाट कारों से भरा हुआ था।

"यहाँ कोविड का कोई असर नहीं लग रहा।" द्रोण ने कहा। भरत मुस्कुराया और कार को थोड़ा आगे ले जाकर पास की दो इमारतों की ओर इशारा किया, 'स्टोर क्लोज़िंग'। लॉर्ड एंड टेलर, अमेरिकी डिपार्टमेंटल स्टोर की पुरानी चेन में से एक है और स्टोर समेट रही है।

वुड्फ़ील्ड मॉल के अन्दर भी, आधी से ज़्यादा दुकानें नहीं खुली थीं, कुछ बन्द हो गई थीं। मुझे भी एक लोकल नम्बर लेना था जो मैंने लिया। तब तक अकील और द्रोण मॉल का चक्कर लगाकर वापिस आ गए। "यहाँ कुछ ज़्यादा चहल-पहल नहीं है, पता नहीं इतनी कारें कैसे आ गईं। खाने का भी कुछ ऐसा नहीं है जो हमारे काम आ जाए।" द्रोण ने कहा।

"भारतीय खाना चलेगा?" भरत ने पूछा।

"भारतीय ही चलेगा।" द्रोण बोला।

भरत हमें मुम्बई कैफ़े ले गया जो पास ही में था। "यहाँ भी बॉम्बे से मुम्बई हो गया।" मैंने कहा और हम अन्दर पहुँच गए।

रेस्ट्राँ का एक हिस्सा बन्द था, दूसरे हिस्से में कुछ चारपाई रखी थी और एक कोने में तीन-चार लोग हिसाब-किताब मिला रहे थे।

मेन्यू में सभी भारतीय व्यंजन थे, मेरी नज़र मिसल पाव पर अटक गई। महाराष्ट्र में जब पढ़ने गया था तो मिसल पाव, अंबोलि (जिसे ज़्यादातर लोग मसाला डोसा कहते हैं) और उसल पाव से ही दोपहर का नाश्ता होता था।

"मिसल तीखा रखना," मैंने अपना ऑर्डर देते हुए कहा। मिसल पाव, चाय और कॉलेज का साथी, अगले दो घंटे हम दो दशक पुराने ज़माने में, महाराष्ट्र के जयसिंगपुर पहुँच गए और इंजीनियरिंग की यादें ताज़ा हो गईं।

देर रात भरत हमें होटल छोड़ गया, अकील और द्रोण कमरे में चले गए और मैं लॉबी में चल रही न्यूज़ देखने रुक गया।

रात के 11 बज रहे थे। चारों तरफ़ सन्नाटा था। रिसेप्शन पर बैठा बन्दा कभी ख़बरों की ओर देख रहा था तो कभी घड़ी की ओर।

देखने से वह भारतीय लग रहा था, इससे पहले कि मैं उससे पूछता, उसने ही मुझसे पूछा, "क्या आप पंजाब से हैं?"

"नहीं, राजस्थान से।" मैंने कहा।

"आप पंजाब से हैं?" मैंने पूछा?

"जी, पर आपकी तरफ़ वाले पंजाब से नहीं, सरहद पार वाले से। मेरा नाम अहसान अली है।" उसने अपना परिचय दिया।

अहसान, काउंटर छोड़ मेरे पास वाले सोफ़े पर आकर बैठ गया।

ख़बर चल रही थी कि राष्ट्रपति ट्रम्प अस्पताल से छुट्टी लेकर निकल आए हैं। टीवी में दिख रहा था कि वे व्हाइट हाउस की ट्रूमन बालकनी से अपने समर्थकों को हाथ हिलाकर अभिनन्दन कर रहे थे। वे मास्क पहने हुए बाल्कनी में आए और लोगों का अभिवादन करते हुए मास्क को उतारकर जेब में रख लिया। कुछ देर बार व्हाइट हाउस से जारी विज्ञप्ति में कहा गया कि राष्ट्रपति बेहतर महसूस कर रहे हैं और अपने आपको बीस वर्ष

का युवा महसूस कर रहे हैं।

ट्रम्प फिर से सुर्ख़ियों में आ गए। दो दिन पहले जब उन्हें कोविड होने की पुष्टि हुई थी तब हर तरफ़ यह ख़बर थी कि राष्ट्रपति 14 दिन क्वॉरंटीन में रहेंगे, अब वे प्रचार कैसे करेंगे और अगले डिबेट रद्द करने पड़ेंगे।

ख़बरों का फ़ोकस अपने से हटते देख, ट्रम्प अगले ही दिन एक एसयूवी में बैठकर वॉल्टर रीड नेशनल मिलिटरी मेडिकल सेंटर, जहाँ राष्ट्रपतियों का इलाज होता है, से बाहर निकल आए और अपने समर्थकों का अभिवादन किया।

इससे ग़ैर ज़िम्मेदाराना हरकत कोई राष्ट्र अध्यक्ष नहीं कर सकता, पर यह महाशय डोनाल्ड ट्रम्प हैं जो सुर्ख़ियों में बने रहने के लिए कुछ भी कर सकते हैं। अभी उनकी इस हरकत पर प्राइमटाइम एक्शन चल ही रहा था कि उन्होंने घोषणा कर दी कि अगली शाम वे अस्पताल से निकलने वाले हैं।

अभी तक प्रचार की जो भी रणनीति देखी उससे यही लग रहा था, ट्रम्प सेंटर स्पेस अपने हाथ से नहीं जाने देना चाहते। उनका कैम्पेन एक्टिव था, जबकि बाइडन कैम्पेन उन पर रीएक्ट कर रहा था। ठीक वैसे ही जैसे 2019 में हमने भारत में देखा था कि नैरेटिव नरेन्द्र मोदी सेट कर रहे थे और विपक्ष उस पर केवल प्रतिक्रिया दे रहा था।

"क्या लगता है आपको, ट्रम्प फिर से आएँगे या बाइडन उन्हें हरा देंगे? मैंने अहसान से पूछा।

"अभी कहना मुश्किल है, पर कोई भी जीते या हारे उसमें मेरा योगदान नहीं होगा," वह बोले।

"ऐसा क्यों?" मैंने पूछा।

"हमारा वोट यहाँ नहीं लगता। हम अभी कनाडाई हैं।" उसने कहा।

अली का परिवार टोरंटो क़रीब 16 साल पहले पंजाब से आ गया था। उनके पिता एकाउंट्स का काम करते हैं, बड़ा भाई वॉल्मार्ट में काम करता

है और अली की अभी पढ़ाई चल रही है।

अहसान बेस्बॉल में पेशेवर खिलाड़ी बनना चाहते हैं और 'शिकागो कबस' जो यहाँ की दो लोकप्रिय टीमों में से एक है, उसमें खेलना चाहते हैं। यही जुनून उसे और उसके परिवार को शिकागो ले आया।

मैंने पूछा, "अमेरिका या कनाडा आपको क्या पसन्द है?"

"कहना मुश्किल है। कनाडा मुझे विविधतापूर्ण ज़्यादा लगता है। देश व्यवस्थित है, लोग मिलनसार हैं, देसी लोग अधिक सम्पन्न हैं और सबसे बड़ी बात स्वास्थ्य देखभाल सबके लिए मुफ़्त है। यहाँ ऐसा नहीं है, यहाँ जीवन मुश्किल है, परन्तु सम्भावनाएँ अधिक हैं। मेरा सपना है कि मैं कबस के लिए खेलूँ और बाद में स्पोर्ट्स जर्नलिस्ट बन जाऊँ। यह अमेरिका में ही सम्भव है।"

अहसान का मानना है कि उसने पाकिस्तान में शुरुआती सालों में जो क्रिकेट खेला उसका फ़ायदा उसे शिकागो यूनिवर्सिटी में स्पोर्ट्स कोटे से दाख़िला लेने में हुआ। उसने कहा, "मैं पिचर भी हूँ और हिटर भी, हमारी क्रिकेट की भाषा में ऑल राउंडर।"

जब अहसान को मैंने अपनी यात्रा का मक़सद बताया तो वह बड़ा उत्साहित हुआ। "आप जहाँ मर्ज़ी जाओ, चले जाना पर साउथ शिकागो से दूरी बनाए रखना।"

"ऐसा क्यों?" मैंने पूछा।

"वह यहाँ की क्राइम कैपिटल है, मारपीट की घटनाएँ आम हैं, लूटपाट पर कोई आश्चर्य नहीं करता और हफ़्ते में एक बार गोलीबाज़ी होना सामान्य है।" अली एक ही साँस में सरलता से बोल गया।

"क्या यह हिंसा अश्वेतों के ख़िलाफ़ होती है?" मैंने पूछा।

"हाँ, पर अश्वेत ही अश्वेत से झगड़ते हैं, और कोई कुछ नहीं बोलता है।" अहसान ने कहा।

तभी उसके सहकर्मी आ गए, शिफ़्ट बदलने का समय था, अहसान

ने अलविदा कह रुख़सत ली।

अगले दिन सुबह हम भरत से मिलने निकल गए। डाउन टाउन जाने की योजना थी। तय समय पर उसकी कॉलोनी पहुँचे, तो क़रीब 11 बजे थे और आसपास कोई भी नज़र नहीं आ रहा था। हाँ, भरत के घर के सामने वाले लॉन में एक बुज़ुर्ग ज़रूर दिखे। भरत एक कॉल पर था, हम बाहर इंतज़ार करते आगे निकल गए।

कुछ दूर चलने पर हमें एक घर के बाहर लगा एक छोटा-सा साइन बोर्ड दिखा जिस पर लिखा था, बाइडन–हैरिस 2020। उसे देख द्रोण ने कहा, "इससे बड़ी तो यूनिवर्सिटी के अध्यक्ष अपनी नम्बर प्लेट होती है अपने यहाँ।" इस पर हम सभी हँस पड़े।

"क्या सब कुछ ठीक है वहाँ?" एक धीमी सी आवाज़ ने हमारे क़दम रोक दिए।

हमने देखा जिस घर की लॉन पर हम थे उस घर से एक बुज़ुर्ग माहिला दरवाज़े पर खड़ी होकर हमें देख रही थी।

"सब कुछ ठीक है।" हमने कहा।

उसके चेहरे पर घबराहट की जगह मुस्कुराहट ने ले ली। "आपको इस बोर्ड से कोई परेशानी तो नहीं?

"आपने ऐसा क्यों पूछा?" यह कहते हुए द्रोण थोड़ा आगे बढ़ा तो वह ज़रा पीछे हो गई और उसे रुकने का इशारा किया।

"दूर से बात करना ही ठीक है, मेरे पति अभी काम से बाहर गए हैं और मैं अनजान लोगों से बात नहीं करना चाहती। आप आगे अपने काम से जा सकते हैं।" उसने कहा।

हमने अपने बारे में जब बताया तो वह थोड़ी सहज हुई, वहीं से अपना परिचय दिया और कहा, "मैं अधिक देर बाहर नहीं रुकने वाली आप जो जानना चाहते हैं जल्दी पूछें।"

उससे पता चला कि उसका नाम डायन ब्रेल है। वह अपने पति सिमोन

के साथ यहाँ रहती है और वे दोनों बाइडन समर्थक हैं। सिमोन, कैम्पेन से एसएमएस वालंटियर के तौर पर जुड़े हैं।

"इन दिनों बाइडन का समर्थन करने पर कई लोग आपसे नाराज़ हो जाते हैं। कोई भी अपनी पसन्द ज़ाहिर नहीं करता, इसलिए मैंने आपसे ऐसा पूछा।" डायन ने बताया।

यह बुज़ुर्ग जोड़ा, पेंशन पर चल रहा है और उन्हें लगता है कि ट्रम्प से परे कोई भी व्यक्ति देश के लिए इस वक़्त अच्छा है। डायन यह कहते हुए नमस्कार कर घर के अन्दर चली गईं।

तब तक भरत भी बाहर आ चुका था। हम चलने को तैयार हुए तो भरत ने सामने लॉन साफ़ करते व्यक्ति का हाथ हिलाकर अभिवादन किया और कहा, "चलो जिम से भी बात करते हैं।"

जिम हमें अपने गार्डन में ले गए और पूछा, "मैं आपके लिए क्या ला सकता हूँ? बीयर, व्हिस्की या जिन और टॉनिक?"

"कुछ नहीं, हम नहीं पीते।" हमने कहा।

"फिर मैं आपसे बात नहीं कर सकता, आप ठीक व्यक्ति नहीं हैं।" जिम ने ठहाका लगाते हुए कहा।

भरत ने कहा कि वह बीयर लेगा और हमारे बारे में बताया।

"आप कमाल के सरफ़िरे हो," जिम ने कहा, "सात महीनों में मैं पड़ोस के सुपर मार्केट से आगे नहीं निकला और आप भारत से यहाँ तक आ गए।"

जिम जेटा 60 वर्ष के हैं, अपनी पत्नी मेरी, जो डिमेंशिया से जूझ रही है, के साथ यहाँ रहते हैं। उनके बच्चे शिकागो में ही रहते हैं पर अलग। अभी महीने भर पहले उनके पोते को कोविड हुआ था, तब उनका अपने परिवार से आख़िरी बार मिलना हुआ था।

"उसे वायरस स्कूल से मिला। सरकार भी अजीब है। बच्चे स्कूल में एक-दूसरे के साथ होते हैं, कौन कहाँ से वायरस ले आए पता करना

मुश्किल है। जॉनथन को यह उसके टीचर से मिला।" जिम ने निराश भाव से कहा। आगे उनका कहना था, "जब तक कोई टीका या दवा नहीं आ जाए इस महामारी की, तब तक सरकार को स्कूल और कॉलेज बन्द रखने चाहिए।" उनकी नज़र में कोविड को राजनेताओं ने महामारी नहीं, बल्कि राजनीति का अखाड़ा बना दिया है।

उन्होंने कहा, "आप किसी से भी कोविड के बारे में उसकी राय पूछ लीजिए, जवाब आपको उनके राजनीतिक झुकाव के अनुसार ही मिलेगा; या तो डेमोक्रेटिक जवाब या फिर रिपब्लिकन जवाब।"

"और अगर अमेरिकी जवाब जानना हो तो?"

"लगता नहीं कि कोई अमेरिकी जवाब बचा भी है।" जिम के उत्तर में निराशा साफ़ थी।

"आप आज के अमेरिका को किस तरह से देखते हैं?" मैंने थोड़ा और कुरेदना चाहा।

"अफ़सोस, मैं ज़्यादा उम्मीद नहीं देख पाता। दिन-प्रतिदिन हम पीछे जा रहे हैं, कभी-कभी ऐसा लगता है जिस तरह के हालात हैं हम वापस सिविल वॉर के दिनों की तरफ़ जा रहे हैं। और बुरा यह है कि उन दिनों लोग उन्नति की ओर क़दम बढ़ा रहे थे, लेकिन हम नहीं।" हताश जिम ने अपनी बीयर एक ही बार में ख़त्म कर दी। उनकी निराशा ने माहौल को भारी कर दिया था।

बीयर की नई बोतल खोलते हुए वे बोले, "मैंने सारी ज़िन्दगी प्राइवेट सेक्टर में नौकरी की, कोई बेनिफ़िट नहीं है मेरे पास। मेरा सारा पैसा, सेविंग बांड्ज़ और स्टॉक्स में लगा है। मैं आर्थिक रूप से अभी सुरक्षित हूँ। पर मुझे अपने बच्चों की चिन्ता है, उनकी नौकरी कब तक है पता नहीं। मेरी बीवी को डीमेंशिया है और अगर उसे केयर होम में रखना पड़ा तो मुश्किल हो सकती है।"

"ऐसे में देश के मुखिया का चुनाव करते वक़्त आपके लिए सबसे

महत्त्वपूर्ण बात क्या होगी?"

"अर्थव्यवस्था।" जिम ने तुरन्त जवाब दिया।

अपनी बात को आगे बढ़ाते हुए वे बोले, "मुझे लगता है, अभी के हालात में अपनी सभी बुराइयों के बावजूद ट्रम्प ही देश को आर्थिक मज़बूती प्रदान कर सकते हैं। महामारी के बावजूद, हमारी अर्थव्यवस्था अभी भी ठीक है।"

"कोई और मुद्दा जो आपको लगता है, अहम होगा इस चुनाव में?" फिर मैंने बात को आगे बढ़ाते हुए पूछा कि "क्या ब्लैक लाइव्ज़ मैटर अहम मुद्दा है आपकी नज़र में?"

"इसके लिए यह तय करना ज़रूरी होगा कौन-सी अश्वेत ज़िन्दगी अहम है। जॉर्ज फलोएड को अभी जीवित होना चाहिए था। उसका न होना दुखद है पर उन 8 अश्वेत ज़िन्दगियों का क्या जो पिछले हफ़्ते शिकागो में हिंसा का शिकार हुईं।" जिम बोले।

"आठ अश्वेतों की हिंसा में मृत्यु!" मैंने चौंककर कहा, "कहीं भी इसका ज़िक्र मैंने नहीं सुना।"

"आप अकेले नहीं हैं, कइयों ने नहीं सुना क्योंकि किसी ने सुनाना मुनासिब नहीं समझा।" जिम ने कहा।

उनकी बात को आगे बढ़ाते हुए भरत बोला, "यहाँ अश्वेतों के बीच हिंसा आम बात है, अगर आँकड़े देखोगे तो हैरान रह जाओगे कि शिकागो में इतना क्राइम है और इसकी कहीं कोई ख़बर नहीं आती।

"दक्षिण शिकागो में आपसी झगड़ों को लेकर, ड्रग्स के व्यापार के लिए या फिर गिरोहों के बीच हिंसा आम बात है, पर कोई इनके बारे में नहीं बोलता क्योंकि यह अश्वेतों के बीच की हिंसा है और इसे मीडिया में दिखाने से सुर्ख़ियाँ नहीं बनेंगी।" भरत ने मीडिया पर तंज़ कसते हुए कहा।

अभी पिछले हफ़्ते की हिंसा में 8 मौतें हुईं और 54 लोग घायल हुए।

मुझे लगा, यहाँ भी हालत हमारे जैसी ही है। जहाँ जान की क़ीमत भी

जाति-धर्म और जमात देखकर तय होती है। अगर अल्पसंख्यक समुदाय का कोई व्यक्ति बहुसंख्यक समाज के हाथों मारा जाता है तो ख़बर, लेकिन अगर एक व्यक्ति की हत्या उसी की जाति-समाज का कोई व्यक्ति कर दे तो यह कोई ख़बर नहीं होती। सात समन्दर पार भी किस ख़बर को कितना भाव मिले उसका मूल एक समान है।

बातों में काफ़ी समय निकल गया और हमने जिम से इजाज़त ली।

अपने घर की ओर चलते हुए भरत बोला, "यह बेबी ब्लूमर जेनरेशन अभी तक चुनाव में अहम रोल अदा करती आई है, इस बार देखते हैं ऊँट किस करवट बैठेगा।"

बेबी ब्लूमर जेनरेशन! हम तीनों में से किसी को भी इसका अर्थ नहीं पता था, आप में से कितने इससे वाक़िफ़ियत रखते हैं पता नहीं।

पर जिनको मेरी तरह नहीं पता उनके लिए बता देता हूँ कि 1945 से 1964 के बीच जन्मे लोगों को बेबी ब्लूमर्ज़ कहा जाता है। अभी तक इनके वोटों का प्रतिशत युवाओं और मिलेनियल्स से अधिक है और इनकी भागीदारी और वोट तय करते हैं कि सरकार किसकी बनेगी।

भरत का मानना है कि दूसरे विश्वयुद्ध के बाद अमेरिका की हालत बहुत अच्छी नहीं थी। उसके युवा लड़ाई से वापिस आए थे और थके-हारे-निराश थे। उनको फिर से बसाने के लिए बुनियादी ढाँचा और हाउज़िंग पर ज़ोर दिया गया। 50 के दशक में जिसने भी उनकी इस ज़रूरत को पूरा किया वह सत्ता पर क़ाबिज़ हुआ। इस जेनरेशन के जब बच्चे होने लगे, तो उनके लिए स्कूल, खेल के मैदान, अम्यूज़मेंट पार्क आदि की ज़रूरत पड़ी और हमने सुपर मार्केट, थीम पार्क्स को पनपते देखा। फिर आई इनके द्वारा अर्जित धन के निवेश की बारी और धीरे-धीरे सिलिकॉन वैली 70 और 80 के दशक में पनपने लगी।

आज इस जेनरेशन को, जिसमें जिम आते हैं, अपने ओल्ड एज बेनिफ़िट्स और देखरेख की ज़रूरत है। शायद यह अन्तिम चुनाव है जिसमें

इनका रुख़ निर्णय को प्रभावित करने की स्थिति में रहेगा। इसलिए देखो, ट्रम्प और बाइडन किस तरह इन्हें रिझाने के प्रयास में लगे हुए हैं।

यह दलील सुनकर हैरानी हुई लेकिन जब थोड़ा रिसर्च किया तो पाया कि इसमें दम है।

सेंटर फ़ॉर अमेरिकन प्रोग्रेस के द्वारा किए गए एक सर्वे के मुताबिक़ 2020 में पहली बार ऐसा होगा कि युवाओं (1981-1996 तक जन्मे) और मिलिनियल्स (जो 1996 के बाद पैदा हुए) मिल बेबी ब्लूमर्ज़ मतदाताओं के बराबर हो जाएगी। हालाँकि यह आख़िरी बार होगा कि बेबी ब्लूमर्ज़ के वोट इन युवा वोटों से अधिक होंगे।

क़रीब 2 बज गए थे। मुझे एक कॉल पर भारत में टेलिकॉम क्रान्ति के आर्किटेक्ट सैम पित्रोदा से बात करनी थी। सैम शिकागो में ही रहते हैं, पर कोविड के चलते लोगों से अभी नहीं मिल रहे थे। उन्होंने मुझे बातचीत के लिए 2.30 बजे फ़ेसटाइम करने को कहा।

भरत ने हमें अन्दर आने को कहा पर चूँकि हम लोग सफ़र में कई लोगों से मिल रहे थे और उसके घर में छोटे बच्चे थे, हमने अन्दर जाना उचित नहीं समझा। अपनी कॉल के लिए मैं कार में आकर बैठ गया।

तय समय पर सैम को कॉल किया और दूसरी ही घंटी में कॉल कनेक्ट हो गया। मैंने उन्हें अपनी यात्रा के बारे में बताया और वो उत्साहित होकर बोले, "बताओ, मैं क्या मदद कर सकता हूँ तुम्हारी?"

मैंने कहा, यह कॉल अमेरिकी चुनाव पर आपकी राय जानने के लिए है।

"अच्छी बात है, पर वादा करो तुम बीच में भारत की राजनीति नहीं लाओगे।" उन्होंने हँसते हुए कहा। मैंने वादा किया नहीं लाऊँगा और आपका अधिक समय भी नहीं लूँगा। फिर मैंने पहला सवाल रखा।

"आप इन चुनावों को कैसे देखते हैं?"

"पूरे विश्व में लोक-लुभावनवाद (पॉप्युलिज़्म) का बोलबाला है, और

अमेरिका भी इससे अछूता नहीं। भारत, ब्राज़ील, तुर्की के तर्ज़ पर यहाँ भी पॉप्युलिज़्म का बोलबाला है। दुनिया के बड़े गणतंत्र एक नये प्रकार के राष्ट्रवाद को बढ़ावा दे रहे हैं। नतीजतन इन राष्ट्रों का विज़न संकीर्ण होता जा रहा है।"

"आपने भारत का ज़िक्र स्वयं किया।" मैंने कहा।

"वह इसलिए कि मैं अपनी बात सरलता से समझा सकूँ।" सैम ने कहा।

"यहाँ ट्रम्प कहते हैं, मेक अमेरिका ग्रेट अगेन, यह तो सभी राजनेताओं की सोच होनी चाहिए?"

"बिलकुल, अमेरिका ग्रेट रहे इससे किसी को एतराज नहीं पर जिस तरह से ट्रम्प व्हाइट सुप्रीमेसी को ही राष्ट्रप्रेम की संज्ञा दे रहे हैं वह ग़लत है। उनके लिए राष्ट्रभक्त होने का मतलब है मेक्सिको को गाली देना, चीन को दुश्मन नम्बर एक बना देना। उनको लेकर उनके समर्थकों में इतना उत्साह है कि वे उन्हें पूजते हैं। यह अमेरिका के लिए घातक है। अगर इनकी वापसी हुई तो अमेरिका के लिए नुक़सानदायक होगी।"

"आप ऐसा किस आधार पर सोचते हैं?"

"क्योंकि अमेरिका में जो होता है उसका एक डॉमिनो इफ़ेक्ट होता है और असर दुनिया भर के लोकतंत्रों में देखने को मिलता है। अगर पॉप्युलिस्ट ताक़तें यहाँ जीत जाती हैं तो दुनिया भर में अलग सन्देश जाएगा और अगर वो हार जाती हैं तो अमेरिका एक मिसाल क़ायम करेगी दुनिया के लिए कि घृणा और अलगाव की राजनीति का अन्त कैसे किया जाए।"

"आपके अनुसार क्या अहम मुद्दे हैं इस चुनाव के?"

"कोविड और इस बड़बोले राष्ट्रपति का व्यवहार मेरे लिए सबसे अहम है। हार-जीत होती रहती है, पर आपके कैम्पेन में एक गम्भीरता होनी चाहिए जिससे आपका व्यक्तित्व निखरकर सामने आए। ट्रम्प ऐसा कुछ नहीं कर रहे हैं।"

सैम ने कहा, "यदि युवा और अश्वेत वोटर अधिक संख्या में अपने मताधिकार का प्रयोग करेंगे तो डेमोक्रेट्स की जीत तय है और अगर ग्रामीण और उम्रदराज़ लोगों (बेबी ब्लूमर्ज़) ने अधिक वोटिंग की तो ट्रम्प का वापिस आना तय है।"

"पर इस बार डाक से भेजे जा रहे मतों को लेकर काफ़ी बड़ी बहस छिड़ी हुई है आप इसे कैसे देखते हैं?"

"यह बेमानी है। पहले भी मत डाक से भेजे जाते थे। इस बार संख्या ज़्यादा है और ट्रम्प को डर है वे लोग जो अमूमन वोट नहीं डालते वे भी इस बार अपने मताधिकार का प्रयोग करेंगे। इसलिए वे घबराए हुए हैं।"

सैम का ताल्लुक़ तकनीक से रहा है और वे इस बात को ज़ोर देकर कहते हैं कि अमेरिका जैसे विकसित देश को वोटिंग की व्यवस्था मोबाइल के ज़रिये करवा देनी चाहिए।

"क्या इस पर भरोसा कर सकते हैं कि वोट हैक नहीं होगा?"

"जब आप अपने पैसे को लेकर मोबाइल तकनीक पर भरोसा कर सकते हैं और उसके ज़रिये एक खाते से दूसरे खाते तक पैसा सरलता और सफलता के साथ पहुँचा सकते हैं तो वोट क्यों नहीं?" सैम ने तर्क दिया।

मैंने सैम से आख़िरी सवाल पूछा, "भारत पर इस चुनाव का क्या असर पड़ेगा और भारत-अमेरिका सम्बन्ध इस चुनाव का कितना महत्त्वपूर्ण हिस्सा है?"

"देखिए, जो भी जीतकर आएगा, उसका नज़रिया अभी जो है उससे ज़्यादा अलग नहीं होगा। कई टिप्पणीकार तिल का ताड़ बनाकर इसे पेश करेंगे पर बुनियादी नज़रिया वही रहेगा जो अभी है। रही बात हमारे सम्बन्धों का इस चुनाव पर असर तो मैं यह साफ़ कर दूँ कि इनके चुनावी रडार पर दूर-दूर तक हम नहीं हैं। अगर अमेरिका को रूस, यूरोप और चीन से फ़ुरसत मिले तो हमारा नम्बर आए।"

सैम को एक और कॉल ज्वाइन करनी थी, सो हमने बात वहीं ख़त्म की और बाहर इंतज़ार कर रहे तीनों को मैंने अन्दर आने को कहा। वे तीनों गाड़ी में बैठे और हम निकल पड़े डाउन टाउन शिकागो देखने।

न्यूयॉर्क सिटी के बाद शिकागो गगनचुम्बी इमारतों के लिए मशहूर है। इसकी भव्यता अद्‌भुत है।

अकील विलिस टावर को ऊपर से देखना चाहता था। 1973 में बनी यह 110 मंज़िली और 1450 फीट ऊँची इमारत शहर का आकर्षण है। वर्ल्ड ट्रेड टावर से ऊँची है। 25 साल तक यह अमेरिका की सबसे बड़ी इमारत थी, फिर ओने वर्ल्ड ट्रेड सेंटर ने 2013 में यह रिकॉर्ड तोड़ दिया।

इस इमारत का जो हिस्सा जनता के लिए खुला था वह कोविड के चलते बन्द कर दिया गया है। यह जानकर अकील को निराशा हुई, और हम इमारतों के मायाजाल के बीच चलते हुए मिलेनियम पार्क के क्लाउड गेट जा पहुँचे।

इन विशाल इमारतों के बीच बना यह बीन कमाल का लगता है। आज तक बीन से पाला 'मिक्स वेज़' खाते वक़्त कि पड़ता था, पर एक बीन का दाना इतना कलात्मक दिख सकता है यह मेरी कल्पना से परे था।

ख़ुशी इस बात की भी थी, कि स्टील की 168 प्लेट्स से बनी यह कलाकृति ब्रिटिश भारतीय मूल के कलाकार अनीश कपूर ने बनाई है और इसे बनाने में क़रीब 1 करोड़ 20 लाख डॉलर लगे हैं।

शहर की गलियाँ नापने के बाद हम रात में होटल पहुँचे तो इतना थक चुके थे कि रिसेप्शन पर सिर्फ़ इतना कहा, सुबह 8 बजे उठा देना।

अगली सुबह जब हम निकलने लगे तो रिसेप्शन पर एक व्यक्ति ने हमसे पूछा, "आप ही राजस्थान से आए हुए मुसाफ़िर हैं?"

हमने कहा, "हाँ।"

"जी मेरा नाम आरिफ़ बलगाव है, मैं कराची से हूँ और मैं इस होटल का मालिक हूँ। कुछ दिनों से बाहर था, कल रात ही लौटा हूँ। मुझे पता

चला कि भारत से कुछ लोग आए हैं तो मिलने चला आया।

"अगर आपको देर न हो रही हो तो एक प्याली चाय हो जाए।" आरिफ़ जी ने पूछा। यह एक ऐसा सवाल है जिसका जवाब मैं कभी 'न' में नहीं दे सकता।

आरिफ़ 65 वर्ष के हैं और 41 साल से शिकागो में रह रहे हैं। उन्होंने कहा, "अब तो यह कराची से ज़्यादा अपना लगता है।"

जब हमने उनसे चुनाव, कोविड और देश के बदलते हालात पर बात करनी चाही तो आरिफ़ बोले, "जनाब, कुछ अच्छी बात कर लेते हैं। मैं अमेरिका को रीगन के ज़माने से देख रहा हूँ। बुनियादी तौर पर कुछ नहीं बदला। बाहर से आने वालों को हमेशा से दूसरे दर्जे का समझा जाता है। अगर आपकी चमड़ी गोरी नहीं है तो आप उनके नहीं हैं। आपको अधिक मेहनत करनी होगी और अपनी जगह के लिए लड़ना होगा। अश्वेतों को कई लोग आज भी अपना ग़ुलाम समझते हैं और जब वो हक़ की बात करते हैं तो उनके साथ हिंसा।

"अश्वेत तब भी ग़लत काम करते थे, आज भी वैसे कामों में लिप्त हैं। साउथ शिकागो दशकों से नहीं बदला। मैं यह नहीं कहता कि सारे अश्वेत ग़लत काम करते हैं, पर कई इसमें लिप्त हैं क्योंकि उनके लिए अवसरों का अभाव है।" आरिफ़ ने नपे-तुले अन्दाज़ में कई बातें बता दीं।

अब चाय आ गई और आरिफ़ हिन्दी फ़िल्मी संगीत के बारे में बात करने लगे। "आजकल आपके यहाँ गाने अच्छे नहीं बनते, सिर्फ़ रीमिक्स। मुकेश, हेमंत कुमार, किशोर और रफ़ी के गानों को बड़ी बेहूदगी से पेश करते हैं।"

"आपको इतना शौक़ है हिन्दी गानों का?" मैंने पूछा।

"जनाब, पिछले 41 सालों से शिकागो वाले मुझे आरिफ़ मुकेश के नाम से जानते हैं। शायद ही कोई भारतीय या पाकिस्तानी महफ़िल ऐसी होगी जहाँ मैंने मुकेश के नग़मे नहीं सुनाए। आप किसी से आरिफ़ बलगाव

के बारे में पूछें तो शायद वह न बता पाए पर आरिफ़ मुकेश को सब जानते हैं।" उन्होंने हँसते हुए कहा।

"आप सफ़र में अपना ख़याल रखें और ऊपर वाला आपको वायरस से बचा सही-सलामत अपने घर वापस पहुँचा दे।" इस दुआ के साथ आरिफ़ जी ने अलविदा कहा।

5

मिल्वॉकी

7-8 अक्तूबर, 2020

शिकागो के बाद हमारा अगला पड़ाव था विस्कॉन्सिन का मिल्वॉकी शहर। ब्रूअरी और हार्ले डेविडसन मोटरसाइकिल के लिए प्रसिद्ध है मिल्वॉकी। ब्रूअरी से निकलने वाला पदार्थ मैं इस्तेमाल नहीं करता और हार्ले के कारख़ाने से निकलने वाला प्रोडक्ट मेरी जेब से परे है।

इसका मतलब यह बिलकुल नहीं कि इस ख़ूबसूरत शहर में मेरे लिए कुछ भी नहीं है। यहाँ मिल्वॉकी काउंटी वॉर मेमोरियल है जिसको देखने की तमन्ना है। मिशिगन नदी के किनारे बसा यह शहर काफ़ी सुन्दर है, कार पार्क करने के बाद मेमोरियल की तरफ़ चलना शुरू किया तो यहाँ की इमारतों ने मन मोह लिया।

शिकागो की तरह यहाँ गगनचुम्बी इमारतें नहीं थीं, पर डाउन टाउन की गलियों से गुज़रते वक़्त यहाँ की इमारतों में आपको जीवित इतिहास दिखता है। पाब्स्ट थिएटर, मिल्वॉकी के केन्द्र में यूरोपियन स्टाइल की बनी एक शानदार इमारत है जो सप्ताहान्त में घूमने वालों के आकर्षण का केन्द्र है।

हम क़रीब डेढ़ मील दूर बने वॉर मेमोरियल की ओर जा रहे थे और

अभी कुछ सौ मीटर ही चले थे कि मुझे अहसास हुआ कि हमारे अलावा शहर की गलियों में इक्के-दुक्के लोग ही दिख रहे थे। कुल मिलाकर सन्नाटा पसरा हुआ था। यदा-कदा ही कोई गाड़ी आसपास से निकल रही थी। न्यूयॉर्क से भी कम लोग यहाँ बाहर दिख रहे थे। चलते-चलते जैसे ही यह अहसास हुआ कि कोई भी आसपास नहीं है, थोड़ा असहज महसूस हुआ।

लेकिन डाउन टाउन की सुन्दरता ने असहजता को हम पर हावी नहीं होने दिया। हम उसको निहारते हुए वॉर मेमोरियल के नज़दीक पहुँच गए।

यहाँ भी नज़ारा कुछ वैसा ही था। लोगों का नामोनिशान ही नहीं था। बाहर लाइन से बने फ़्लैग पोस्टों पर अमेरिका के झंडे लहरा रहे थे और मेमोरियल के बाहर दाईं ओर अब्राहम लिंकन की मूर्ति अकेली खड़ी थी। पीछे थी मिशिगन नदी, ऐसा लग रहा था मानो नीली चादर बिछी हुई हो। इतना साफ़ पानी इससे पहले मैंने लेक जेनेवा में ही देखा था।

इस स्मारक की भव्यता देखते ही बनती है, लिंकन की मूर्ति पर यह लिखा है :

> With malice towards none, with charity for all, with firmness in the right, god gives us to see the right. Let us strive to finish the work we are in, to bind up the nations wounds to care for him who shall have borne the battle and for his widow and his orphan to do all which may achieve and cherish a just and lasting peace among ourselves and all nations.
>
> Second Inaugural address , March 4, 1865

> किसी के प्रति घृणा नहीं रखते हुए, सबके लिए अच्छा सोचते हुए, सत्य के लिए दृढ़ता के साथ, ईश्वर ने हमें सही देखने की शक्ति दी है। हमें वह काम पूरा करने के लिए कार्य करना चाहिए जिससे देश के घाव भरें, हम उसका ख़याल रखें जिसने इस युद्ध के दुष्परिणाम को झेला, उसकी विधवा और उसके बच्चे का ख़याल रखें और

मिल्वॉकी

प्रयास करें कि सदा के लिए शान्ति और सद्भाव क़ायम रहे।
दूसरा उद्घाटन भाषण, 4 मार्च, 1865

इन वाक्यों को पढ़कर शरीर में एक सिहरन-सी हो जाती है।

अन्दर नज़ारा देखते ही बनता है, एक खुला बरामदा, थोड़ी बैठने की जगह और सामने वही नीली बिछी मिशिगन की चादर। बाईं ओर बहुमंज़िला इमारतें और दाईं ओर एक छोटी नाव-सी इमारत जिसे देख यह समझ नहीं आ रहा कि यह क्या है।

यहाँ मेमोरियल का अन्दरूनी हिस्सा अभी बन्द है, पर बाहर की यह जगह आम लोगों के लिए खुली है। एक उम्रदराज़ जोड़ा मेज़ पर बैठा है, एक युवक और युवती अपने कुत्ते के साथ दौड़ने आए हैं।

कुछ देर रुककर बस इस एकान्त और शान्ति का अहसास जितना समेटा जा सकता था, समेटा और फिर लौटने लगा।

लौटते समय उस दम्पती का हँसकर अभिवादन किया तो पुरुष ने कड़कती आवाज़ में पूछा, "सैलानी हो?"

मैंने कहा, "हाँ।"

"कहाँ से आए हो?'

"भारत से।"

"बड़ी दूर से यहाँ। वो भी इस समय, मिल्वॉकी में?" उसने अचरज से पूछा और वे दोनों खड़े होकर मेरे पास आ गए।

जब मैंने उन्हें अपने आने का कारण बताया तो वो उत्साहित हो बोले, "कमाल की हिम्मत दिखाई।"

"मेरा नाम, रिचर्ड चायल है और यह मेरी पत्नी जूडी है।"

"आज शहर में सन्नाटा पसरा हुआ है, लोग नहीं दिख रहे, क्या वजह है?" मैंने पूछा।

"पिछले कई महीनों से शहर इसी तरह सूना पड़ा है, कोविड के चलते

लोग बाहर नहीं निकल रहे और यहाँ नज़दीक में ऑफ़िस ज़्यादा हैं जो वर्क फ्रॉम होम से चल रहे हैं।" रिचर्ड ने कहा।

रिचर्ड जनरल इलेक्टोरल्स (GE) के साथ कार्यरत थे, एक वर्ष हुआ वो सेवानिवृत्त हुए हैं। जूडी स्कूल टीचर थीं और अभी एक फ़ैशन ब्रांड के लिए काम कर रही हैं।

"आपको क्या लग रहा है, अमेरिका किस दिशा में जा रहा है?" मैंने पूछा?

"अमेरिका अभी अच्छा कर रहा है। महामारी आने से पहले तक हमारी अर्थव्यवस्था बहुत अच्छा कर रही थी, अभी भी आर्थिक हालत ख़राब नहीं हैं। ट्रम्प के कार्यकाल में सब अच्छा हो रहा है।" रिचर्ड बोले।

इससे पहले कि मैं आगे पूछता, रिचर्ड और जूडी ने बताया कि वे दोनों रिपब्लिकन समर्थक हैं और इससे भी ज़्यादा ट्रम्प समर्थक। उन्होंने यह बड़े गर्व से बताया।

"आपको उनमें क्या अच्छा लगता है?"

"सब कुछ।" जूडी ने कहा।

"मैं उतना उनको पसन्द नहीं करता था, जब उन्होंने अपना कार्यकाल शुरू किया। पर धीरे-धीरे मुझे उनका काम अच्छा लगने लगा। वो सिर्फ़ अच्छा दिखने के लिए चिकनी-चुपड़ी बातें नहीं करते, जो सही होता है वो कहते हैं। उनके कार्यकाल में हमने कोई नया युद्ध नहीं शुरू किया। उन्होंने अच्छे समझौते किए। मिसाल के तौर पर क्लिंटन ने नॉर्थ अमेरिकन फ्री ट्रेड एग्रीमेंट किया था, मेक्सिको और कनाडा के साथ। इस समझौते से हमें उतना लाभ नहीं हुआ जितना कि मेक्सिको को हुआ, ट्रम्प ने उसे बेहतर किया जिससे हमें लाभ हुआ और अमेरिकियों के लिए रोज़गार के ज़्यादा अवसर पैदा हुए।" रिचर्ड ने कहा।

इस बीच जूडी बोली, "ट्रम्प सबके लिए मेडिकेशन बेहतर करने का प्रयास कर रहे हैं। जो दवा का बिल रिटायरमेंट से पहले 50 डॉलर था वो

अभी 400 का हो गया है, ट्रम्प इसे कम करने का प्रयास कर रहे हैं और डेमोक्रेट्स इसका विरोध कर रहे हैं।"

इन दोनों को देखकर लगा कि अगर मैंने ट्रम्प के विरुद्ध कुछ कहा तो ये मुझ पर चढ़ जाएँगे। फिर भी मैंने पूछा, "उनके कार्यकाल में नस्ली हिंसा का माहौल बढ़ा है, क्या आपको ऐसा नहीं लगता है?"

"यह सब एक छलावा और भ्रम है जो कि फैलाया जा रहा है।" रिचर्ड बोले।

"अगर आप जॉर्ज फ्लॉयड की बात कर रहे हैं, तो जो कुछ हुआ वह ग़लत था और नहीं होना चाहिए था। वह पुलिस अफ़सर सज़ा का हक़दार है, पर इसके बाद जो हिंसा हुई वह ग़लत है। यह अमेरिका है और सबको समान अधिकार है, क़ानून सबके लिए एक है पर कई लोग अश्वेतों की आड़ में अपने हित साध रहे हैं। अभी चुनाव का वक़्त है इसलिए आपको यह सब दिख रहा है।" वे बोले।

"आप मिल्वॉकी कहाँ से आ रहे हैं।" जूडी ने पूछा?

"शिकागो से।" मैंने कहा।

"मैं मूलतः शिकागो से हूँ। अगर आपने पता किया होगा तो आपको मालूम होगा कि वहाँ अश्वेतों के बीच हिंसा आम है। हर दिन कोई-न-कोई घटना होती है। क्या आपने उनके बारे में कभी सुना? ऐसी न होने वाली घटनाएँ पहले भी होती थीं पर उन्हें कभी इतनी जगह ख़बरों में नहीं मिलती थी।" उन्होंने ट्रम्प का बचाव करते हुए कहा।

"जिस तरह इमिग्रेंट बच्चों को उन्होंने अपने अभिभावकों से दूर डिटेंशन में रखा, उसे आप कैसे देखते हैं?"

"लगता है, आप भी प्रॉपगेंडा मीडिया को ही पढ़ते हैं क्या भारत में?" रिचर्ड बोले।

"ऐसा क्यों?"

"आप सीएनएन और पोस्ट की भाषा बोल रहे हैं। ट्रम्प ने कुछ भी

नया नहीं किया, उन्होंने वे पिंजरे नहीं बनाए। वे बाइडन, ओबामा की देन हैं। डोनाल्ड ने सिर्फ़ उन्हीं नियमों का पालन किया जो पहले वाली सरकारों ने बनाए थे।" रिचर्ड बोले।

"बाइडन को आप किस तरह से देखते हैं?"

"वे एक ऐसे नेता हैं जिनका ख़ुद का कोई विचार नहीं है। अभी तक वे ओबामा के डेप्युटी रहे हैं। यह उनकी सबसे बड़ी उपलब्धि है। उनकी ख़ुद की कोई सोच नहीं है, वे कहते हैं, उन्होंने यूनिवर्सिटी में अपनी क्लास में टॉप किया था, जबकि सच यह है कि वे तृतीय श्रेणी में पास हुए। और ये ही नहीं, वे चीन समर्थक हैं।" रिचर्ड बिना रुके ही बोल गए।

मैंने बातचीत का रुख़ रिचर्ड और जूडी के परिवार की ओर किया। उनके एक लड़का माइकल है जो अभी स्पेन में है और वहाँ कपड़ों के एक्सपोर्ट का काम करता है। उसकी बीवी और बेटी इटली में रहते हैं और दफ़्तर सँभालते हैं।

"पिछले क्रिसमस हम उनसे आख़िरी बार मिले थे, बड़ी चिन्ता रहती है उनकी, शुक्र है फ़ेसटाइम का कि हम उनसे सम्पर्क कर सकते हैं।" जूडी ने निराश होते हुए कहा।

"हालात तो सबसे ज़्यादा अमेरिका में ख़राब हैं?" मैंने कहा।

"हाँ, हमने कई जानें गँवाईं इस चीनी वायरस से।" उन्होंने कहा।

उनका मानना है कि कोविड चीन की देन है और ट्रम्प जो बेहतर कर सकते हैं उन्होंने किया।

"पर उन्होंने वैज्ञानिकों और डाक्टरों की सलाह को कभी नहीं माना?"

"हाँ, यह बात ठीक है। वे इसे बेहतर ढंग से सँभाल सकते थे।" जूडी ने धीरे से कहा।

"पर उन्होंने लोगों को आर्थिक राहत दी।" रिचर्ड तपाक से बोले।

"क्या यह राहत जीवन से महत्त्वपूर्ण है?"

"देखिए, इस बीमारी का इलाज किसी के पास नहीं है, दुनिया-भर में

जानें गई हैं, लोग बेरोज़गार हुए हैं, ट्रम्प ने उन्हें घर चलाने के लिए ज़रूरी मदद दी। लोग चाहे जो भी कहें, मैं उनके पीछे पहाड़ पर भी चढ़ने को राज़ी हूँ।" रिचर्ड ज़ोर देकर बोले।

उनसे इजाज़त लेते हुए हमने पूछा, "यहाँ अभी क्या खुला है जो हम देख सकते हैं?"

"सब बन्द है। यह मिल्वॉकी आर्ट म्यूज़ियम है," उन्होंने नावनुमा इमारत की ओर इशारा करते हुए कहा, "यह भी अभी बन्द पड़ा है। नज़दीक ही हार्ले डेविडसन म्यूज़ियम है, पर शायद वह भी बन्द है। आपके लिए अभी ज़्यादा चीज़ें नहीं हैं। पर आप स्टीक ज़रूर खाना यहाँ।" यह कहकर जूडी और रिचर्ड ने अलविदा कहा।

स्टीक, एक वो चीज़ है जो मिल्वॉकी में प्रसिद्ध है और मेरे काम की नहीं है।

यहाँ से निकलते हुए मेरी नज़र बाईं ओर बने स्मारक पर पड़ी और मैं रुक गया। उलटी हुई बन्दूक़ पर सिपाही का हेलमेट और नीचे उसके जूते। उसके ठीक सामने जलती हुई ज्वाला। एक मिनट के लिए मैं दिल्ली की अमर जवान ज्योति पर पहुँच गया।

उस ज्वाला के नीचे लिखा था, 'मिल्वॉकी के उन 3481 शूरवीरों के लिए जिन्होंने देश के लिए दूसरे विश्वयुद्ध के बाद हुई लड़ाइयों में सर्वोच्च बलिदान दिया।'

हार्ले म्यूज़ियम की लोकेशन गूगल मैप पर डालकर हम उसकी दिशा में बढ़ चले। इस युगल से मिलकर लगा, भक्तों की कमी यहाँ भी नहीं है।

क़िस्मत ने यहाँ भी साथ नहीं दिया, म्यूज़ियम खुला था पर हमारे पहुँचने तक बन्द होने का समय हो गया।

यहाँ से हम निकल पड़े साउथ डकोटा की तरफ़, हम वहाँ मिनियापोलिस से होकर पहुँचने वाले हैं।

सफ़र लम्बा था, इसलिए हमने रात्रि का पड़ाव ऑ क्लेयर काउंटी में

डालना तय किया। हम रुक भी जल्दी गए क्योंकि आज रात्रि में उपराष्ट्रपति माइक पेन्स और डेमोक्रेटिक सीनेटर कमला हैरिस के बीच डिबेट थी। चुनाव में तीन राष्ट्रपति डिबेट और एक उपराष्ट्रपति डिबेट होती है।

इसको देखने की जिज्ञासा इसलिए भी थी क्योंकि कमला हैरिस के बारे में बहुत सुना था कि वे बहुत अच्छी वक्ता हैं। तय समय पर मैं टेलिविज़न के सामने बैठ गया।

अगले एक घंटे जो स्क्रीन पर देखा वो पहले राष्ट्रपति डिबेट से बेहतर था, इसमें किसी ने एक-दूसरे को ज़्यादा नहीं काटा, और मेरी नज़र में यह इस डिबेट की इकलौती अच्छी बात थी।

यह डिबेट भी तीन मुद्दों के इर्द-गिर्द रहा, पहला कोविड, दूसरा आफ्रो अमेरिकंस के ख़िलाफ़ हो रही नस्लीय हिंसा और तीसरा चीन।

इस डिबेट को देखने से पहले कमला हैरिस की जितनी तारीफ़ सुनी थी, और उससे उनके बारे में जो धारणा बनी थी, वह डिबेट सुनने के बाद क़ायम नहीं रही।

अभी तक के दोनों डिबेट, ख़ासकर यह वाला मुझे अपने इंजीनियरिंग कॉलेज के वाइवा की याद दिला गया, जब परीक्षक आपसे कुछ भी प्रश्न पूछे, आप जवाब वही देते हैं जो आपको आता है या फिर याद रहता है।

मिसाल के तौर पर जब हैरिस से पूछा गया कि आप कोविड से कैसे निपटतीं तो उन्हें इसका जवाब दो मिनट में देना था। लेकिन एक मिनट तीस सेकंड तो उन्होंने ट्रम्प और पेन्स की नाकामियाँ गिनाने में लगा दिया और बचे तीस सेकंड में उन्होंने बस इतना भर कहा कि वे वैज्ञानिकों और डॉक्टरों की सलाह पर काम करतीं।

वहीं, जब पेन्स से अफ्रीकी। अमेरिकी मूल के लोगों पर हो रहे हमलों को लेकर प्रश्न पूछा गया कि आप जनता में विश्वास कैसे पैदा करेंगे, तो उनका जवाब था, "मुझे देश के क़ानून पर भरोसा है, जाँच चल रही है नतीजे आने दीजिए।" बस इतना कहकर वे अगले प्रश्न की ओर चले गए।

तीसरा और आख़िरी मुद्दा था चीन। चीन इस अमेरिकी चुनाव में वही दर्जा पा चुका है जो हमारे यहाँ पाकिस्तान का है, भारत में कुछ भी ग़लत हो तो उसमें पाकिस्तानी हाथ होने की ओर इशारा करना हमारे नेताओं की आदत है, और वही आलम यहाँ चीन को लेकर अभी दिख रहा है।

चीन को लेकर सीनेटर हैरिस का मानना था कि ट्रम्प की जो चीन पॉलिसी है उससे देश को नुक़सान हो रहा है और कई नौकरियाँ जा रही हैं। उनका रुख़ चीन को लेकर नरम था।

लेकिन पेन्स बोले तो उन्होंने साफ़-साफ़ कहा, कोविड चीन की देन है और इसके लिए अमेरिका कभी भी चीन को माफ़ नहीं करेगा। उन्होंने कहा कि हमें चीन से कोई बैर नहीं है। हम उनसे बराबरी का रिश्ता रखते हैं, लेकिन अगर वे हमसे ग़लत करेंगे तो हम उसी भाषा में जवाब देंगे।

इस डिबेट के प्रसारण के दौरान अटलांटिक के पार, बीजिंग में एक और घटना हुई जिसका ज़िक्र करना यहाँ ज़रूरी है। उसकी जानकारी मेरे जानकार कनाडाई पत्रकार नेथन ट्विटर पर साझा की। नेथन कनाडाई अख़बार ग्लोबल पोस्ट के साउथ एशिया संवाददाता हैं। जानकारी यह थी—

पेन्स और हैरिस के बीच डिबेट में जब भी चीन को लेकर कोई प्रश्न या बात होती और उपराष्ट्रपति पेन्स बोलते तो सीएनएन का प्रसारण बीजिंग में बाधित हो जाता और टीवी स्क्रीन पर कुछ नहीं होता और चन्द सेकंड बाद जब हैरिस बोलतीं तो प्रसारण सुचारु रूप से होने लगता।

इस वाक़ये को मुझे लगता है ट्रम्प कैम्पेन बहुत आक्रामक रूप से अपने फ़ायदे के लिए इस्तेमाल करेगा। वह यह दिखाने की कोशिश करेगा कि बाइडन-हैरिस को चीन का सपोर्ट है और उनका रुख़ चीन की तरफ़ नरम है।

एक और बात जो मुझे नज़र आई कि हैरिस अति उत्साहित थीं और उनके चेहरे के भाव सधे हुए नहीं थे, वे पेन्स के हर जवाब या टिप्पणी

पर अलग प्रतिक्रिया देतीं और मुँह बनातीं। वहीं दूसरी ओर पेन्स एक सधे हुए गम्भीर राजनेता दिखे जो डिबेट के दौरान अपने भावों को ज़ाहिर नहीं होने दे रहे थे। उन्होंने संयम बनाए रखा और मुझे हैरिस से बेहतर लगे।

यह डिबेट अभी ख़त्म ही हुआ है और विश्लेषक इसकी मीन-मेख निकाल ही रहे हैं कि एक और चर्चा इस बात पर शुरू हो गई कि फ़्लोरिडा में होने वाला दूसरा राष्ट्रपति डिबेट कब होगा या होगा ही नहीं।

ट्रम्प के कोविड निगेटिव होने की पुष्टि अभी आधिकारिक तौर पर नहीं हुई, हालाँकि वो वॉल्टर रीड मिलिटरी हॉस्पिटल से बाहर आ गए हैं। एक पेशकश यह भी की जा रही है कि दूसरा डिबेट वर्चुअल हो सकता है और ट्रम्प ने इस तरह के डिबेट में शामिल होने से मना कर दिया है पर बाइडन कैम्पेन ने अपनी हामी दे दी है। ट्रम्प का मानना है कि किसी रैली में हिस्सा लेना इससे बेहतर होगा जिसमें अपने लिए समर्थन जुटाया जा सकता है। देखते हैं कि दूसरा डिबेट होता है या नहीं।

मैंने अपने लोकल मोबाइल नम्बर को दोनों ख़ेमों के कैम्पेन में रजिस्टर किया है। जहाँ एक और ट्रम्प-पेन्स टीम की ओर से मैसेजेज़ की भरमार है, वे अलग-अलग मैसेज करके अपने समर्थकों को जोड़े रख रहे हैं, वहीं, दूसरी तरफ़ बाइडन-हैरिस कैम्पेन काफ़ी सधा हुआ और शालीन है। अगर अनुपात देखा जाए तो यह 10 के मुक़ाबले 4 मैसेज का होगा।

सुबह जल्दी एयू क्लेर से माउंट रशमॉर का रुख़ कर लिया गया है। सफ़र लम्बा है। क़रीब-क़रीब 700 मील हमें आज ही पूरे करने हैं।

यह पहली लम्बी ड्राइव होने वाली है और पूरे सफ़र में अगर 11,000 मील की दूरी तय करनी है तो लम्बी ड्राइव ज़रूरी है।

पर ये सफ़र उतने लम्बे लगते नहीं जितने दिखते हैं क्योंकि यहाँ के हाइवे सुन्दर और सपाट हैं। हालाँकि यहाँ हाइवे पर चलते हुए आप लोकल खान-पान और चाय की थोड़ी कमी महसूस करते हैं, क्योंकि हर जगह पेट्रोल पम्प पर एक ही तरह की कॉफ़ी, वही पैकेज खाना या फिर टाको

बेल, सबवे, डंकिन डोनट्स, मैकडॉनल्ड या केएफसी जैसे गिने-चुने रेस्टोरेंट। हर जगह एक जैसी, हर स्वाद एक जैसा ज़िन्दगी को नीरस कर देता है। पर बिना गड्ढों के हाइवे और सुचारु चलता हॉर्न फ्री ट्रैफ़िक इस नीरसता को दूर कर देता है। रफ़ी, किशोर, लता और आशा के गाने लगाइए और सफ़र का आनन्द लीजिए।

मिनियापोलिस से निकलते हुए हमने रास्ते पर एक मोड़ ग़लत ले लिया, जो हमें एक छोटी पहाड़ी के अन्त तक ले गया। वहाँ बाहर पार्किंग लॉट बना था और कुछ दूरी पर एक बड़ा वेयर हाउस जैसी कोई इमारत दिख रही थी। बाहर बड़ा-सा बोर्ड था, बिना आज्ञा प्रवेश वर्जित है।

हमारे चीफ़ फ़ोटो वीडियो एक्सपर्ट अकील को पहाड़ी का वो छोर वीडियो बनाने के लिए उपयुक्त लगा। उसने हमें रुकने को कहा और, वेयरहाउस में चला गया। पाँच मिनट बाद उसने हमें अन्दर आने का इशारा किया और कार किनारे लगाकर वीडियो बनाने की लोकेशन सुनिश्चित की।

वह ट्रैवल वीडियो बनाने का प्रयास कर रहा है, और मैं वीडियो ब्लॉग के लिए रोज़ अपनी एक टिप्पणी रिकॉर्ड कर रहा हूँ। और यह पढ़ने में जितना सरल लग रहा है करने में उतना ही कठिन है। सही फ्रेम, ऑडियो क्वालिटी, स्क्रिप्ट और समय-सीमा; हमें किसी का भी ज्ञान नहीं है, और यह ऑन द जॉब ट्रेनिंग ही है, ठीक वैसी जैसी मैंने 2002 में इंजीनियरिंग पढ़कर जब पत्रकारिता शुरू की तो सभी कुछ काम करते हुए ही सीखा।

एक कोने में हम दोनों बारी-बारी से अपना वीडियो बना ही रहे थे, और अभी दो-दो रीटेक ही लिए थे कि हमने देखा, हमारे डायरेक्टर द्रोण दूर पार्किंग में दो महिलाओं से बात कर उन्हें कुछ ज्ञान दे रहे थे। डायरेक्टर साहब ने हमें अपनी ओर आने का इशारा किया।

"मिलिए डेब और डियान से। ये दोनों बहनें डेब के घर का सामान स्टोरेज में रखने आई हैं।" और उनका दो गाड़ियों में भरा सामान और उम्र का लिहाज़ करते हुए, द्रोण महाशय ने मदद की पेशकश कर दी।

डेब रिटायर्ड सिविल सर्वेंट हैं और डियान एक स्कूल टीचर। डेब मिनियापोलिस से शिफ़्ट कर रही हैं और अपना सामान यहाँ रखने आई हैं। अगले 45 मिनट हम तीनों मिलकर उनका सामान स्टोर में रखते हैं। वो हमारा धन्यवाद कर पूछती हैं, "आप लोगों को क्या सूझी अभी यात्रा करने की।" जब हम उन्हें अपना मक़सद बताते हैं तो वे कहती हैं, "काश, हम आपकी कोई मदद कर पाते।"

"आप हमारे कुछ सवालों का जवाब दे सकती हैं, यही बड़ी मदद होगी।" अकील ने कहा।

"इस महामारी के चलते आपके जीवन में कोई बदलाव आया है, आप सरकार के काम को कैसे देखती हैं, क्या देश अभी सही दिशा में जा रहा है और चुनाव में किसको बढ़त में देखती हैं आप?" एक साथ चार-पाँच सवाल अकील ने पूछ डाले।

सवाल सुन वो दोनों एक-दूसरे को देख मुस्कुराईं।

"क्या हुआ?" मैंने पूछा।

"कुछ नहीं, आपने ये सवाल दो अलग-अलग विचार रखने वालों से पूछे हैं, इनमें से किसी एक सवाल पर भी हमारी राय एक नहीं है।" डेब ने कहा।

"अच्छा है हमारे लिए।"

"पहले तुम बोलो, तुम छोटी हो।" डेब ने डियान को कहा।

"मेरी समझ में, हमें समझदारी से और सतर्क रहने की ज़रूरत है। यह कठिन समय है और हर किसी को अपना ख़याल ख़ुद रखना होगा तभी हम सुरक्षित रह सकेंगे। सरकार जितना कर सकती है, कर रही है पर हम जब तक ख़ुद सचेत नहीं होंगे हम सुरक्षित नहीं हैं।" डियान ने कहा।

"क्या सारी ज़िम्मेदारी हमारी ही है, सरकार की नहीं? स्कूल, कॉलेज खोलकर वो बच्चों को ख़तरे में डाल रहे हैं।" डेब ने बीच में कहा।

"तुम बीच में मत बोलो।" डियान ने कहा।

"मैं समरसेट मिडिल स्कूल में हिस्ट्री पढ़ाती हूँ, हम सभी प्रोटोकॉल का पालन करते हैं और स्कूल हाइब्रिड मॉडल पर चल रहा है, आधी क्लास हफ़्ते में दो दिन आती है, बाक़ी आधी एक दिन छोड़ बचे हुए दो दिन में। वो भी सिर्फ़ अपनी समस्या पूछने के लिए, हम बच्चों को लैपटॉप का क़ैदी नहीं बना सकते। और युवा बच्चों और युवाओं में प्रतिरोधक क्षमता अधिक होती है। अभी तक हमारे स्कूल में कोई भी पॉज़िटिव नहीं है।" डियान बोली। "रही बात सरकार की, तो मुझे लगता है ट्रम्प जो कुछ कर सकते थे उन्होंने किया। अगर डेमोक्रेट्स भी होते तो कुछ भी अलग नहीं कर पाते। कहना आसान होता है जब आप विपक्ष में हों।"

"यह ट्रम्प समर्थक है, इसे उसमें कोई कमी नहीं दिखती," डेब फिर चुटकी लेते हुए बोली।

"तुम फिर शुरू हो गईं। इन्हें मुझे टोकने और मेरी बात काटने में मज़ा आता है।" डियान हँसकर बोली।

"तुम गुणगान जारी रखो।" डेब ने एक बार फिर तंज़ कसा।

"मुझे शुरू में ट्रम्प पसन्द नहीं थे, वे बड़बोले और बदमिज़ाज लगते थे। पर धीरे-धीरे मैंने देखा, पहले के किसी भी राष्ट्रपति से ज़्यादा उन्हें परखा जा रहा है तो मैंने उनके काम को ग़ौर से देखना शुरू किया। मुझे उनका काम पसन्द आया, वे जो कहते हैं, करते हैं। अमेरिका फ़र्स्ट का उनका मंत्र अच्छा है, मुझे लगता है, क्योंकि वे पॉलिटिकल क्लास से नहीं आते, सब राजनेता और पत्रकार उन्हें नापसन्द करते हैं, आप उन्हें ट्रम्प के तौर पर नहीं बल्कि अमेरिकन राष्ट्रपति के तौर पर देखें तो आप उन्हें बेहतर पाएँगे।" डियान ने अपनी बात ख़त्म की।

"बोल लिया तुमने या कुछ और भी कहना है?" डेब ने मुस्कुराकर पूछा।

"नहीं, अभी इतना ही।" डियान बोली।

"मेरी छोटी बहन, अभी भी भावनाओं में बह जाती है।" डेब ने डियान

के गाल खींचते हुए कहा। "मैंने इससे थोड़ी ज़्यादा दुनिया देखी है। 37 वर्ष तक सरकार में अलग-अलग पद पर काम करते हुए मुझे जो अनुभव हुए हैं, उनकी मानें तो ट्रम्प न केवल इस महामारी में, बल्कि अपने क़रीब चार साल के कार्यकाल में सिर्फ़ बातों का पुलिन्दा ही रहे हैं। मुझे नहीं लगता उन्होंने कोई भी काम जो कहा हो वह किया होगा।

"वे व्हाइट सुप्रीमेसी में विश्वास करने वाले, संकीर्ण मानसिकता वाले बेहूदे व्यक्ति हैं, जिन्होंने देश को बाँटा है। रंग के नाम पर, जाति के नाम पर और आर्थिक असमानता के तौर पर। वे राजनेता नहीं हैं और इसका फ़ायदा वे देश को पहुँचा सकते थे पर उन्होंने ऐसा कुछ भी नहीं किया। जिस बड़बोलेपन की डियान फ़ैन हो रही है, उस बड़बोलेपन ने अमेरिकी राष्ट्रपति की साख दुनिया में गिरा दी। हमें कोई भी गम्भीरता से नहीं लेता।" डेब ने कहा।

थोड़ा रुककर वह अपनी बहन की ओर इशारा करते हुए बोली, "जैसा यह कहती है, डेमोक्रेट्स भी वही करते। अब यह तो वक़्त ही बताएगा कि वे क्या करते हैं, पर ट्रम्प इनसान की ज़िन्दगी को राजनीति से परे रखते। वे वैज्ञानिकों और डॉक्टरों की सलाह मानते, और ख़ुद मास्क पहनने की पहल करते तो हम आज बेहतर हालत में रहते।"

जब डेब बोल रही थी तो उनकी बहन जो उनसे बिलकुल सहमत नहीं थी वह बिलकुल शान्ति से सुन रही थी और उसके भाव भी नहीं बदले। इस बात से मुझे बड़ी हैरत हुई।

मुझसे रहा नहीं गया, मैंने कहा, "कमाल की बात है, जब आपमें से एक बोल रही थी तो दूसरी जो उस विचार से बिलकुल अलग सोचती है वो शान्त रही, हमारे यहाँ तो इतना धीरज कोई नहीं रखता। वह वहाँ से या तो चला जाता या फिर बीच में टोक देता।"

"ऐसा क्यों?" डेब ने पूछा।

"पता नहीं, शायद हममें धीरज ख़त्म हो गया है। या हममें इतनी

सहिष्णुता नहीं कि हम अपने से अलग विचार को शालीनता से सुन लें।" मैंने कहा।

"यह तो ग़लत है, हम जब दूसरे को सुन नहीं पाते तो पता लगता है कि हम जिन मुद्दों या मूल्यों पर खड़े हैं, उनमें विश्वास नहीं रखते।" डेब ने कहा।

अपनी बात ख़त्म कर उन्होंने हमसे विदा ली। हमने भी दूर रखे अपने सामान को समेटा, वेयर हाउस के मैनेजर को शुक्रिया कहा और आगे की राह पकड़ी।

6

साउथ डकोटा

8-9 अक्तूबर, 2020

मिनियापोलिस में वीडियो ब्लॉग बनाकर और उन बहनों का सामान रखवाकर हम आगे बढ़े। मैंने ड्राइविंग सीट सँभाली और अगले 300 मील तक के सफ़र की शुरुआत साहिर लुधियानवी के लिखे गाने, 'मैं ज़िन्दगी का साथ निभाता चला गया, हर फ़िक्र को धुएँ में उड़ाता चला गया' से की। 'हम दोनों' फ़िल्म का यह गाना मेरे पसन्दीदा गानों में शुमार है।

क़रीब छह दशक पहले लिखे गए साहिर के गाने के बोल और रफ़ी साहब की आवाज़ का जादू आज भी क़ायम है। कई मायनों में यह गाना मेरी ज़िन्दगी का फ़लसफ़ा है, अगर इसमें से धुआँ निकाल दिया जाए।

साठ और सत्तर के दशकों के गानों के साथ सफ़र दिन-भर चलता रहा, रास्ता पूरा ख़ाली था, कोई छोटा-मोटा पड़ाव भी ऐसा नहीं था जहाँ रुका जाए। चलते-चलते हाइवे के दाईं तरफ़ लोहे के बड़े से कंटेनर के ऊपर बनी छतरी के पास तीन-चार छोटी-छोटी एलियन जैसी कलाकृतियों ने ध्यान अपनी ओर खींचा। उनके कुछ दूर आगे की एक जीपनुमा गाड़ी थी, जैसा कि हॉलीवुड फ़िल्म 'मैड मैक्स फ़्यूरी' में थी। जैसे-जैसे आगे बढ़े, लोहे के कबाड़ का कलेक्शन बढ़ता चला गया। मैंने भी साथियों के

मना करने के बावजूद इन्फ़िनिटी को थोड़ा रांग साइड मोड़ लिया। पलक झपकते ही हमारी गाड़ी उस अद्भुत लोहे के ख़ज़ाने के सामने खड़ी थी।

बिना आज्ञा अन्दर आना माना है—लोहे की मोटी ज़ंजीर पर यह बोर्ड लटक रहा था, और हम आज्ञा लेने के लिए इस जगह पर काम करनेवालों को ढूँढ़ रहे थे। तभी सामने खड़ी वोक्सवेगन बीटल कार के पीछे से एक व्यक्ति बाहर आया।

"क्या आप यहाँ काम करते हैं?" मैंने पूछा।

"हाँ, यह मेरी गैलरी है।" उसने जवाब दिया।

"क्या हम अन्दर आ सकते हैं?" मैंने पूछा।

उसने कुछ देर तक सोचा, फिर ज़ंजीर नीचे कर दी।

मैं अन्दर इतनी तेज़ी से गया जैसे खिलौनों की दुकान में कोई छोटा बच्चा जाता है। एलियन, हेलिकॉप्टर, मॉडिफ़ायड जीप, पुराने पेट्रोल पम्प, एलियन के साथ बैठकर चलने वाली कार, क़रीब 10 फ़ीट ऊँची साइकिल—कबाड़ से बना क्या कुछ नहीं था वहाँ! ऐसा लग रहा था मानो किसी ऐसे पार्क में आ गया हूँ जहाँ के हरेक झूले पर झूलने का मन करे।

क़रीब 50 मीटर लम्बे इस ओपन आर्ट म्यूज़ियम में जो भी दिख रहा था, वह इसके मालिक और क्यूरेटर क्रैग का किया-धरा था।

"यह सब इतना भव्य और शानदार है। क्या आप यह सब अकेले ही करते हैं?" मैंने पूछा।

"नहीं, यह सब मेरा और मेरी पत्नी अगाथा का किया-धरा है। हमें पुराना सामान ख़रीदकर उससे इस तरह की आर्ट बनाना पसन्द है। यह हमारा शौक़ है।" उन्होंने कहा।

"कब से आप यहाँ इस अद्भुत जगह पर यह कर रहे हैं?"

"हम पहले माउंट राश्मॉर में रहते थे, पर अभी साल-भर पहले हमने यहाँ, न्यू ऑल्म में यह जगह ख़रीदी और इसे अपनी गैलरी बनाया।" क्रैग ने बताया।

"आप यह सब बनाने के लिए ऐसा सामान कहाँ से लाते हैं और कौन ये कलाकृतियाँ ख़रीदता है?"

"हम इसके लिए कहीं भी जा सकते हैं। आप यह जीप देख रहे हैं, उन्होंने 'मैड मैक्स फ़्यूरी' की तर्ज़ पर बनी गाड़ी की ओर इशारा किया। यह 1960 की जीप है जिसे मैंने डेन्वर से लिया। मुझे यह 3500 डॉलर की मिली, और मैंने इस पर क़रीब 6000 डॉलर और ख़र्च किये और आज यह चालू हालत में है। मैंने इसकी क़ीमत 15,000 डॉलर लगाई है।" क्रैग बोले।

"क्या कोई इसके इतने दाम देगा?"

"13,000 डॉलर तक में ख़रीदने के लिए तो अभी भी कई लोग तैयार हैं पर मैं इसे कम से कम 15,000 डॉलर में ही बेचूँगा।"

"आपके यहाँ जो कुछ भी है उसमें एलियंस की छाप बहुत दिखती है?" मैंने पूछा।

"आपने सही कहा, यहाँ इस जगह पर कई ऐसे लोग हैं जिन्हें एलियंस में रुचि है और कई ऐसे जो इन्हें आर्ट के रूप में देखते हैं।" क्रैग बोले।

"क्या भारत में ऐसे लोग हैं जिन्हें एलियन आर्ट में रुचि हो?" क्रैग ने पूछा।

"सही कहूँ तो मेरे पास इसका कोई जवाब नहीं है, मेरी पहचान में तो शायद ही ऐसा कोई है जो इस तरह की कला में रुचि रखता हो। मैंने जयपुर के क्लार्क्स आमेर होटल के पीछे एक कारख़ाना ज़रूर देखा है जहाँ लोहे से बड़ी-बड़ी कलाकृतियाँ बनाई जा रही थीं पर वे आम इनसान को समझ में आनेवाले हाथी, घोड़े या फिर चाँद-तारे थे।" मैंने कहा।

मेरा जवाब सुनकर क्रैग का उत्साह रत्तीभर भी कम नहीं हुआ, वे मुझे पार्क के राउंड पर ले गए।

"यह स्कूल बस है, जिसे मैं मॉडिफ़ायड एलियन वैन बनाऊँगा। पीछे स्टैंड पर लोहे की जो टोपी रखी है, वह शिकागो बीयर्स फ़ुटबॉल टीम की है। मुझे वह टीम पसन्द है, और यह मैं नहीं बेचने वाला हूँ।" क्रैग ने कहा।

"आप यह काम कब से कर रहे हैं?"

"क़रीब 20 साल से। मैंने शुरुआत एक वर्कशॉप में हेल्पर के तौर पर की थी, कुछ साल लोहा काटने, वेल्डिंग करने और कारख़ाने में जो भी कुछ कर सकता था वो किया। मुझे एलियन की मूवी बहुत पसन्द थी, मैं बचे हुए टुकड़ों से छोटी-मोटी आकृतियाँ बनाता और दोस्तों को दिखाता था। सब मुझ पर हँसते और क़रीब तीन सालों तक मेरी कोई भी कलाकृति नहीं बिकी। पर मैं निराश नहीं हुआ, यह मेरा शौक़ था। फिर एक दिन, कारख़ाने में कुछ लोग आए और उन्होंने कुछ अलग तरह के काम दिखाने की माँग रखी। हमारे मालिक ने उन्हें सब कुछ दिखाया पर उन्हें नहीं जँचा। मैंने उनसे सम्पर्क किया, और घर पर रखी अपनी बनाई हुई सारी चीज़ें उन्हें दिखाईं।

"मुझे अपनी क़िस्मत पर भरोसा ही नहीं हुआ। उन्हें वे सब चीज़ें पसन्द आ गईं और क़रीब 20,000 डॉलर में उन्होंने वह सब जिसे अभी तक मेरे दोस्त और घरवाले कबाड़ कहते थे ख़रीद लिया।" क्रैग बड़े उत्साह से बोले।

वो मेरे कारख़ाने में काम करने का आख़िरी दिन था। उसके बाद मैंने हमेशा अपने आपको एक कलाकार की तरह ही देखा और धीरे-धीरे क़दम बढ़ाता गया।

उस बात को आज 20 साल हो गए और जहाँ आप खड़े हैं यह सारी जगह मैंने बिना किसी लोन के 1,50,000 डॉलर में ख़रीदी है। यहाँ अपने लिए घर बनाया और आज बहुत ख़ुश हूँ।

क्रैग की कहानी किसी विचित्र किन्तु सत्य क़िस्म के क़िस्से से अलग नहीं थी। जो वे करते हैं वह अलग है, जिन्हें यह कला पसन्द है उनके लिए यह बेशक़ीमती है पर सबसे बड़ी बात क्रैग यह करके ख़ुश हैं।

मैंने पूछा, "आपके लिए 2020 कैसा रहा?"

"जैसा दुनिया के लिए रहा, मेरे लिए भी कुछ वैसा ही। काम मानो

रुक-सा गया, और हमने जैसे ही यहाँ शिफ़्ट किया, कोविड आ गया, सारा काम ठप्प हो गया। मैं और अगाथा थोड़े निराश हुए। पर हमने देखा यह समय हमें अपनी गैलरी को जैसा हम चाहते थे वैसा बनाने का मौक़ा और समय दे रहा था। हमने अपने दो बच्चों के साथ मिलकर, ख़ुद ही यह सब खड़ा किया है।" क्रैग गर्व से बताते हैं।

साथ ही वे कहते हैं, "मैंने अपनी पहली कलाकृति इस साल अगस्त में बेची, उसके बाद फिर एक महीने कुछ भी नहीं बिका। हमारे लिए गुज़र-बसर करना मुश्किल हो जाता अगर हमारे यहाँ लोग काम कर रहे होते।"

"क्या आपको लगता है कोविड को अमेरिकी सरकार ने प्रभावी ढंग से सँभाला?" मैंने पूछा।

"आप बड़े शालीन ढंग से पूछ रहे हैं कि क्या ट्रम्प प्रभावी रहे या नहीं?" क्रैग ने जवाब में सवाल पूछा।

"देखिए, मैं ख़बरों से या पत्रकारों से ज़्यादा ताल्लुक नहीं रखता। ना ही मैं सोशल मीडिया के किसी भी प्लेटफ़ार्म पर हूँ। मुझे लगता है सरकार से जो बन पड़ता था वो उसने किया, दुनिया में किसी भी देश के पास कोविड का कोई भी इलाज नहीं है।" उसने कहा।

"पर क्या यह काफ़ी है?" मैंने पलटकर प्रश्न किया।

"मैं हमेशा से रिपब्लिकन पार्टी का समर्थक रहा हूँ, जब ट्रम्प आए तो मुझे नापसन्द थे हालाँकि अपनी पार्टी के प्रति वफ़ादारी रखते हुए मैंने उन्हें 2016 में चुना। इस बार भी मेरी पसन्द नहीं बदलेगी।" क्रैग ने दो-टूक जवाब दिया।

अँधेरा होने को आया था, क्रैग के यहाँ समय कैसे निकला पता ही नहीं चला। घड़ी देखी तो समझ पड़ा कि यहाँ हमें दो घंटे हो गए थे।

"हमने उससे पूछा कि राश्मॉर रात तक पहुँच सकते हैं क्या?"

"अभी 6 बजे हैं, इतना लम्बा जाना ठीक नहीं रहेगा। आप वहाँ से 5 घंटे दूर हैं। अगला 150 मील पहाड़ी रास्ता है, आप मुरडो रुक जाओ

और सवेरे जल्दी निकल लेना।" क्रैग ने सलाह दी।

उसके साथ सेल्फ़ी ले हमने उसे अलविदा कहा, और सलाह मानते हुए हमने मुरडो में 'बुकिंग बाबा' की सहायता से कमरा लिया।

150 मील का सफ़र तो 2 घंटों में ही तय हो जाना चाहिए था, पर हमें क़रीब 4 घंटे 30 मिनट लगे। और शुरुआत में तो अँधेरा होते ही आसमान में टिमटिमाते तारों की चादर, कार की रूफ़ हटाने से बड़ी अद्भुत लग रही थी पर जैसे-जैसे ठंडक बढ़ी, रूफ़ बन्द हुई और मोबाइल में सिगनल चला गया। तीन मोबाइल और तीनों में अलग-अलग नेटवर्क, पर एक में भी सिगनल नहीं।

अब इस घने जंगल में, घुप्प अँधेरे में गाड़ी चलाना थोड़ा मुश्किल था। हर कुछ देर में यह ख़याल सता रहा था कि अगर गाड़ी रुक गई तो क्या होगा? डर का एक कारण यह भी था कि हमें यहाँ चलते अभी तीन घंटे होने को आए थे और रास्ते में केवल तीन कारों ने ही हमें क्रॉस किया।

आख़िरी के डेढ़ घंटे गाड़ी में पूरी शान्ति थी, कोई गाना नहीं, कोई बातचीत नहीं। बारी-बारी से हम तीनों ड्राइविंग सीट पर बैठे रहे, और आगे बैठा सहयात्री मैप पर रास्ता बता रहा था।

आख़िरकार 10 बजे रात हम मुरडो में अमेरिकन इन होटल पहुँचे। वहाँ भी कोई चहल-पहल नहीं थी, पर महज़ यह अहसास कि होटल में हम तीनों के अलावा इतने ही लोग और हैं, रात गुज़ारने के लिए बहुत था।

सवेरे-सवेरे ही हम राश्मॉर के लिए रवाना हो गए। हम गंतव्य से क़रीब तीन घंटे दूर थे। हाइवे रोज़ की तरह ही शानदार था और हम 75 मील प्रति घंटे की रफ़्तार से चल रहे थे कि अचानक अकील ने गाड़ी साइड में लगाने के लिए कहा। यहाँ दूर-दूर तक साइड स्टॉप नहीं था। फिर भी हमने गाड़ी साइड की।

"मुझे यहाँ फ़ोटो खिंचवानी है।" उसने कहा।

यह कोई नई बात नहीं थी, अब तक मैं इसका आदी हो चुका था। मुझे

फ़ोटो खींचना और खिंचवाना दोनों ही बेहद नापसन्द हैं पर मेरे सहयात्रियों की पसन्द इसके विपरीत है। जब भी ऐसी फ़रमाइश होती है मैं यह सोचता हूँ कि कितनी जल्दी इनका फ़ोटो खींचूँ और हम आगे बढ़ें।

गाड़ी साइड में लगा, मैंने सड़क के किनारे फ्रेम सेट किया तो देखा कि ख़ान साहब हाइवे की तरफ़ जा रहे थे जहाँ दनदनाती हुई एक के बाद एक कारें निकल रही थीं।

इससे पहले कि मैं कुछ कहता, अकील हमें समझाने लगा कि वह हाइवे के बीच खड़ा होगा, मुझे ज़मीन पर लेटना है और द्रोण की नज़रें हाइवे पर लगी रहेंगी ताकि वह हमें गाड़ी के आने का इशारा कर सके। जनाब को फ़ोटो ऐसा चाहिए जिसमें वे हवा में हों, आसमान और हाइवे का फ्रेम हो और उनकी छलाँग फ्रेम के बीचोबीच।

यह परफ़ेक्ट शॉट लेने के लिए बमुश्किल एक साथ 20 सेकंड मिल रहे थे, इतने में हाइवे पर दौड़कर जाना था, मुझे लेटकर फ्रेम लेना था और उसे कूदना। पहले कुछ शॉट में कहीं हाथ कट रहा था तो कहीं फ्रेम टेढ़ा हो रहा था। फ़ोटो खींचते हुए ज़ेहन में कारों की आवाज़ गूँज रही थी।

10-15 मिनट के बाद अचानक एक लय बन गई और कोई 50 क्लिक के बाद ख़ान साहब को मनमाफ़िक़ 1 करोड़ के दाम वाला फ़ोटो मिल ही गया। हम जब भी किसी दूसरे का कोई कमाल का फ़ोटो खींचते तो उसका दाम कम-से-कम एक करोड़ लगाते और हिसाब में जोड़ देते। अब तक हम तीनों क़रीब-क़रीब 20-30 करोड़ के मालिक हो गए थे। जब इतना कुछ कर ही चुके थे तो हम दोनों ने भी कुछ उसी अन्दाज़ में फ़ोटो खिंचवाए।

बग़ल वाली लेन से गुज़रने वाली हर गाड़ी से लोग हमें देख रहे थे, कुछ हांट कर रहे थे, कुछ चिल्ला रहे थे, उनकी समझ से परे था कि हम तीनों क्या कर रहे थे।

फ़ोटो शूट क़रीब 45 मिनट में पूरा हुआ और गाड़ी में बैठते ही हम

पूरी रफ़्तार से निकल पड़े।

जैसे-जैसे हम राशमॉर के नज़दीक पहुँच रहे थे, हाइवे के किनारे बड़े-बड़े होर्डिंग दिखने लगे उन पर लिखा था, 'वेलकम टू द फ़ेमस वॉल ड्रग स्टोर'। इतना किसी जगह के बारे में रास्ते में लिखा नहीं देखा था। इन्फ़िनिटी भी वॉल की ओर मुड़ गई। और उँगलियाँ गूगल पर वॉल के बारे में सूचना निकालने लगीं।

जो मिला वह हैरान करने वाला था। इस क़स्बे की आबादी महज़ 895 है। जी हाँ, आपने सही पढ़ा। 1907 में स्थापित यह शहर 113 सालों में 1000 लोगों का भी आँकड़ा पार नहीं कर पाया। सोचकर ही अजीब लगता है।

वॉल में प्रवेश करते ही आपको लाइन से बने घर दिखते हैं, बीच में एक चौक है, जिसके हर तरफ़ कारें क़तार से खड़ी हैं, थोड़ी दूर पर चर्च है, उसका घंटा हर घंटे बजकर शहर को आज भी समय बताता है।

कुछ दूर पर सड़क की मरम्मत की जा रही है जिससे रास्ता रुका हुआ है, आगे कैसे बढ़ें समझ नहीं आ रहा है। तभी एक घर से एक युवक बाहर निकलता दिखाई देता है। मैं कार उसके पास ले जाकर शीशा नीचा करते हुए पूछता हूँ, "माफ़ कीजिए, आप बता सकते हैं वॉल ड्रग स्टोर का रास्ता कहाँ से निकलेगा।"

कार के अन्दर देखते हुए वह कहता है, "आप गाड़ी यहाँ खड़ी कर, सड़क पार करके अगले मोड़ से बाईं ओर मुड़ जाइए आपको ड्रग स्टोर मिल जाएगा।"

"कहाँ से आ रहे हैं आप, यहाँ से तो नहीं लगते।" उसने पूछा।

पता नहीं क्यों पर, मैं गाड़ी खड़ी करके बाहर निकल गया।

"मेरा नाम ग्रेग है, यह मेरे पिता का घर है।" उसने कहा।

"पिता का घर!"

"जी हाँ। मैं अपनी गर्लफ्रेंड सूज़न के साथ डेन्वर में रहता हूँ। अभी

अपनी माँ को देखने आया हूँ और बस अभी शिकार पर निकल ही रहा हूँ। डिनर में देखें आज क्या मिलता है।" ग्रेग ने मुस्कुराकर बताया।

एक अजनबी से वह इतनी बातें क्यों कर रहा है, मुझे बड़ा अजीब लगा। उसकी सहजता मेरे ज़ेहन में बनी अमेरिकी छवि से मेल नहीं खा रही थी, मुझे अभी तक लगता था कि अमेरिका वाले अपने तक सीमित रहना ही पसन्द करते हैं और किसी ने भी इस छवि के विपरीत कुछ ऐसा किया भी नहीं था।

यह सब मेरे मन में चल रहा था और मैं अब ग्रेग की कार के बग़ल में खड़ा था।

"शिकार की तैयारी हो गई।" मैंने पूछा।

"बिलकुल, यह देखिए।" इतना कहते हुए उसने कार की डिक्की खोलते हुए मुझे अपनी हंटिंग राइफ़ल और पिस्टल दिखाई।

मैं अभी आश्चर्य से बन्दूक़ों को देख ही रहा था कि उसने हंटिंग राइफ़ल केस से निकालकर उस पर स्कोप लगाया और निशाना लेने की मुद्रा में खड़ा हो गया। फिर उसने बन्दूक़ मुझे थमा दी, आप भी देखिए।

"क्या यहाँ कोई इस पर आपत्ति नहीं करेगा, आप बाहर बन्दूक़ लहरा रहे हैं?" मैंने पूछा।

"आप भी कैसी बात कर रहे हैं, आप वॉल में हैं और यहाँ हम अपने घरों में बन्दूक़ ऐसे रखते हैं जैसे किसी घर में चाकू।" ग्रेग ने कहा।

"पर इतनी सहजता से हथियार रखना क्या यह ख़तरनाक नहीं है।" मैंने पूछा।

"बिलकुल नहीं, आपको ऐसा क्यों लगता है कि बन्दूक़ रखना ख़तरनाक है।" ग्रेग ने बोलते हुए, अपनी ९एमएम की पिस्टल भी निकाली और उसे लोड करते हुए निशाना लगाने की मुद्रा में खड़ा हो गया।

उसे अनलोड करते हुए, उसने पिस्टल मुझे दी और कहा, "आप भी इसे लोड करके देखो यह कितना सरल है।"

"आए दिन हम ख़बरें सुनते और पढ़ते हैं कि अमेरिका में कहीं शूटिंग हुई और निर्दोष मारे गए।" मैं पिस्टल लोड करने का असफल प्रयास करता हुआ बोला।

"वह ग़लत है, पर उसका हमारे बन्दूक़ रखने से कोई वास्ता नहीं है। यहाँ हम बन्दूक़, शिकार का अपना शौक़ पूरा करने और आत्मरक्षा के लिए रखते हैं।" ग्रेग बोला।

"आप यहाँ देखें। चारों ओर जंगल है और 10 मील दूर तक कोई भी नहीं है, अगर कोई जंगली जानवर हमला कर दे तो? जब तक मदद आएगी हम शायद जीवित ही न बचें।" उसने कहा।

फिर कुछ रुकते हुए वह बोला, "जानवर से शायद बच भी जाएँ, पर अगर आदिवासियों ने रिज़र्वेशन से बाहर आकर हम पर धावा कर दिया तो पुलिस के आने तक कोई भी नहीं बचेगा।

"अगर आप सोच रहे हैं रिज़र्वेशन क्या है तो आपकी जानकारी के लिए बता दूँ कि ये वे जगहें हैं जहाँ आज भी इंडियंस (वहाँ के ट्राइब्ज़ को इंडियंस कहते हैं) रहते हैं।"

अमेरिका में आज भी 310 ऐसे रिज़र्वेशन हैं जिनमें क़रीब 500 वे जनजातियाँ रहती हैं जिन्हें फ़ेडरल गवर्नमेंट ने मान्यता दे रखी है। क़रीब 200 साल से ब्यूरो ऑफ़ इंडियन अफ़ेयर्स जिसकी स्थापना 1824 में की गई थी, वो सरकार और अलग-अलग ट्राइब्ज़ के साथ काम कर रही है और उनके आर्थिक हितों को सँभालकर रखने का भी काम कर रही है।

मैंने ग्रेग से पूछा, "आप क्या करते हैं?"

"मैंने अभी जनवरी में सेना में 5 वर्ष बिताने के बाद सेवानिवृत्ति ली है, फ़िलहाल मैं डेन्वर में एक लॉजिस्टिक कम्पनी में सहायक हूँ।" उसने कहा।

"आप फ़ौज में रह चुके हैं और यह मानते हैं कि अभी भी आपको रिज़र्वेशन में रहने वाली ट्राइब से ख़तरा है। ट्राइब्ज़ तो सरकार के साथ

काम करती है और रिज़र्वेशन वो इलाक़ा है जहाँ उनकी सीमा समाप्त होती है और अगर वो बाहर निकले तो उन पर भी फ़ेडरल क़ानून लगेगा। यह क्या तर्क हुआ बन्दूक़ रखने का?" मैंने कहा।

"देखिए, बन्दूक़, जैसा मैंने कहा, हम शिकार के लिए रखते हैं, हमारा शौक़ है और इसके लिए हमें कोई बहाना नहीं चाहिए। पर ट्राइब से ख़तरा काल्पनिक नहीं है। आप यहाँ किसी से भी पूछ लीजिए वह यही कहेगा।" यह बोलते हुए उसने पास काम करते हुए तीन लोगों में से एक को इशारा कर बुलाया। "ये पूछ रहे हैं, क्या वॉल को रिज़र्वेशन वालों से ख़तरा है?"

उसने मेरी तरफ़ अचरज से देखा और बोला, "हाँ है। दो सौ साल पहले कुछ गोरे लोगों ने उन्हें अपने रिहाइश से खदेड़ दिया और एक छोटे-से ज़मीन के टुकड़े पर रहने को विवश कर दिया। वो कभी भी हम पर हमला कर सकते हैं।" उस मज़दूर ने बताया।

"तुम जा सकते हो।" ग्रेग ने उसे कहा।

"देखा आपने, इस मानसिकता को बदला नहीं जा सकता, कोई भी शहरी व्यक्ति हमारी भावनाओं को नहीं समझ सकता। और अगर आप भी नहीं मानते हैं तो ठीक है, परन्तु यह तो मानना ही पड़ेगा कि हमें जानवरों से भी ख़तरा है।" ग्रेग ने हँसते हुए कहा।

"चलिए बन्दूक़ से आगे बढ़ते हैं," ग्रेग बोला, "हमारा यह क़स्बा काफ़ी छोटा है।"

"जी हाँ, सिर्फ़ 895 लोग यहाँ रहते हैं।" मैंने कहा।

"लगता है आपने गूगल कर लिया है।" वह हँसकर बोला, "यह शिकागो और नॉर्थ-वेस्टर्न रेलवे द्वारा बनाया गया एक स्टेशन था, फिर यहाँ बिजली आई, पोस्टऑफ़िस बना और एक थिएटर और बार भी। आज भी सभी कुछ वैसा ही है, जिस ड्रग स्टोर की आप बात कर रहे हैं। चलिए, मैं आपको वहाँ तक छोड़ आता हूँ।"

हम ग्रेग के साथ सड़क पार कर मोड़ से दाएँ घूमे। दो लम्बी क़तारें

थीं, जिनमें दो बड़ी दुकानें थीं। एक ओर था वॉल ड्रग स्टोर और दूसरी ओर था सोवेनियर शॉप। बीच में कार पार्किंग।

"यही है हमारे यहाँ की सैलानियों का शॉपिंग मॉल। इन दो दुकानों में यहाँ का वह सब कुछ मिलता है जो सैलानी चाहते हैं।" हमें वहाँ छोड़ ग्रेग शिकार के लिए निकल पड़ा।

ग्लैड यू मेड ईट—यह वाक्य वॉल ड्रग स्टोर के दरवाज़े पर आगन्तुकों के स्वागत में लिखा था—ख़ुशी हुई आप यहाँ तक पहुँचे।

छोटा-सा दरवाज़ा खोलते ही आप एक अलग ही चहल-पहल वाली दुनिया में पहुँच जाते हैं। खान-पान के स्टॉल्ज़, बीयर कॉर्नर, साज-सज्जा के सामान, ट्राइब्ज़ द्वारा बनाई गई कलाकृतियों के नमूने, लकड़ी के खिलौने, ठीक वैसे ही जैसे कि आपको किसी देहात के हाट में लगे हुए दिखेंगे। ट्राइब्ज़ की वेशभूषा, काउ बॉय हैट्स, और अमेरिका के झंडे।

यह जगह लोगों से भरी हुई है, और शान्त-सा दिखने वाला क़स्बा यहाँ अपना रूप बदल चुका है। इतनी भीड़ में मास्क शायद ही किसी चेहरे पर दिख रहा है। हम तीनों ने मास्क लगाया हुआ है और लोग हमें अजीब-सी नज़रों से देख रहे हैं।

हम कॉफ़ी स्टॉल से कैपेचिनो लेते हैं। कॉफ़ी सर्व करने वाला हमारे मास्क की ओर देखकर बोलता है, "यह ज़्यादा काम नहीं आएगा।" और आगे बढ़ जाता है।

दुकान से बाहर आकर मैं काम कर रहे लोगों की ओर गया। जिस व्यक्ति को ग्रेग ने आवाज़ देकर बुलाया था, वह अपने एक साथी के साथ सिगरेट पी रहा था। हमें देख वह मुस्कुराकर बोला, "हाउ यू लाइक ईट हियर।"

"इट्स गुड।" मैंने कहा और उसकी तरफ़ चल पड़ा।

उसने अपना नाम सैंडी बताया, वह और उसका साथी मैक दोनों यहाँ

की काउंसिल के कॉन्ट्रैक्टर के साथ रजिस्टर्ड मेसन हैं और अगले 15 दिन तक इस सड़क के काम में लगे रहेंगे।

"अभी काम ठीक चल रहा है?"

"काम चल रहा है, बस। जब से वायरस आया है, सब उथल-पुथल हो गया है। कुछ दिन तो बेरोज़गारी भत्ते पर निकले, वह बड़ा मुश्किल वक़्त था। पर अभी काम फिर से मिलने लगा है।" सैंडी बोला।

"आपको क्या लगता है, सरकार ने ठीक काम किया, क्या राष्ट्रपति ट्रम्प फिर से जीत जाएँगे। आप किसको वोट देने वाले हैं?" मैंने सवालों की झड़ी लगा दी।

"सरकार से जो बन पड़ा, उसने किया। मुझे नहीं लगता वह कुछ और कर सकती थी।" सैंडी ने कहा।

"कम-से-कम मास्क पहनने को तो कह ही सकती थी। इससे कइयों की जान बच जाती।" मैंने कहा।

"मुझे नहीं लगता, जानें गईं न्यूयॉर्क में, या बड़े शहरों में। हमारे यहाँ मैं नहीं जानता कि कोई कोविड से मरा। जहाँ भीड़-भाड़ है, वहाँ यह वायरस घातक है। हमारे यहाँ लोग गिने-चुने हैं। और जब वायरस आया तो सैलानी भी आने बन्द हो गए, यहाँ जो भी लोग आप देख रहे हैं, आम दिनों के 20 फ़ीसदी भी नहीं हैं, यहाँ लोगों का मेला लगा रहता था।" सैंडी बोला।

"आप वोट किसे देंगे?"

"रिपब्लिकन पार्टी को।" मैक बोला।

"इसी पार्टी को क्यों?" मैंने पूछा।

"वह हमें बेहतर समझती है, वह काम को लेकर सजग है, डेमोक्रेट्स सिर्फ़ ख़ैरात बाँटने में ही विश्वास रखते हैं।" मैक ने कहा।

"आपको कौन ज़्यादा पसन्द है, ट्रम्प या बाइडन?"

"माइक पेन्स।" उसका फिर से हैरान करने वाला जवाब। "मुझे

माइक इसलिए पसन्द हैं क्योंकि वे हमारे जैसे हैं। एक छोटी-सी जगह (कोलंबस, Indiana) से निकलकर वे उपराष्ट्रपति के पद तक पहुँच गए, यह मेरे लिए गर्व की बात है। उनके लिए परिवार महत्त्वपूर्ण है, वे पारिवारिक मूल्यों को महत्त्व देते हैं। अगर किसी लिफ़्ट में कोई महिला अकेली है तो माइक उस लिफ़्ट में अकेले नहीं जाएँगे। इसीलिए मैं उन्हें पसन्द करता हूँ और शायद इसीलिए ट्रम्प ने उन्हें अपना उपराष्ट्रपति पद का साथी चुना।" मैक ने बिना कोई हाव-भाव दिखाए अपनी राय बता दी। अन्त में उसने कहा, "अब हमारे काम का वक़्त हो चला है, आप सफ़र में अपना ख़याल रखना।"

यात्रा की यही बात सबसे कमाल की होती है, 'जाने क्या दिख जाए' राजस्थान पर्यटन की कभी टैग लाइन में कही हुई बात अमेरिका में सच हो रही थी। हम राश्मॉर के लिए फिर से लेट थे पर ख़ुश थे।

7

सैन फ़्रैंसिस्को

10-14 अक्तूबर, 2020

वॉल से सीधे हम माउंट राशमॉर की ओर बढ़े। इस अद्भुत पहाड़ को मैं कई हॉलीवुड फ़िल्मों और डॉक्यूमेंटरी में देख चुका था, पर आज इसे साक्षात् देखने का मौक़ा लग गया।

90 मिनट की यात्रा के बाद हम जैसे-जैसे राशमॉर के क़रीब पहुँच रहे थे, पर्वत पर बने चार अमेरिकी राष्ट्रपतियों के चेहरे साफ़ दिखाई पड़ रहे थे। एक पर्वत पर राष्ट्रपतियों के चेहरे बनाने का विचार एकदम अनूठा ही रहा होगा।

जब आप मेमोरियल में प्रवेश करते हैं, दाईं ओर एक बड़ी शिला पर उन सभी कारीगरों के नाम लिखे गए हैं जिन्होंने 1927 से 1941 तक काम कर पर्वत पर इतनी कमाल की कारीगरी कर दिखाई।

जैसे-जैसे आप उस कलाकृति के नज़दीक पहुँचते हैं, अमेरिका के सभी 50 राज्यों के ध्वज आपके दोनों तरफ़ लहरा रहे होते हैं, सबके नीचे यह लिखा होता है कि वह राज्य अमेरिका में कब सम्मिलित हुआ। मसलन डेलवेर पहला राज्य था, जो 1787 में अमेरिका में सम्मिलित हुआ और वहीं हवाई आख़िरी राज्य है, जो 1959 में अमेरिकी गणतंत्र का हिस्सा

बना। इन सभी 50 राज्यों को अमेरिका का हिस्सा बनने में 172 साल लग गए। इस हिसाब से देखें तो 1947 में आज़ादी के वक़्त भारत में क़रीब 565 राजघराने थे, 1950 में जिनमें से अधिकांश या तो भारत में या फिर पाकिस्तान में सम्मिलित हो चुके थे। यह दुनिया के सबसे बड़े लोकतंत्र की एक बड़ी उपलब्धि है।

सामने खड़े पर्वत पर समुद्र तल से क़रीब 1745 मीटर ऊँचाई पर जॉर्ज वॉशिंगटन, थॉमस जेफ़र्सन, थीयोडोर रूज़वेल्ट और अब्राहम लिंकन के 60-60 फ़ुट ऊँचे चेहरे बनाए गए हैं। इन्हें गत्ज़ों बोर्गलम नामक शिल्पकार ने बनाया था और इन्हें यहाँ बनाने का मक़सद था जंगल से भरे इस इलाक़े में पर्यटन को बढ़ावा देना।

गत्ज़ों ने इतिहासकार डॉन रॉबिन्सन के साथ मिलकर इस भव्य कलाकृति के बारे में सोचा। इन चारों राष्ट्रपतियों को चुनने के पीछे ख़याल था कि अमेरिका के जन्म, विकास, उन्नति और संरक्षण को दर्शाना, और इन्हीं चारों के कार्यकाल में अमेरिका के यह अलग-अलग दौर पूरे हुए।

इस पर्वत पर ट्रैकिंग का एक रास्ता भी है पर हमने ट्रैकिंग का मोह त्याग दिया, क्योंकि हमें सैन फ्रैंसिस्को समय पर पहुँचना था और बीच में पड़ने वाला येलोस्टोन नेशनल पार्क भी देखना था, ख़ासकर ख़ान साहब उसे देखे बिना आगे नहीं बढ़ने देते। निकलते वक़्त सोवेनियर शॉप में मेरी मुलाक़ात चैड स्वॉन्सन से हुई, जो सेल्फ़ स्टोरेज के मालिक थे। यह वह जगह थी जहाँ लोग अपने घर का सारा सामान एक सुरक्षित स्टोर में रख सकते हैं।

"पिछले कुछ महीनों से हालात बहुत ख़राब हैं।" वे बोले।

"कैसे? क्या कोविड के ज़्यादा केस आए हैं या मौतें ज़्यादा हुईं।" मैंने पूछा?

"अगर आप सामान्य रूप से स्वस्थ है तो सेहत ठीक ही रहेगी। लेकिन

कोविड से सबसे बड़ा ख़तरा व्यापार को है। यह जगह पर्यटन के लिए मशहूर है, जब लोग ही नहीं आ रहे हैं तो यहाँ सब कुछ ठप है। ये जो लोग आप बाहर देख रहे हैं ये आम दिनों के मुक़ाबले कुछ भी नहीं हैं। इसी वजह से कारोबार गिरता जा रहा है, सरकार ने जो पैसे दिए वे घर चलाने को काफ़ी नहीं हैं।" चैड बोले।

चैड यहाँ के रहने वाले हैं, पर उनका स्टोरेज हाउस मिनयापोलिस में है। वहाँ वे अपने दो बच्चों और बीवी के साथ रहते हैं।

"हमारा स्टोरेज अभी पूरा भर गया है, लोग काम छोड़-छोड़ कर जा रहे हैं, वे घर का किराया नहीं दे सकते तो सामान हमारे यहाँ रखकर जा रहे हैं। जब सब भर गया तो हमने स्टोर पर बस दो लोग रख-रखाव के लिए छोड़ दिए और अपने घर आ गए। यहाँ जगह छोटी होने के कारण, लोग कम होने के बावजूद एक-दूसरे के क़रीब हैं। इससे संक्रमित होने का ख़तरा भी अधिक है।" वे बोले।

हम अपनी-अपनी कॉफ़ी लिये, स्टोर से बाहर आ गए। झंडों के पास बैठ बतियाने लगे।

चैड 50 वर्ष के हैं, इनके दोनों लड़के हाईस्कूल में पढ़ते हैं और बीवी स्टोरेज में हाथ बँटाती है।

"बच्चे पहले से ही मोबाइल पर चिपके रहते थे स्नैप चैट या इंस्टाग्राम पर, अब उसमें टीमस और ज़ूम भी जुड़ गए, तो वे दिन भर स्क्रीन के सामने रहते हैं। उनका मानसिक सन्तुलन सँभालना मुश्किल काम है, मैं उन्हें जब समय मिले साइकलिंग के लिए हफ़्ते-दस दिन में एक बार लेकर निकलता हूँ।" वो बोले।

"पर साथ रहना भी अच्छा है, वरना काम की भाग-दौड़ में एक-दूसरे के लिए समय निकलना ही मुश्किल है।" मैंने कहा।

"हाँ, ऐसी बात तो है, पर इतना लम्बा समय एक साथ निकालना कठिन भी है, मैं कई ऐसे लोगों को जानता हूँ, जिनके घरों में झगड़े बढ़

गए। एक तो पैसे की तंगी, फिर दिन भर साथ रहने में टकराव ज़्यादा होता है। ड्रग्स और शराब का सेवन बढ़ गया है और उससे भी झगड़े बढ़ रहे हैं। मैं कई ऐसे लोगों को जानता हूँ जो डिप्रेशन में आ गए और उन्हें भविष्य में कोई सम्भावना नहीं लगती।" चैड निराश हो कर बोले।

कुछ देर शान्त बैठने के बाद मैंने उनसे पूछा, "आप अभी के अमेरिका को कैसे देखते हैं?"

"कुछ ज़्यादा अच्छा नहीं। हम अभी भी दुनिया में नम्बर एक देश हैं, महामारी के बावजूद हमारी अर्थव्यवस्था औरों के मुक़ाबले ठीक है। हम वैक्सीन की तरफ़ तेज़ी से बढ़ रहे हैं पर हम उतनी ही तेज़ी से विभाजित भी हो रहे हैं। हम कभी इतने विभाजित नहीं थे। अब हममें सुनने की क्षमता ख़त्म-सी हो गई है। और यह सब ट्रम्प की देन है। वे अच्छे व्यवसायी हैं, मगर अमेरिकी राष्ट्रपति होना सिर्फ़ मुनाफ़ा कमाना नहीं होता। दुनिया आपकी ओर देखती है, आपको वे कठिन निर्णय पहले लेने होते हैं जो जनहित में हों। आपको लोगों के प्रति सहानुभूति रखनी होती है। ट्रम्प में ऐसा कुछ भी नहीं है।" चैड बोले।

"तो क्या बाइडन बेहतर विकल्प हैं?"

"यह तो वक़्त ही बताएगा। उन्हें राजनीति में 40 साल से ज़्यादा का अनुभव है और वे ओबामा के साथ दो बार उपराष्ट्रपति रह चुके हैं, उन्हें पता है देश कैसे चलाना होता है। पर इन सबसे परे वे एक अच्छे इनसान हैं जो दूसरों का दर्द समझते हैं। उन्होंने अपनों को खोया है और वे उसका दर्द समझते हैं। हम उम्मीद ही कर सकते हैं कि वे अच्छा करेंगे अगर वे जीत जाते हैं तो।" चैड बोले।

"तो क्या आप बाइडन को वोट देने वाले हैं?" मैंने पूछा।

"अभी कहना थोड़ा जल्दी होगी, मैंने तय नहीं किया है।" उन्होंने कहा।

"आप जेब के लिए वोट करेंगे या कि जज़्बे के लिए?" मैंने पूछा।

"यही तो बड़ा प्रश्न है, जेब भी ज़रूरी है, पर क्या इतनी भी ज़रूरी है की बाक़ी सब कुछ भुला दिया जाए। मैं थोड़ा और समय लूँगा यह सोचने के लिए।" चैड बोले।

"क्या यह सोचा है कि वोट कैसे देना है, मेल बैलेट से या कि क़तार में लगकर?"

"वोट तो मैं 3 दिसम्बर को लाइन में लगकर ही दूँगा, मेरा वोट मूल्यवान है और मैं किसी क़ीमत पर यह नहीं चाहूँगा कि वह ज़ाया हो जाए।" चैड बोला।

इतने में हमारी कॉफ़ी ख़त्म हो गई और मैंने चैड से अलविदा कहा।

राश्मॉर से हमें पहुँचना था सैन फ्रैंसिस्को, कैलिफोर्निया। यह अमेरिका का सबसे ज़्यादा जनसंख्या वाला राज्य है जहाँ से 55 इलेक्टोरल कॉलेज वोट मिलते हैं। रोनाल्ड रीगन आख़िरी रिपब्लिकन नेता थे जिन्होंने राष्ट्रपति चुनाव में यहाँ जीत दर्ज की थी। उनका एक सफल हॉलीवुड अभिनेता होना इसका अहम कारण था।

हमारा आगे का सफ़र क़रीब 1350 मील का है और यह 24 घंटे की ड्राइव है। पर हम रास्ते में प्रसिद्ध येलोस्टोन नेशनल पार्क देखते हुए आगे बढ़ेंगे।

यात्रा फिर से आगे बढ़ती है और हम क़रीब 300 मील का सफ़र तय करके रात में ग्रे-बुल नामक एक छोटे से टाउन में रुकते हैं। क़रीब 1834 लोगों की आबादी वाला यह शहर जब हम रात को क़रीब 8 बजे पहुँचे तो कुछ वैसा ही लगा जैसा 'शोले' फ़िल्म में रामगढ़ में गब्बर सिंह के आने पर लगता है। ऐसा लगा मानो कोई यहाँ रहता ही नहीं।

सुबह-सुबह हम कोडी शहर से होते हुए येलोस्टोन नेशनल पार्क की ओर बढ़ रहे हैं। गाड़ी में सफ़र करते हुए 12 दिन हो चुके हैं और अब ऐसा लग रहा है कि हम भी किसी मशीन की तरह ही काम कर रहे हैं। हर दो-तीन दिन में हम एक नये टाइमज़ोन से निकलते हैं और शरीर की

घड़ी भी उसी हिसाब से चलने लगी है। कल रात तीसरी बार टाइमज़ोन बदला। इसका सबसे ज़्यादा प्रभाव नींद पर पड़ता है और सबसे ज़्यादा मुश्किल उसके लिए होती है जो सुबह-सुबह सबसे पहले स्टीयरिंग व्हील पर होता है।

इन छोटे-छोटे क़स्बेनुमा शहरों से गुज़रते वक़्त अलग ही अहसास होता है। इनमें काफ़ी कम बसाहट है, जिससे घर दूर-दूर हैं लेकिन उनके लिए भी सभी बुनियादी सुविधाएँ उपलब्ध हैं। वहाँ से गुज़रने वाले हाइवे इतने शानदार हैं कि हमारे बड़े शहर भी पीछे छूट जाएँ। जहाँ 865 लोगों वाले वॉल में सभी कुछ आधुनिक था, मुझे याद आया कि दो साल पहले जब मैं राजस्थान की यात्रा बस से कर रहा था तो करौली ज़िले के कलेक्टर के दफ़्तर से महज़ ढाई किलोमीटर दूर एक गाँव तक पहुँचने के लिए तब तक साधारण सड़क भी नहीं बनी थी। वहाँ पहुँचा तो गाँव वालों ने कहा कि उन्होंने पिछले 72 सालों में कभी यहाँ सड़क ही नहीं देखी।

यह ख़याल ज़ेहन में घूम ही रहा था कि मोटरसाइकिलों की आवाज़ ने चौंका दिया। बाहर देखा तो तीन पुरुष, तीन हार्ले डेविडसन पर निकले हुए थे। उन्होंने हमें जैसे ही ओवरटेक किया, हमने भी गाड़ी की गति तेज़ कर ली।

वे हमसे काफ़ी आगे निकल चुके थे, और हम पास ही बने एक रैंच को देख रुक गए। ट्वीन पीक्स रैंच, खुले हाइवे के बग़ल में बसा। एक बड़ा सा दरवाज़ा, तारों से बनी दीवारें और सिर्फ़ एक बोर्ड—अन्दर प्रवेश करना वर्जित है। अन्दर अथाह खुली जगह पर सिर्फ़ एक बड़ी-सी हट बनी हुई है और बाहर कुछ घोड़े घास चर रहे हैं और कुछ बस टहल रहे हैं। इतनी सुन्दर सुबह, कि आगे बढ़ने का मन ही नहीं कर रहा था, पर चलना तो था ही।

अभी कुछ दूर ही चले थे, कि तीनों हार्ले सवार आगे बने साइड लेन में रुके हुए दिखे। मैंने भी गाड़ी वहीं घुमा ली।

"हमने आख़िरकार आपको पकड़ ही लिया," उनकी ओर बढ़ते हुए मैंने कहा।

"ऐसा आज तक तो हुआ नहीं कि कोई कोडी में हमें पकड़ ले," एक ने बाइक पर बैठने का स्वाँग करते हुए कहा। "तुम लोग कहाँ से आ रहे हो?" नीले रंग वाली हार्ले के सवार ने पूछा।

हमने अपना परिचय दिया, तो उन्होंने भी अपना नाम बताया। नीले रंग की हार्ले के सवार का नाम था रॉबिन, काले रंग वाली हार्ले के सवार थे निक और सबसे नई मैटालिक रंग वाली हार्ले पर थे स्टीव।

तीनों दोस्त पिछले कई सालों से साथ हैं और अपनी-अपनी बाइक से घूमना पसन्द करते हैं।

"तीनों के पास हार्ले ही क्यों है?" मैंने पूछा।

"क्योंकि मर्द खिलौने नहीं चलाते, सिर्फ़ हार्ले चलाते हैं।" रॉबिन ने अपनी रोबदार आवाज़ में कहा।

"और इसके जैसे मर्द सिर्फ़ अकेले ही चलते हैं, जबकि मेरी हार्ले को हमेशा एक साथी की तलाश रहती है, देखते हैं आज कब ख़त्म होगी यह तलाश।" निक ने ठहाका लगाते हुए कहा।

ये तीनों दोस्त कंस्ट्रक्शन के व्यापार में हैं और पार्टनर भी हैं। वे इस बात से हैरान थे कि हम कोविड में भी घूम रहे हैं।

"तुम यहाँ के नहीं लगते और जो तुम्हारे जैसे दिखते हैं, वे आजकल दिखते नहीं हैं।" निक बोला।

"मतलब?" मैंने पूछा।

"मतलब साफ़ है, तुम्हारे यहाँ से जो भी आता है वह ज़्यादातर कम्प्यूटर में, आई.टी. में या बैंक में होता है। कुछ ज़्यादा ही पढ़े-लिखे होते हो तुम लोग और घबराते भी हो। इस महामारी में मैंने लोगों को बाहर नहीं देखा।" उसने कहा।

"सावधानी बरतने में डरने वाली कोई बात नहीं।" मैंने कहा, "हमें ही

देख लो, इतनी लम्बी यात्रा कर आपका देश देखने और समझने आए हैं।"

"यह वाक़ई कमाल की बात है, पर अभी तक जितने भी लोग मैंने एशिया से देखे हैं वे कमज़ोर दिल के होते हैं और रोबोट की तरह यहाँ काम करते हैं। उन्हें सिर्फ़ काम से ही काम होता है। वे बस डॉलर कमाना जानते हैं, जीना नहीं।" रॉबिन ने कहा।

उसकी इस बात को मैं भी नहीं काट पाया।

क्या कोविड ने ज़्यादा परेशान किया?

"मुझे तो नहीं।" स्टीव बोला, "इन दोनों का पता नहीं।"

"ऐसा कोई ख़ास असर नहीं पड़ा, इस जगह वैसे भी 9 से 10 हज़ार लोग ही रहते हैं। इतनी कम आबादी में खुली जगह ज़्यादा है और सबने दूरी बनाए रखी तो काम चल गया।" उसने कहा।

"आपकी बाइक बड़ी प्रभावी है और आपका अन्दाज़ भी।" मैंने कहा।

"शुक्रिया। जहाँ तक बाइक का सवाल है, यह हमारी पर्सनालिटी का हिस्सा है, और यह राइड भी हमारा साथ चलने का जज़्बा। हम तीनों पिछले 15 सालों से साथ राइड कर रहे हैं और हम अपना शेड्यूल कभी नहीं बदलते चाहे जो भी हो। हम यहाँ से गोल्डन गेट ब्रिज तक जाकर आए हुए हैं जो यहाँ से क़रीब 1000 मील दूर है। अपने इन्हीं शौक़ को पूरा करने के लिए ही हम जीते हैं।" रॉबिन ने कहा और अपनी हार्ले को किक लगा स्टार्ट कर दिया।

"हमें अभी आगे दूर जाना है, हम निकलेंगे।" यह कहते तीनों निकल पड़े। हम तीनों उन्हें जाते देखते रहे, और कुछ सेकंड के लिए बिना कुछ बोले वहीं खड़े रहे।

जब गाड़ी में बैठे तो अकील ने कहा, "यह है असली अमेरिका, जो हमने पहले देखा ही नहीं। यहाँ वो फ़ील आया है।"

"भई हमने देखा ही नहीं क्योंकि करण जौहर ने दिखाया ही नहीं। अमेरिका, ब्रिटेन तो करण जौहर और शाहरुख़ ख़ान ने ही दिखाया है हमें।

वो जनाब तो न्यूयॉर्क, वहाँ भी मैनहटन से आगे निकले ही नहीं। ख़बरिया चैनलों ने भी वॉशिंगटन से आगे कुछ नहीं दिखाया, पढ़े-लिखे इंजीनियर फ्रैंसिस्को आ गए, एच.बी.ओ. ने हॉलीवुड दर्शन कराया, और यह हो गया अमेरिका दर्शन एक आम भारतीय के लिए।" मैंने कहा।

कार में एक ठहाका लगा और फिर रफ़ी की आवाज़ गूँजने लगी।

कुछ देर बाद हम येलोस्टोन नेशनल पार्क में थे। अकील भाई पार्क देखने के लिए एक बच्चे की तरह उत्साहित थे, मेरी कोई ज़्यादा रुचि नहीं थी और द्रोण शान्त था।

"व्हिच वे इज़ द ओल्ड फ़ेथफुल?" उसने एक गाइडनुमा व्यक्ति से रास्ता पूछा?

अभी उसने रास्ता पूरा बताया भी नहीं था कि इन्फ़िनिटी उस तरफ़ तेज़ी से दौड़ दी गई।

मेरी तरह जिनका सामान्य ज्ञान ऐसी बातों में कम है, उनके लिए बता दूँ, ओल्ड फ़ेथफुल गर्म पानी का एक फ़व्वारा है, जो इस पार्क में अनगिनत फ़व्वारों में से एक है, परन्तु यह हर आधे-घंटे चालीस मिनट में छूटता है। जब हम उस तक पहुँचे तो एक बड़े मैदान मैं जिस तरह बैठने का इंतज़ाम हो उसी अन्दाज़ में, जनाब फ़ेथफुल को देखने के लिए दर्शक दीर्घा बनी थी। छोटे-बड़े और उम्रदराज़ सभी उम्र के लोग थे, और बड़ी शान्ति से इंतज़ार कर रहे थे। यह सब मेरी समझ से परे था। मेरे मोबाइल में सिगनल भी नहीं था इसलिए शान्ति से बैठे रहना ही एकमात्र विकल्प था।

कोई आधे घंटे बाद, महाशय फ़ेथफुल धरती से फूटे और तालियों और शोर से उनका ऐसा अभूतपूर्व स्वागत हुआ, जिसका मैंने क़तई अनुमान नहीं किया था। हर तरफ़ फ़ोन से फ़ोटो और वीडियो लिये जा रहे थे। अगले तीन मिनट तो मियाँ फ़ेथफुल सुपर स्टार ही थे। जब वे शान्त हुए, तो बस पलक झपकते ही सब लोग ग़ायब हो गए और ऐसा लगा मानो यहाँ कुछ हुआ ही नहीं था।

इन्हीं लोगों में अकील भी था, वह हमें हाथ से गाड़ी के पास आने का इशारा कर रहा था।

अगला पड़ाव था, गिजर। यह अलग ही नज़ारा था, कँपकँपाती ठंड में ज़मीन धुआँ उगल रही थी। लकड़ी से बना एक रास्ता हमें ऊपर बने एक कुंड पर ले गया जिसमें नीले रंग का थोड़ा पानी था। जैसे ही हवा का झोंका उस नीले जल को छूता, गरम भाप का धुआँ उठ जाता। यह नज़ारा अद्भुत था पर हमें निकलना था। इसलिए मैं क़ुदरत के इस जादू को अलविदा कहकर आगे बढ़ना चाहता था। लेकिन तभी अकील ने पूछा,

"क्या हम रात यहाँ रुक जाएँ? यहाँ ऐसे कई कमाल के नज़ारे हैं।" जवाब के लिए वह हम दोनों की ओर देखने लगा।

"मुझे कोई तकलीफ़ नहीं, अगर सब चाहें तो रुका जा सकता है नहीं तो चल सकते हैं।" द्रोण बोला। और अब उसकी और अकील की निगाहें मुझ पर टिक गईं।

"नहीं। मैं इसके पक्ष में नहीं हूँ, धुआँ और पानी सभी जगह एक सा ही होगा। हमें लॉस वेगास में कार का परमिट भी रिन्यू करवाना है।"

फिर किसी ने कुछ नहीं कहा और हम आगे बढ़ चले।

रात को तूफ़ान की चेतावनी थी और जब तक हम पार्क से बाहर निकले, हवाएँ इतनी तेज़ हो चुकी थीं कि पूरी गाड़ी हिल रही थी। ख़ैर, जैसे-तैसे हम होटल तक पहुँचे।

अगली सुबह हम 1000 मील का सफ़र पूरा करने का लक्ष्य रखकर निकले। शुरुआत रेनो से हुई।

लेकिन जब भी आप सोचते हैं कि आप कुछ ऐसा करेंगे, आपके नसीब कुछ और ही तय कर देता है।

अभी चलते हुए मुश्किल से एक घंटा ही हुआ था कि एक खेत के बग़ल से गुज़रते हुए हमें दो किसान दिखे। घास और चारे के गट्ठर एक गाड़ी पर लाद रहे थे। बस, हमारी गाड़ी उनकी ओर मुड़ गई।

अपना परिचय देकर हमने उनसे पूछा कि क्या आपसे कुछ देर के लिए बात हो सकती है?

"नहीं।" गाड़ी चला रही माहिला रोज़ ने दो-टूक जवाब दिया, "हमें ये सारे गट्ठर लादने हैं और उतारने भी हैं। अगर अगले तीन घंटों में हमने यह नहीं किया तो नुक़सान हो जाएगा। माफ़ कीजिए, हम अभी आपको समय नहीं दे सकते।"

उनकी समस्या जायज़ थी, हमने एक-दूसरे की ओर देखा और मैंने कहा, "अगर हम इस काम में आपकी मदद कर दें और समय बच जाए तो क्या हमारी बात हो सकती है?"

"ज़रूर, हमें ख़ुशी होगी आपसे बात करने में।"

हम यही तो चाहते थे, सो अगले डेढ़ घंटे हम तीनों माइक, उनकी पत्नी रोज़ और उनके साथी हैरड के साथ गट्ठर लादते रहे। माइक और रोज़, खेती के साथ-साथ घोड़े ब्रीड करते हैं, उनका अपना फ़ार्महाउस यहाँ से कुछ मील की दूरी पर है। हैरड एक मैकेनिक हैं जो ट्रैक्टर और ट्रक की मरम्मत करते हैं, उनकी छोटी-सी ज़मीन है जिस पर वे भी चारा उगाते हैं। जब भी इन लोगों को मदद की ज़रूरत होती है ये आपस में हाथ बँटा लेते हैं।

"आपके बच्चे आपका साथ नहीं देते?" मैंने पूछा।

"वे यहाँ नहीं रहते हैं और उन्हें इस काम में कोई दिलचस्पी नहीं है। मेरी बेटी और दामाद पैरामेडिक हैं और कैलिफोर्निया के सैक्रमेंटो शहर में काम करते हैं। हैरड के लड़के वेगास में रहते हैं और उनका अपना स्टोर है।" माइक बोला।

"आजकल सभी आरामपसन्द हो गए हैं। वे आसान काम करना चाहते हैं, ताकि वे कह सकें कि वे बिज़नेसमैन हैं। किसान या मैकेनिक कहलाना कोई भी पसन्द नहीं करता।" हैरड ने बात को आगे बढ़ाया।

क़रीब 80 गट्ठर पड़े हुए थे चारे और घास के, हर एक का वज़न

70 से 80 पाउंड के बीच में था।

माइक और हैरड को गट्ठर उठाते देखकर हमने भी कुछ वैसा ही करना चाहा लेकिन सफल नहीं हुए। सफल तो छोड़िए, सही ढंग से उठा भी नहीं पाए। मैं तो अपना सन्तुलन ही खो बैठा और गट्ठर पर ही लुढ़क गया।

माइक और हैरड हँसने लगे।

"रुको।" माइक बोले।

वे खेत के पास बने घर में गए और तीन जोड़ी दस्ताने लेकर लौटे।

"इन्हें पहनो, और ऐसे उठाओ जैसे कि मैं उठा रहा हूँ। सीधे हाथों से उठाकर गट्ठर को अपने घुटनों तक लाओ, फिर घुटने का सहारा देकर लॉरी के ऊपर धकेलो। ऐसा करने में ज़ोर कम लगेगा और तुम बेहतर कर पाओगे।" उन्होंने तरक़ीब बताई।

मुझे देखकर माइक बोले, "तुम हैरड के साथ लगो लॉरी के दाईं ओर।" फिर उन्होंने अकील और द्रोण को कहा, "और तुम दोनों मेरे साथ बाईं ओर। याद रहे लॉरी वापस पीछे नहीं घूमेगी, हमें इसकी स्पीड से तालमेल बनाते हुए काम करना है। चलो लग जाओ।"

शुरुआत में तो बड़ा ही आसान और रोमांचक लग रहा था, पर 5-6 गट्ठर उठाने में ही जान निकल गई और साँस फूलने लगी। "रुकना और थकना मना है अगले एक घंटे तक।" हैरड ने हँसते हुए कहा।

हम तीनों में से अकील ही आसानी से यह कर पा रहा था, उसकी जिम जाने की आदत आज काम आ रही थी। मैं और द्रोण अपना पूरा ज़ोर लगाए हुए थे ताकि हँसी के पात्र न बनें।

मुझे हाँफता देख, हैरड को शायद तरस आ गया और उन्होंने कहा, "मैं उठाता हूँ और तुम इन्हें ऊपर जमाते जाओ।"

अब वो मुझे देवता लग रहे थे। मैंने सोचा कि गट्ठर को उठाकर लादने के मुक़ाबले गाड़ी पर उसे एक के ऊपर एक रखना आसान होगा।

इसमें भारी-भरकम गट्ठर के साथ कम चलना पड़ेगा। पर जैसा कि मर्फ़ी का नियम कहता है, जब जिस चीज़ को ग़लत होना होता है, वह ग़लत हो ही जाती है। दूसरा काम ज़्यादा दुश्वार साबित हुआ। और मैंने हैरड से मिन्नत कर वापस पहले वाला काम ही ले लिया।

हम चार लोडर थे और हैरड अकेला, फिर भी उसकी गट्ठर जमाने की गति कम नहीं हो रही थी। हमें सारे 80 गट्ठर गाड़ी में भरने के लिए क़रीब-क़रीब दो घंटे लगे।

जब सारा काम हो गया तो हममें जान ही नहीं बची थी कि कोई बात कर सकें। फिर भी पानी पीकर हम बात करने बैठे और रोज़ कॉफ़ी लाने चली गईं।

"क्या खेती से काम चल जाता है?" मैंने पूछा।

"नहीं, अगर साथ में ब्रीडिंग का काम नहीं होता तो गुज़ारा करना मुश्किल होता।" माइक ने कहा। यह क़रीब 5 एकड़ ज़मीन है, इतनी ही ज़मीन फार्महाउस में भी है। इसकी उपज से हम बड़ी मुश्किल से 30,000 डॉलर ही बना पाते हैं साल का। यह रखरखाव के लिए भी पूरा नहीं पड़ता।

"क्या आपको आज़ादी है अपनी उपज कहीं पर भी जाकर बेचने की? क्या उससे आपको ज़्यादा मुनाफ़ा होता है? क्या कोई समर्थन मूल्य भी है जो सरकार तय करती है?"

"ये आपने इतने सारे सवाल पूछ डाले? क्या आप भी खेती करते हैं?" जवाब में माइक बोले।

"नहीं, पर अभी भारत में भी आपके यहाँ का उदाहरण देकर बताया जा रहा है कि प्राइवेट मंडियाँ होंगी, और बड़े घराने कृषि बाज़ार में आएँगे। किसान की ज़िन्दगी सँवर जाएगी।"

"ऐसा कुछ यहाँ तो नहीं हुआ," माइक ने कहा, "क़रीब तीन प्रतिशत अमेरिकी खेती से जुड़े हैं और देश का भरण-पोषण करते हैं। आँकड़ों के हिसाब से हमारी हालात अच्छी होनी चाहिए, पर ऐसा है नहीं। एक अनुमान

के हिसाब से 1950 से 1025 के बीच क़रीब 40 लाख खेत बन्द हो गए हैं और किसानों पर कुल क़र्ज़ा 416 मिलियन डॉलर का है।"

"बड़ी कम्पनियाँ मनमर्ज़ी से भाव लगाती हैं, सरकार का खेती पर कोई नियंत्रण नहीं है और सभी ख़र्चे निकालकर साल में 30 से 40 हज़ार डॉलर की ही कमाई होती है।" हैरड बोला।

"क्या कभी समर्थन मूल्यों की बात की आप लोगों ने?"

"नहीं, ऐसा तो नहीं सुना कभी।" माइक ने कहा।

"एक और कारण है कि कई सालों से हमें आमदनी अच्छी नहीं हो रही। चीन हमारे उत्पाद का सबसे बड़ा इम्पोर्टर है। कपास, दाल, कॉर्न, सोयाबीन, मीट और चमड़ा वे हमसे ख़रीदते थे। पर जब से ट्रेड वॉर शुरू हुआ है, उन्होंने 2017 से हमसे अन्न लेना बन्द कर दिया। हमारा नुक़सान पूरा करने के लिए ट्रम्प ने हमारे लिए सब्सिडी बढ़ा दी, इससे हमें घाटा कम करने में मदद ही हुई। 2017 में जो सब्सिडी 11 बिलियन डॉलर के क़रीब थी उसे 2019 में 32 बिलियन डॉलर कर दिया गया।"

"पर क्या यह आप लोगों के साथ ग़लत नहीं हो रहा?"

"ग़लत तो है, पर भविष्य के लिए अच्छा है। हमारी चीन पर अधिक निर्भरता नहीं रहेगी और हम नये बाज़ार देख सकेंगे।" माइक ने कहा।

"आपको क्या लगता है, ट्रम्प का कार्यकाल कैसा रहा?"

"कुछ बहुत ख़ास नहीं पर जितना बुरा बताया जा रहा है उतना बुरा भी नहीं रहा।" माइक ने कहा।

"और आपको कैसा लगता है।" मैंने हैरड से पूछा।

"मुझे लगता है, शहरों में सब उनसे नफ़रत करते हैं, और चाहते हैं कि वे हट जाएँ।"

"क्या आप भी ऐसा चाहते हैं?"

"नहीं। वे बदमिज़ाज हैं पर बुरे नहीं हैं। जो है साफ़-साफ़ मुँह पर बोल देते हैं। वे वॉशिंगटन में बैठे दूसरे नेताओं के जैसे नहीं हैं और शायद

इसीलिए उन्हें इतने लोग नापसन्द करते हैं। क्योंकि अगर आप डीसी में हैं और शालीन नहीं हैं तो आप ग़लत हैं।" हैरड बोले।

"पर वे वैज्ञानिकों की नहीं सुनते, कोविड को अच्छे से नहीं सँभाला।"

"वे बेहतर कर सकते थे, पर उन्होंने इतना बुरा भी नहीं किया। सबसे ज़्यादा केस न्यूयॉर्क से आए और वहाँ डेमोक्रेट्स का राज है। उनकी नीतियाँ ग़लत थीं, और वहाँ लोग बन्द-बन्द जगहों में रहते हैं, हमारे जैसे खुले में नहीं। वहाँ इसलिए ज़्यादा केस आए और मौतें भी ज़्यादा हुईं। इनके लिए ट्रम्प को ज़िम्मेदार ठहराना ग़लत होगा।" माइक ने कहा।

इतने में कॉफ़ी आ गई।

मैंने कॉफ़ी ली, शुक्रिया किया और पूछा, "क्या कोविड ने आपका जीवन बदला है?"

"मेरा तो नहीं पर हमारी बेटी और उसका बॉयफ्रेंड पैरामेडिक हैं। सारी सावधानी के बावजूद उन्हें कोविड हो गया, हालाँकि अब वे ठीक हैं। जब वे बीमार हो गए थे तब हम सभी चिन्तित हो गए थे। पर अब सब ठीक है।"

रोज़ ने कहा, "पर सुनती हूँ कि रेनो में कई रेस्तराँ और दुकानें बन्द हो गई हैं। इसका सबसे बुरा असर उन पर पड़ता है जो बीमार हैं और जिनके इन्श्योरेंस नहीं हैं।"

इन्श्योरेंस की बात पर मैंने पूछा, "क्या ओबामा केयर ठीक है? इससे लोगों को राहत पहुँचती है?"

"यह सिर्फ़ उनके लिए ठीक है जो ग़रीब हैं या फिर बेरोज़गार। हमें इससे नुक़सान ज़्यादा है। जो प्रीमियम हम पहले 500 डॉलर प्रति व्यक्ति भरते थे अब 1000 भरते हैं ताकि वे इसका फ़ायदा उठा सकें जो यह नहीं भर रहे। मेरी नज़र में यह ठीक नहीं है।" वे बोलीं।

अमेरिकी मध्यवर्ग में ओबामा केयर को लेकर ज़्यादा उत्साह नहीं है।

"बात केवल ओबामा केयर भर की नहीं है, मेरी नज़र में डेमोक्रेट्स

नहीं चाहते कि निम्न आर्थिक स्तर के लोग अपने स्तर को बढ़ाएँ। वो चाहते हैं कि वे बस सरकारी मुआवज़े पर ही आश्रित रहें। वो अमीर लोगों से अधिक टैक्स वसूलकर ग़रीबों में बाँट देते हैं और इसीलिए अल्पसंख्यक और निम्न आय वाले उनके वोटर होते हैं। वहीं इनके विपरीत रिपब्लिकन्स हमेशा व्यापार को बढ़ावा देना चाहते हैं, वो चाहते हैं कि जितने लोग काम-धन्धे में हों उतना ही बेहतर।" हैरड ने अपनी तरफ़ से रिपब्लिकन और डेमोक्रेट का फ़र्क़ समझाया।

"अब हमें निकलना होगा," माइक ने कहा, "हमें उम्मीद है कि हमने आपके कुछ सवालों का जवाब देकर आपकी कुछ मदद की।"

"इन्होंने जितनी मदद की उससे तो हमने कम ही की है, इन्होंने हमारे 50 डॉलर के क़रीब बचा दिए, पर मुझे नहीं पता हमारे जवाब उसके बराबर मूल्य के हैं या नहीं।" हैरड ने चुटकी लेते हुए कहा।

इनसे विदा होकर हमने आगे का सफ़र शुरू किया।

कुछ देर तक तो हममें से कोई कुछ भी नहीं बोला। भारत में जब किसान बिल पेश किए गए थे तो कहा गया था कि अमेरिका और पश्चिमी देशों में भी ऐसा ही होता है और इन बिलों से हमारे किसानों को फ़ायदा होगा। ख़बरिया चैनलों ने भी ऐसा ही कुछ बताया था, पर यहाँ अमेरिका में जो सुनने को मिला वह कुछ और ही बयान कर रहा था।

हम रेनो से आगे सिलिकॉन वैली की ओर निकल पड़े।

क़रीब तीन घंटे तक चलने के बाद, हमें संजीवनी स्टोर डंकिन डोनट्स दिखे तो हमने इन्फ़िनिटी को भी विश्राम करने का मौक़ा दे दिया।

स्टोर के अन्दर अजीब सा सन्नाटा था और एक युवक काउंटर के पीछे खड़ा-खड़ा गाने सुन रहा था। हैरान करने वाली बात यह थी कि स्मार्ट फ़ोन रखने के बावजूद वह किसी ग्राहक की ग़ैर मौजूदगी में भी उससे काम नहीं ले रहा था।

उसने हमें हेलो करते हुए कहा, "मैं आपकी क्या सेवा कर सकता हूँ?"

मैंने डोनट और कॉफ़ी ऑर्डर करते हुए पूछा, "आज ख़ाली सा लग रहा है स्टोर।"

"जी हाँ। इन दिनों हाल कुछ ऐसा ही है।"

"क्या नाम है तुम्हारा, कहाँ रहते हो?"

"मेरा नाम स्काई टाइलर है। मैं यहीं रेनो में रहता हूँ। आप कहाँ से हैं, यहाँ के तो नहीं लगते।"

"तुम्हें कैसे पता मैं यहाँ नहीं रहता?"

"आपने बहुत धीमी आवाज़ में बात की और आप में कोई अकड़पन नहीं था।" स्काई ने कहा।

"क्या यहाँ के लोग अक्खड़ हैं?" मैंने पूछा।

"बेशक। लगता है आप रेनो में कहीं रुके नहीं। हम बोलने में ही नहीं, दिखने में भी अक्खड़ हैं। पर एक बार आप हमारे इस बर्ताव के बावजूद हमसे बात करने लगें तो हम आपको कॉफ़ी नहीं, बीयर ही पिलाएँगे।" उसने हँसते हुए कहा।

"और अगर कोई नहीं पिए तो?"

"फिर उसकी ख़ैर नहीं।" उसने कहा और हम सभी हँस पड़े।

हमारे बारे में सुनकर, स्काई उत्साहित हुआ।

"ऐसा दुस्साहस (देश के बाहर घूमना) तो हम हाईस्कूल वाले भी नहीं कर सकते जो आपने कर दिखाया।" स्काई बोला।

स्काई वॉल्ज़ हाईस्कूल में है, अभी अमेरिकी राजनीति पढ़ रहा है पर बड़ा होकर शेफ़ बनना चाहता है।

"फिर राजनीति क्यों पढ़ रहे हो?" गैंने पूछा।

"इससे मसालेदार और क्या होगा।" उसका जवाब था।

जनाब स्काई 17 वर्ष के हैं और इस उम्र में मोबाइल फ़ोन से दूरी बनाए रखने के लिए तारीफ़ के हक़दार हैं।

"फ़ोन से दूर रहने का कमाल कैसे कर लेते हो?"

"कोई कमाल नहीं, यहाँ मेरी हर गतिविधि कैमरे की नज़र में है। जितनी देर फ़ोन देखूँगा, वह सामने लगे कैमरे में क़ैद हो जाएगा और तनख़्वाह कम होकर आएगी। और अभी इससे बुरा सिर्फ़ कोविड ही है।"

अमेरिका में 17 वर्ष के एक लड़के का काम करते दिखना आम है, पर स्काई अपनी उम्र के हिसाब से कुछ ज़्यादा ही संजीदा लगा।

"थोड़े-बहुत कट भी जाएँ तो क्या है, पिताजी भरपाई कर देंगे।" मैंने माहौल हल्का करने के लिए कहा। पर पासा उलटा पड़ गया।

"अभी तो मैं उनकी भरपाई करने की कोशिश कर रहा हूँ।" स्काई आवाज़ से हँसी जा चुकी थी।

क्या हुआ?

"मेरे पिता एक ट्रक ड्राइवर हैं और कोविड के चलते काफ़ी परेशान हैं। काम मिल नहीं रहा, जब भी मिलता है तो पैसे कम मिलते हैं, पैसों को लेकर तनाव भी काफ़ी रहता है। तो मैं सोचता हूँ कि जितनी भी मदद कर पाऊँ अच्छा है।" स्काई बोला।

"फ़रवरी से वे घर पर ही रह रहे हैं। मेरी माँ एक गृहिणी हैं। पहले जब तक पापा के पास काम था, सब कुछ ठीक सा चलता दिखता था। फिर अचानक काम मिलना बन्द हो गया। घर की किस्त, ट्रक की किस्त और बाक़ी ख़र्चे। जो भी छोटी-मोटी बचत थी वह दो-तीन महीनों में ख़त्म हो गई। पापा जब पहले काम पर होते थे तो घर पर कभी शराब नहीं पीते थे, और काम पर भी कभी-कभार ही पीते थे। पर जब सब बन्द हो गया, तो उनका पीना बढ़ गया, घर में झगड़े होने लगे। एक दिन माँ ने दादा जी को फ़ोन कर घर बुलाया और वे हम दोनों भाइयों को लेकर अपने घर आ गए।"

कहते-कहते स्काई की आँखें भर आईं।

मैंने उससे माफ़ी माँगी।

"अरे माफ़ी की ज़रूरत नहीं। आपकी जगह कोई और भी होता तो

मैं उससे भी यही कहता अगर वह ज़रा भी बात करता। घर पर बोल नहीं सकता, तो यहाँ ही किसी से बात कर दिल हल्का कर लूँ।"

स्काई से मैंने एक उसकी पसन्द की कॉफ़ी लेकर उसी को ऑफ़र कर दी।

"आप भी कमाल कर रहे हैं, मैं यह कभी भी ले सकता हूँ।" उसने कहा।

"पर यह मेरी ओर से।" मैंने कहा और हमने कॉफ़ी से चीयर्स किया।

"अपने पिता से तुम पिछली बार कब मिले थे?"

"शायद 15 दिन पहले, वह भी यहीं बाहर थोड़ी देर के लिए। उन्हें देखकर बस हाथ हिलाया था। अब वे पाँच दिन बाद वापस यहाँ से होते हुए निकलेंगे।"

मुझे सुनकर अचरज हुआ।

"इन दिनों ड्राइविंग कम्पनी के मालिक कोविड के चलते ड्राइवरों को सिर्फ़ चुनिंदा डाइनर पर ही रुकने देते हैं और उसके बारे में भी उन्हें जीपीएस पर अपडेट करना होता है। पापा जब मेरे कैफ़े के सामने से निकलने वाले होते हैं तो मुझे मैसेज कर देते हैं। मैं, भाई और दादा जी यहाँ खड़े हो जाते हैं उनके लिए कॉफ़ी और डोनट लेकर। जब उनका ट्रक बिलकुल धीमे होता है तो हम हाथ मिला लेते हैं और उन्हें पैकेट दे देते हैं।"

"क्या ऐसा कोई क़ानून है कि वे रुक नहीं सकते?"

"ऐसी बात नहीं है, पर कम्पनी वाले उनकी सुरक्षा के लिए ऐसा करते हैं। यहाँ तक ठीक है लेकिन पैसों में जो कटौती की गई है वह मुश्किल पैदा करने वाली है। जो पैसे अभी मिल रहे हैं वे नाकाफ़ी हैं। पहले उन्हें एक मील चलने के ढाई डॉलर मिलते थे अब सिर्फ़ डेढ़ मिल रहे हैं।" स्काई बोला।

फिर आपकी माँ आपके साथ क्यों नहीं रहतीं?

"उन्होंने भी कैलिफोर्निया में अपने लिए एक काम देख लिया है। मेरे

माता-पिता कुछ महीनों तक एक-दूसरे से दूर रह रहे हैं ताकि आगे कैसे रहना है इसके बारे में सोच सकें।" स्काई ने बड़ी सरलता से यह बात बोल दी।

"पर क्या सरकार द्वारा दी गई राशि उनके काम नहीं आई?" मैंने पूछा।

"वह बस एक छलावा था। एक बार की राशि घर चलाने के लिए नाकाफ़ी है। हमें 3400 डॉलर मिले जिनसे दो महीने तक ही घर चला।"

"मैंने तो सुना कि सरकार ने बेरोज़गारों को 600 डॉलर प्रति हफ़्ता दिया?"

"शायद किसी रिपब्लिकन राज्य में ऐसा हुआ होगा। पर यहाँ नेवाडा में ऐसा नहीं हुआ।" उसने बताया।

"आप ट्रम्प को कैसे देखते हैं?"

"वो एक जोकर हैं। जब उन्होंने राष्ट्रपति बनने का फ़ैसला लिया तो कई लोगों ने उन्हें मज़ाक़ में वोट दिया और देखते-ही-देखते वे हक़ीक़त में राष्ट्रपति बन गए। उनके बयान बेबुनियाद हैं, वे कुछ भी सोच-समझ कर नहीं करते। मुझे तो यह समझ नहीं आया कि हमारे जैसा राष्ट्र उनके जैसे व्यक्ति को कमांडर इन चीफ़ कैसे चुन सकता है। मैं उन्हें अपना स्टोर सँभालने को न दूँ, पता नहीं अमेरिकियों ने उन्हें राष्ट्र कैसे सौंप दिया।" स्काई बोला।

तभी दरवाज़ा खुलता है और कुछ लोग जो एक मिनी बस से उतरे हैं स्टोर में आते हैं।

"अब काम का समय हुआ दोस्त," यह कहते हुए स्काई वापस काम पर लग गया और मैंने आगे की राह पकड़ी।

हम सैन फ्रैंसिस्को के गोल्डन गेट ब्रिज पहुँचने वाले हैं, जो कैलिफ़ोर्निया राज्य के सबसे प्रसिद्ध लैंडमार्क में से एक है। वहाँ पहुँचने से पहले आपको

समय में क़रीब 172 साल पहले ले चलता हूँ। 24 जनवरी, 1848, यह तारीख़ कैलिफ़ोर्निया के इतिहास की सबसे महत्त्वपूर्ण तारीख़ों में से एक है। ख़बर आई कि जेम्स डब्ल्यू मार्शल और सटर मिल को कैलिफ़ोर्निया के कोलोमा शहर में सोना मिला है। यह बात उस समय भी बिना फ़ेसबुक और ट्विटर के आग की तरह फैल गई और देखते-ही-देखते मेक्सिको के अधीन इस राज्य में बहुत ही कम समय में क़रीब 3,00,000 नये लोग आकर बस गए। सबको सोना मिलने की आस थी।

कोलोमा, सैन फ्रैंसिस्को से क़रीब 12 मील दूर है और यह शहर एक समय में इतना प्रसिद्ध हुआ कि सोने की खोज के एक साल बाद ही, यहाँ क़रीब 80,000 इमिग्रेंट्स आकर बस गए। इसके नज़दीक बसे सैन फ्रैंसिस्को में भी आबादी बढ़ने लगी। सन् 1846 में जहाँ इस शहर में सिर्फ़ 200 लोग रहते थे, वहीं सन् 1852 में उसकी जनसंख्या 36,000 हो गई।

हर कोई अमीर बनना चाहता था, धन अर्जित कर अपने सपने साकार करना चाहता था। सैन फ्रैंसिस्को उनकी उम्मीदों का शहर था। क़रीब दो सदियाँ होने को आईं और आज भी यह शहर दुनिया-भर से लोगों को अपनी ओर आकर्षित करता है। तब सोने की खदानों ने लोगों को खींचा, आज इन्फ़ॉर्मेशन टेक्नोलॉजी की बड़ी कम्पनियाँ उन्हें खींच रही हैं।

मैं यह सब पढ़ ही रहा था कि अचानक द्रोण ने गाड़ी रोक दी। ध्यान पढ़ने से हट गया और सामने एक जाना-पहचाना नज़ारा दिखा। आगे पुल पर रास्ता जाम है, गाड़ियों की लम्बी क़तार लगी हुई है। इससे पहले कि हम पलटकर दूसरी ओर मुड़ें, हमारे पीछे भी गाड़ियों की क़तार खड़ी हो गई। बिलकुल भारत जैसा हाल था, बस एक ही फ़र्क़ था कि जाम लगने के 15 मिनट बाद भी यहाँ एक भी हॉर्न नहीं बजा।

क़रीब 20 मिनट बाद ट्रैफ़िक खुला तो हम गोल्डन गेट की ओर चल पड़े। थोड़ी देर बाद हमें दूर से ही वह पुल दिखने लगा जो दुनिया-भर की उन चुनिन्दा जगहों में से एक है, जिसके दुनिया में सबसे ज़्यादा

फ़ोटोग्राफ़ लिए गए हैं। यह डेढ़ किलोमीटर लम्बा पुल वहाँ बना है जहाँ सैन फ्रैंसिस्को वे और पैसिफ़िक ओशन मिलते हैं। यहाँ का नज़ारा देखते ही बनता है, गाड़ियों का रेला पानी के ऊपर मानो अटूट बह रहा है। ज़बरदस्त ट्रैफ़िक के बावजूद यहाँ साइकिल चालकों और पदयात्रियों के लिए एक अलग लेन बनी हुई है। एक अनुमान के मुताबिक़ क़रीब एक लाख दस हज़ार गाड़ियाँ इस पुल से रोज़ाना निकलती हैं।

इंटरनेशनल ऑरेंज, जी हाँ, इस पुल का रंग अलग ही ऑरेंज है। जब इसके लिए रंग खोजा जा रहा था तो विशेषज्ञों को वही प्राइमर ठीक लगा, जो पुल पर लगा था, फिर तो उसे ऐसा ही रहने दिया गया और उस प्राइमर वाले रंग को नाम दिया गया इंटरनेशनल ऑरेंज। मुझे एक पल के लिए जयपुर का गुलाबी रंग याद आ गया, जो अपनी ही क़िस्म का गुलाबी है।

यहाँ क़रीब एक घंटा बिताने के बाद हम निकल पड़े डेमोक्रेटिक पार्टी के गढ़ में। बिल क्लिंटन ने यहाँ 1992 में डेमोक्रेटिक पार्टी का परचम लहराया और तब से अब तक हमेशा यहाँ से डेमोक्रेटिक पार्टी ही जीतती आई है चाहे राष्ट्रपति चुनाव हो या राज्य का चुनाव। यहाँ से अहम 55 इलेक्टोरल कॉलेज वोट निश्चित रूप से जो बाइडन के खाते में जाएँगे और किसी भी राज्य में इतने वोट नहीं हैं। कैलिफ़ोर्निया के बाद टेक्सास से 38 वोट आते हैं इलेक्टोरल कॉलेज में और वह रिपब्लिकन राज्य है। यहाँ से भी बाइडन को राष्ट्रपति चुनाव में मज़बूत बढ़त मिलेगी।

हॉथ्रो (HAWTHROW) हमारा अगला पड़ाव है, यह डाउन टाउन से कुछ ही दूरी पर बसा इलाक़ा है। मेरे एक जानकार को फ़ेसबुक से मेरे यहाँ होने की सूचना मिली और उन्होंने हमें अपने यहाँ बुलाया।

वे अपनी पहचान साझा नहीं करना चाहते थे इसलिए मैं उन्हें अभी के लिए हाशिम कहूँगा। हाशिम पिछले 6 वर्षों से यहाँ किराए पर कार देने वाली एक कम्पनी में मैनेजर हैं, उनके घर में 10 लोग रहते हैं और वे मूलतः अफ़ग़ानिस्तान से हैं।

हाशिम को मैं पिछले 10 सालों से जानता हूँ, जब वे अफ़ग़ानिस्तान में एक प्रमुख अमेरिकी अख़बार के लिए काबुल में काम करते थे। वे ब्यूरो में कार्यरत अकेले अफ़ग़ानी थे, उनका काम था सूचनाएँ लाना, और वहाँ काम करने वाले रिपोर्टरों के लिए दुभाषिये का काम करना। वे यह सब वहाँ अमेरिकन यूनिवर्सिटी ऑफ़ अफ़ग़ानिस्तान में पढ़ते हुए कर रहे थे। मेरी उनसे मुलाक़ात पहली बार ट्विटर पर हुई थी और फिर एक बार जब 2012 में वे दिल्ली आए थे तो मैंने उन्हें दिल्ली दिखाई थी। आज मैं उनसे 8 वर्ष बाद मिलने वाला था।

अब वे परिवार के साथ अमेरिका आ गए हैं। उनकी दो सुन्दर बेटियाँ हैं पर अब वे पत्रकार नहीं हैं और मैं यह जानने को उत्सुक हूँ कि ऐसा क्या हुआ कि एक जुझारू पत्रकार सब कुछ छोड़ यहाँ आकर मैनेजर बन गया।

हम एक साधारण से मगर साफ़-सुथरे पड़ोस में आ गए। सामने फुटबॉल का मैदान था और गली में कुछ लोग खड़े होकर बातें कर रहे थे। अधिकतर एशियाई लग रहे थे। हम हाशिम के घर के बाहर थे। उन्होंने बाहर ही बैठक लगा रखी थी।

"माफ़ कीजिए आपको अन्दर नहीं बुला सकता। अभी चारों तरफ़ कोविड है और आप लोग बाहर से आए हैं।" हाशिम ने मुस्कुराते हुए हमारा अभिवादन करते हुए कहा।

खजूर, सेब, काजू, और गरमागरम चाय की केतली हमारा इंतज़ार की रही थी। कल उनकी छोटी बेटी का जन्मदिन था इसलिए केक भी था।

हाशिम ने अपने छोटे भाई सलाम को बुलाकर हमसे मिलाया, "यह यहाँ हाईस्कूल में पढ़ता है।"

"आपकी यात्रा कैसी रही? कैसा लग रहा है अमेरिका आपको? क्या लगता है कौन चुनाव जीतेगा? हम उम्मीद करते हैं कि आप जवाब में ट्रम्प नहीं कहेंगे?" हाशिम ने एक साथ कई सवाल पूछ लिये।

"यात्रा अच्छी चल रही है, यह अमेरिका की मेरी तीसरी यात्रा है, अब

इतना भव्य नहीं लग रहा है जैसा पहली बार लगा था। रही बात चुनाव की तो यह तो समय ही बताएगा कि कौन जीत रहा है। पर फ़िलहाल एक बात साफ़ है, क़रीबी मुक़ाबला होगा और यह चुनाव बेहद रोचक होगा, लेकिन सर्वे जैसा बता रहे हैं वैसा तो नहीं लग रहा है।" मैंने कहा।

हाशिम के पिता और चाचा भी कुछ देर के लिए बाहर आए और हमारा अभिवादन कर वापस अन्दर चले गए।

चाय काफ़ी कड़क थी। "हम लोग ऐसी ही चाय पीते हैं, आपके लिए दूध में बनाई, उम्मीद करता हूँ कि आप लोगों की पसन्द के मुताबिक़ होगी।" हाशिम ने कहा। दूध के साथ चाय कैसी भी हो अच्छी ही लगती है, यह मुझसे बेहतर कौन जान सकता है।

अब तक मैं बिलकुल अनौपचारिक हो चुका था। चाय की चुस्की के बीच मैंने हाशिम के आगे कई सवाल रख दिए।

"तुम यहाँ कैसे आ गए अचानक? तुम ट्विटर से भी हट गए और दो-तीन साल तक तुम्हारा कोई अता-पता नहीं मिला। फिर तुम यहाँ दिखे?"

"बस यही समझो समय यहाँ ले आया।" हाशिम ने बात बदलनी चाही।

हम फिर नाश्ता करने लगे।

"पर पत्रकार से मैनेजर साहब कैसे बने तुम, यह तो बताना ही पड़ेगा।" मैंने ज़ोर देकर कहा।

"लम्बी कहानी है।" उसने कहा।

"हमें भी कोई जल्दी नहीं है।" मैंने जवाब दिया।

"तुम नहीं मानोगे।" हाशिम बोला।

"मैंने अभी पत्रकारिता नहीं छोड़ी है।" मैंने हँसते हुए कहा।

"सुनो फिर। पर यह बात तुम अपने तक ही रखना।" हाशिम बोला।

मैंने उसे आश्वासन दिया कि मैं उसकी पहचान ज़ाहिर नहीं करूँगा।

मेरा भरोसा पाने के बाद हाशिम ने कहानी शुरू की :

जनवरी 2013 की बात है, एक दिन मैं रोज़ की तरह काम से रात क़रीब आठ बजे घर लौटा। फिर खाना खाकर दोस्तों से मिलने बाहर निकल गया और क़रीब 10 बजे वापस लौटा। कुछ देर अपने घरवालों के साथ बैठा और फिर सोने ऊपर अपने कमरे में चला गया।

आधी रात के बाद, क़रीब 1 बजे हमारे घर के दरवाज़े पर ज़ोर से खटखटाने की आवाज़ होती है। मेरे पिताजी घबराकर दरवाज़ा खोलते हैं और 8-10 बन्दूक़धारी अमेरिकी जवान मेरे घर में घुस आते हैं और चिल्लाकर मेरे बारे में पूछने लगते हैं। इतनी देर में मैं भी नीचे आता हूँ और जैसे ही वे मुझे देखते हैं, दो सैनिक फ़ौजी मुझे मुँह के बल नीचे गिरा देते हैं, मेरे हाथ पीछे बाँध दिए जाते हैं और आँखों पर पट्टी बाँध दी जाती है। मुझे उठाकर एक वैन में फ़र्श पर डालते हैं, और मेरे तीन ओर घेरा बनाकर बैठ जाते हैं। इसके बाद गाड़ी का दरवाज़ा बन्द कर दिया जाता है और वह तेज़ी से दौड़ती हुई ओझल हो जाती है।

मेरे घरवाले सदमे में आ जाते हैं, वे मेरे दफ़्तर के साथी को फ़ोन कर सूचना देते हैं और वे लोग सीधे उनके पास पहुँच जाते हैं। सब काफ़ी डर जाते हैं। मेरा अख़बार दूतावास से सम्पर्क करता है और पुलिस के पास भी जाता है।

पर किसी को कोई ख़बर नहीं मिलती।

दूसरी ओर, मुझे किसी अनजान जगह पर ले जाया जाता है। मेरा अनुमान है, वह काबुल के बाहर किसी गुफा के पास बना ख़ुफ़िया बंकर था। मुझे एक जगह अकेला छोड़ दिया जाता है। कोई भी मेरे आसपास नहीं था और मुझे प्यास लग रही थी। मैंने ज़ोर-ज़ोर से चिल्लाकर पानी माँगा तो कुछ देर बाद कोई मेरे हाथों में जो अब आगे की तरफ़ बँधे थे उसमें पानी की बोतल थमा गया।

काफ़ी देर बाद, दो फ़ौजी मुझे उठाकर एक कमरे में ले गए। वहाँ मुझे कुर्सी पर बिठा दिया गया और जब आँख की पट्टी खोली गई तो इतना

उजाला था कि उस जगह मेरी आँखें खुलने का नाम ही नहीं ले रही थीं और खोलने पर दर्द करने लग रही थीं।

"तुम्हारा नाम हाशिम है, एक कड़ी आवाज़ ने पूछा?"

मैंने कहा, "हाँ।"

"क्या तुम यह मानते हो कि तुम तालिबानी मुखबिर हो जो ख़ुफ़िया जानकारी तालिबान को देते हो?"

यह सुनकर मानो मुझे साँप सूँघ गया। मैं पिछले 6-7 सालों से एक प्रतिष्ठित अख़बार के लिए काम कर रहा था लेकिन आज पहली बार कोई अधिकारी मुझसे ऐसा सवाल पूछ रहा था। मैं हैरान था।

"बोलते क्यों नहीं, क्या तुम्हारी ख़ामोशी को तुम्हारी हामी माना जाए?" एक और कड़कती आवाज़ ने चिल्लाकर पूछा।

मैंने अपने आपको सँभाला और कहा, "आपको ग़लतफ़हमी हुई है, मैं एक पत्रकार हूँ और बड़ी संस्था से जुड़ा हूँ। मेरा नाम हाशिम है और आप मेरे दफ़्तर फ़ोन करके जानकारी ले सकते हैं।"

"हमें सब मालूम है, तुमने आज शाम एक तालिबानी से बात कर उन्हें कुछ ख़ुफ़िया जानकारी दी है।" उस आवाज़ ने कहा।

"आपका कहना यहाँ तक सही है कि मैंने एक तालिबानी से बात की। पत्रकारिता मेरा पेशा है, इसलिए मैं सबसे बात करता हूँ। लेकिन मैंने कोई जानकारी साझा नहीं की।" मैंने दृढ़ता से कहा।

पर उन पर, लगता है इसका कोई असर नहीं हुआ, क्योंकि अगले ही पल मेरे गाल पर एक तमाचा पड़ा और मैं गिर पड़ा।

तभी एक आवाज़ की रिकॉर्डिंग बजने लगी। उसमें बात अफ़ग़ानी भाषा में हो रही थी और पीछे से कोई दुभाषिया उसका अनुवाद कर बोल रहा था।

रिकॉर्डिंग को कुछ देर सुनने के बाद मैंने जैसे ही कहा कि "उसका ग़लत अनुवाद किया गया है," मेरे गाल पर एक तमाचा और पड़ गया।

"कल तक तुम सब ख़ुद ही उगल दोगे! इसे यहीं बन्द रखो। बाक़ी की पूछताछ सुबह करेंगे।" यह कहकर वह सार्जेंट वहाँ से चला गया।

उधर दूतावास, पुलिस कोई भी मेरा पता घरवालों को या ऑफ़िस को नहीं बता रहा था। उन्हें डर लग रहा था। वे मेरी सलामती की दुआ ही कर रहे थे।

इस बीच तुम्हारी भाभी का रो-रोकर बुरा हाल था। हमारी नई-नई शादी हुई थी और उसे मेरी पत्रकारिता कुछ ख़ास पसन्द नहीं थी।

दो दिन बाद, बंकर में सार्जेंट ने एक पुलिस वाले को मेरी शिनाख़्त के लिए बुलाया। वह मुझे जानता था और मेरा हश्र देख उसने सार्जेंट से कहा, "मैं इसको सालों से जानता हूँ। यह पत्रकार और भला इनसान है, इसका तालिबान से कोई कनेक्शन नहीं है।"

मैं उस पुलिस वाले का हमेशा शुक्रगुज़ार रहूँगा। बिना किसी के कुछ पूछे उसने मुझे देखकर जो बात कही उसने मेरी काफ़ी मदद की।

उस पुलिस वाले से सार्जेंट ने अलग से काफ़ी बातचीत की और जाने दिया।

उसने मेरी सलामती की ख़बर मेरे घरवालों को दी और बताया कि मैं कहाँ हूँ। इसके बाद मेरा अख़बार हरकत में आया, उन्होंने यहाँ सेक्रेटरी ऑफ़ स्टेट के पास यह मामला उठाया।

पुलिस के कहने के बावजूद मुझे छोड़ा नहीं गया पर तीसरे दिन मेरे परिवार वालों को मुझसे मिलने दिया।

फिर शुरू हुआ क़ानूनी और फ़ौज में मेरी पैरवी का सिलसिला।

उन्होंने मेरे टेप अमेरिका भेजे और दो-तीन और दुभाषियों से सुनवाए, फिर क़रीब दो हफ़्ते बाद मुझे कहा गया, तुम्हें पेंटागन ले जाया जाएगा। यह सुनकर मैं अन्दर तक हिल गया। उस रात मुझे नींद ही नहीं आई।

मेरे डिपॉर्टेशन की ख़बर मेरे घरवालों को भी दी गई।

मैं शुक्रगुज़ार हूँ मेरे अख़बार का जिसने अपने रिपोर्टर को मेरे साथ

काबुल से पेंटागन भेजा। उसने हर जगह मेरी मदद की और कहीं भी मुझे यह अहसास नहीं होने दिया कि मैं अकेला हूँ।

तीन दिन बाद मेरी पेशी थी।

मेरा टेप फिर से चलाया गया, मुझसे पूछताछ की गई। मेरे जवाबों में कुछ भी अलग नहीं था।

जिन विशेषज्ञों को उन्होंने बुलाया था, वे भी मेरे पक्ष में ही बोले।

दो दिन तक चली पैरवी के बाद, मेरा नाम उनकी सूची से हटा दिया गया और मुझे बाइज़्ज़त छोड़ दिया गया। मैंने बड़ी राहत की साँस ली। सबसे पहले मैंने फ़ोन से घर पर ख़बर दी। मेरा भाई इतनी ज़ोर से चिल्लाया कि वह आवाज़ मेरे कानों में आज भी गूँजती है। हाशिम ने हँसकर कहा।

हम बात कर ही रहे थे, कि चाय की एक और केतली आ गई।

"फिर क्या हुआ?" मैंने पूछा।

सबसे अच्छी बात मुझे यह लगी कि जिस सार्जेंट ने मुझे थप्पड़ मारा था, वह मेरे पास आया और माफ़ी माँगी। उसने कहा, "मैं माफ़ी चाहता हूँ, पर वह मेरी ड्यूटी थी जिसमें कुछ भी पर्सनल नहीं होता।" उसके यह वाक्य मुझे छू गए।

अगले दिन मैंने अपने सम्पादक से कहा, "अब मैं यह काम नहीं करना चाहता, और न ही अफ़ग़ानिस्तान में रहना चाहता हूँ।"

उसने कहा, "तुम कुछ समय यहीं रहो, हम कुछ दिन बाद बात करते हैं।"

तीन-चार दिन बाद, उसने कहा, "हम तुम्हें यहाँ बुला लेते हैं, तुम कैलिफ़ोर्निया में हमारे ब्यूरो में काम करना। तुम अपनी पत्नी को साथ ला सकते हो।"

"मैं वापस गया और पत्नी को साथ लेकर यहाँ लौट आया। थोड़े समय बाद मैंने यहाँ अपने परिवार और अपने लिए असाइलम माँगा। मेरे

वकील ने पैरवी की और क़रीब डेढ़ साल बाद मैं अपने घरवालों को यहाँ ले आया।

सब कुछ ठीक होने के बावजूद, मेरी पहली बेटी के जन्म के वक़्त मेरी बीवी ने मुझसे कहा, मैं नहीं चाहती कि हमारी बेटी तुम्हारी यह पत्रकार वाली ज़िन्दगी देखे। मैंने भी थोड़ा सोचा, और महीने भर बाद पत्रकारिता को अलविदा कह दिया। आज उस बात को पाँच साल हो गए हैं।

इतना कहकर हाशिम चुप हो गया।

इसके बाद कुछ पल तक ख़ामोशी छाई रही। मेरे दोनों सहयात्री बिलकुल बिना हिले-डुले यह क़िस्सा सुन रहे थे।

"क्या तुम ख़ुश हो?" थोड़ी देर बाद मैंने पूछा।

"हाँ। पहले बड़ा अलग लगता था। रोज़ दफ़्तर जाना और वही एक-सा काम, बोरियत-सी होती थी।"

"पर एक बार घर आने के बाद कोई चिन्ता-फ़िक्र नहीं, तो यह अच्छा लगता है। अब तो मैं पत्रकारिता को बिलकुल भी मिस नहीं करता।"

"कैसा लगा अमेरिका?" मैंने पूछा?

"अफ़ग़ानिस्तान में रहने के बाद कोई भी दूसरी जगह आपको अच्छी ही लगेगी।" हाशिम बोला, "मेरा परिवार अब ख़ुश है और ख़ुद को सुरक्षित महसूस करता है। जीवन यहाँ सरल है।"

"तुम यहाँ 2015 में आए, फिर सत्ता परिवर्तन हुआ। तुमने ट्रम्प का अमेरिका ज़्यादा देखा। क्या फ़र्क़ लगता है?"

"काफ़ी अलग है, जब मैं यहाँ आया था तब ओबामा का आख़िरी साल था, पर मुझे नहीं लगता कि जो मेरे साथ तब हुआ वह अगर अभी हुआ होता तो मैं यहाँ आपसे बैठकर बात कर रहा होता। बाक़ी टिप्पणी करना मेरे लिए उचित नहीं होगा, पर मैं यह कह सकता हूँ, कि ऐसा ही चलता रहा तो कट्टरता के मामले में अमेरिका अफ़ग़ानिस्तान को टक्कर दे सकता है।"

"यह तुमने बहुत बड़ी बात कह दी हाशिम।" मैंने चाय पीते हुए कहा।

"ऐसी बात नहीं है, हम ज़्यादातर लोग एशियाई मूल के हैं, मुस्लिम ज़्यादा हैं, हमें जिस तरह कई टिप्पणियों का सामना करना होता है उससे ऐसा ही लगता है।"

शाम का वक़्त था, गली से लोग गुज़र रहे थे।

तभी हाशिम उठा, और सामने चहलक़दमी करते हुए कुछ लोगों से बातें करने लगा, दो मिनट बाद वह एक व्यक्ति के साथ आया। हमने आगन्तुक का अभिवादन किया।

"ये अनिरुद्ध भाई हैं, आपके वतन से हैं और यहाँ पिछले 30 सालों से रह रहे हैं, आपके सवालों का ये बेहतर जवाब दे पाएँगे।" हाशिम ने कहा।

अनिरुद्ध पाटिल मूलतः मुम्बई से हैं और यहाँ काग़ज़ बनाने वाली एक कम्पनी में काम करते हैं। उन्होंने यहाँ विस्कॉन्सिन यूनिवर्सिटी से 1988 में एमबीए किया था और तब से यहीं बस गए। इनके परिवार में इनकी धर्मपत्नी और तीन बच्चे हैं।

उनका परिचय पाने के बाद मैंने अनिरुद्ध से पूछा,

"आपको क्या लगता है, 2020 का चुनाव किसके पक्ष में जाएगा?"

"जहाँ तक कैलिफ़ोर्निया की बात है, इसमें कोई शक़ नहीं कि यहाँ बाइडन ही जीतेंगे।" अनिरुद्ध ने कहा।

"आप ट्रम्प को कैसे देखते हैं?"

"वो सिरफिरे हैं, किसी भी सूरत में अमेरिका के राष्ट्रपति के लायक़ नहीं। उनके कार्यकाल में अमेरिका ने अन्तर्राष्ट्रीय जगत में अपनी साख कम की है और हम जितने यूनाइटेड होते थे, उतने ही डिवाइसिव हो गए हैं।" अनिरुद्ध बोले।

"पर क्या यह अमेरिका का असल चेहरा नहीं दिखाता?" मैंने पूछा।

"आप कह सकते हैं, पर जिस तरह से उनकी सरकार ने नफ़रत फैलाने वालों की पैरवी की है, वह इस देश को विभाजित करने का अहम

कारण है। उनकी नीतियाँ देश के लिए नुक़सानदायक हैं।" वे बोले।

"कौन-सी ऐसी नीति है?" मैंने पूछा।

"वे ओबामा केअर के ख़िलाफ़ हैं। जबकि इससे कितनों का भला होता है।" अनिरुद्ध ने बोला।

"पर हमने रास्ते में कई लोगों को इसके ख़िलाफ़ बोलते हुए सुना।"

"ज़रूर सुना होगा, और वे अधिकतर गोरे, अधेड़ पुरुष होंगे?" अनिरुद्ध ने जवाब में सवाल किया। यह रिपब्लिकन प्रोपेगेंडा है जो गोरे, अधेड़ और अशिक्षित वर्ग के बीच में फैलाया जाता है।

"मैं आपको एक उदाहरण देता हूँ, जब मैं यहाँ आया था, तभी मेरे पड़ोस में एक युवक आया जो मेन शहर से था। वह आईटी प्रोफ़ेशनल था, उसकी नई-नई शादी हुई थी और वह हमारे पास वाले घर में रहता था। सब कुछ अच्छा चल रहा था, उसकी बीवी भी टीचर थी। जब डॉट कॉम बूम आया, तो उसने भी अपनी अच्छी-ख़ासी नौकरी छोड़कर स्टार्टअप शुरू किया और इसी दौरान उनके लड़का हुआ।

"सब कुछ अच्छा चल रहा था। फिर एक दिन अचानक उनका लड़का बीमार हुआ और डॉक्टर ने बताया कि उसे एक दुर्लभ बीमारी है, जिसका इलाज महँगा था।

"तब तक उसका बीमा नहीं हुआ था। कुछ ही महीनों में उसका बिल इतना हो गया कि उसे अपना घर, गाड़ी आदि सब बेचना पड़ा। आज उस बात को तीस साल हो गए हैं, वह बच्चा अब स्वस्थ है, पर उसके इलाज का क़र्ज़ा अभी तक चल रहा है।

"अगर तब ओबामा केयर होता तो शायद उनकी प्रॉपर्टी बच जाती और वो इतने मुश्किल वक़्त से नहीं गुज़रते।

"ऐसे में ओबामा केयर काम आता है, जो लोग इसका विरोध करते हैं वे काफ़ी ग़लत करते हैं, अगर आपकी थोड़ी-सी मदद से बहुत सारे लोगों का भला हो तो वह बहुत अच्छा होता है।" अनिरुद्ध ने कहा।

"आपको आज का अमेरिका कैसा लगता है, 30 साल पहले के अमेरिका की तुलना में?"

"मैं नहीं मानता कि बहुत कुछ बदला है, यह आज भी सम्भावनाओं को हक़ीक़त में बदलने का देश है। यहाँ सब कुछ मुमकिन है, सब कुछ, जिसमें आप ट्रम्प को भी राष्ट्रपति बना सकते हैं। एक चीज़ जिसकी कमी खलती है, वह यह कि अब तक जो सभ्य वाद-विवाद होता था, और जो हमारे प्रजातंत्र की विशेषता थी, वो धीरे-धीरे कम होती जा रही है।" इसके साथ ही अनिरुद्ध ने हमसे विदा ली। रात होने को आई और हमें भी रात्रि विश्राम के लिए बुकिंग बाबा की सेवाओं का उपयोग करना था।

अगले दिन मुलाक़ात तय थी अपने मित्र से जो कुछ महीने पहले ही गूगल इंडिया से तबादला कराकर बे एरिया में आया था। मैंने उससे पूछा कि क्या उसके कुछ साथियों से चुनाव को लेकर बात हो सकती है। मैंने उसे बताया कि मैं जो यात्रा कर रहा हूँ उसका मक़सद इस चुनाव पर लिखना है। उसका जवाब आया, "तुमसे मिलकर अच्छा लगेगा, चाहो तो मेरे यहाँ रुक सकते हो, पर अफ़सोस तुम्हारी किताब के लिए मैं या मेरे साथी किसी काम नहीं आ सकते। हम आधिकारिक रूप से या किसी और तरह से भी कुछ नहीं बोलेंगे। पर तुमसे मिलने का इंतज़ार रहेगा।"

तय हुआ कि हम सैंटा क्लैरा के एक मॉल में दोपहर 12 बजे मिलेंगे। उससे बात करके सोचा कि ये इंटर्नेट कम्पनियाँ भी कमाल की हैं, जहाँ एक ओर यह दलील देती हैं कि इन्होंने अभिव्यक्ति की आज़ादी को नया आयाम दिया है और हर किसी को आवाज़ दी है, वहीं दूसरी ओर ये अपने कर्मचारियों के बोलने पर सख़्त पाबन्दी लगाकर रखती हैं।

तय समय पर अगले दिन मैं अपने मित्र से मिलने पहुँचा। उसके साथ उसका एक सहकर्मी भी था जो कैलिफ़ोर्निया का ही था।

मैंने दोनों से अपने रात के ख़याल के बारे में कहा तो वे हँसने लगे। मेरे मित्र के सहकर्मी ने कहा, "आप कुछ ज़्यादा ही सोचते हैं। देखिए,

यह बे एरिया है, हम यहाँ अपने सपने साकार करते हैं, न कि भावनाओं में बहते हैं। आप तीनों बड़ी कम्पनियों—ट्विटर, फ़ेसबुक और गूगल को ही देख लीजिए। ये तब भी अपने ही सपने साकार कर रही थीं और आज भी, यूज़र्स तो बस ज़रिया भर हैं।"

बड़ी सरलता के साथ बीयर गटकते हुए बन्दा यह बात बोल गया।

मैंने उससे पूछा, "चलिए तकनीक और काम को छोड़कर एक आम अमेरिकी की तरह क्या हम आज के हालात पर बात कर सकते हैं?"

"आप पत्रकार लोग भी न, हमारे संस्थापकों से ज़्यादा हटकर नहीं हैं। आप कैसे भी करके अपने सवाल का जवाब खोजने का प्रयास करेंगे, या तो जवाब निकाल लेंगे नहीं तो हमारे जवाबों से कयास लगाएँगे।" बीयर वाला भाई बोला, "देखिए, मैं कैलिफ़ोर्निया से हूँ, यहाँ डेमोक्रेट्स का बोलबाला है, यह नीला राज्य है और शायद इसीलिए यहाँ ख़ुशहाली और उन्नति है। हम लोग मेहनत करते हैं, ज़्यादा टैक्स भरते हैं और एक आदर्श जीवन जीते हैं। अगर यहाँ डेमोक्रेट्स नहीं होते तो हम भी अभी शायद मेन (न्यूयॉर्क के नॉर्थ में बसे एक शहर) के घोस्ट टाउन की तरह होते। वहाँ रहना कठिन है। वहाँ कोई नहीं जाता, कोई काम-धाम नहीं है।"

उसकी बातों में एक महानगर का दम्भ झलक रहा था।

"क्या दूसरे राज्यों मैं ऐसा नहीं है?"

"नहीं। यहाँ हर राज्य के अलग-अलग क़ायदे-क़ानून हैं। और मेरा यह मानना है कि सभी को हमारी तरह ही होना चाहिए। समय आ गया है कि देश में एक जैसे क़ानून हों।"

"पर क्या इससे अमेरिका की विविधता ख़त्म नहीं हो जाएगी?"

"इस विविधता का क्या फ़ायदा, आप पिछले चुनावों का नतीजा ही देख लीजिए। छोटे-छोटे राज्यों से जीतकर, कम वोट लाकर भी एक सरफ़िरा व्यक्ति देश के सर्वोच्च पद पर जा बैठा। क्या यह नियम-क़ायदों का फ़ायदा उठाना नहीं हुआ? मेरी नज़र में इलेक्टोरल कॉलेज के सिस्टम

में बदलाव आना चाहिए। प्रजातंत्र संख्याबल से चलता है और पिछली बार संख्याबल जिसके साथ नहीं था, वह भारी मतों से जीत गया। यह कैसा प्रजातंत्र है?"

उसकी आवाज़ में एक ग़ुस्सा था।

"आपकी बात सही है, पर क्या यह भी उतना ही सही नहीं कि, जिस तरह के चुनाव की आप बात कर रहे हैं उसमें जो छोटे-छोटे राज्य हैं उनकी आवाज़ का कोई महत्त्व नहीं रह जाएगा। फिर तो कोई भी 10 से 12 बड़े राज्यों पर ध्यान केन्द्रित कर बहुमत हासिल कर सकता है। मेरी नज़र में 240 साल पुराना यह सिस्टम ठीक है, और एक अपवाद से यह ग़लत नहीं हो जाता।" मैंने कहा।

"चलिए, आपको ऐसा लगता है तो यही सही।" उसने कहा।

"एक बात बताओ दोस्त, क्या आपको लगता है कि ट्रम्प के मुक़ाबले में बाइडन एक सही उम्मीदवार हैं?" मैंने चान्स लेते हुए पूछा।

"यह इस पर निर्भर करता है कि आप उन्हें किस पैमाने पर जज करते हैं।" बीयर वाले भाई ने जवाब दिया।

"मेरे पैमाने कोई मतलब नहीं रखते।" मैंने कहा।

"ऐसी बात नहीं, यह उनकी उम्र और उनका तजुर्बा, और गोरे बुज़ुर्ग अमेरिकी वोटर वर्ग को ध्यान में रखते हुए लिया गया निर्णय है। पिछले चुनाव में हिलरी उस वोटर वर्ग को आकर्षित नहीं कर पाईं और यह वोटर वर्ग आज भी अमेरिका में बहुसंख्यक हैं। पेंसिलवेनिया तो बाइडन जीत ही जाएँगे और विस्कॉन्सिन और मिशिगन का मिड वेस्टर्न इलाक़ा जहाँ पिछले चुनाव में हिलरी समर्थन नहीं जुटा पाईं, वहाँ बाइडन कारगर साबित होंगे।" उसने कहा।

"आप कमला हैरिस को कैसे देखते हैं, वे तो कैलिफ़ोर्निया से ही सीनेट की सदस्य हैं?"

"देखिए, आप भारतीय हैं और उनको लेकर आपकी उत्सुकता

स्वाभाविक है, मैं भले ही उनके बारे में अच्छा बोल दूँ, पर सच तो यह है कि राष्ट्रीय राजनीति में उन्हें अभी ज़्यादा लोग जानते नहीं हैं। वे अफ्रीकी और भारतीय मूल की अमेरिकन हैं और पार्टी की सोच है कि वे इन दोनों मूल के वोटरों को अगर अपनी ओर कर पाईं तो चुनाव जीतना मुश्किल नहीं होगा। पिछली बार अश्वेत वोटरों ने डेमोक्रेट्स का साथ नहीं दिया था, वे वोटिंग करने ही नहीं निकले। इस बार कमला उन्हें अगर बूथ तक ले आने में सफल हुईं तो बाइडन की जीत तय है।" उसने कहा।

"मैं बातों-बातों में काफ़ी कुछ बोल गया जो मुझे नहीं बोलना था। उम्मीद करता हूँ, बातचीत आपके काम की होगी, फिर भी आपसे अनुरोध है कि मेरा नाम ज़ाहिर न करें। और सुनिए, ज़रा चैनल 4, लंदन की एक डॉक्यूमेंटरी ज़रूर देखिएगा कि किस तरह 2016 में केम्ब्रिज एनलिटिका के साथ मिलकर किस तरह डोनाल्ड ट्रम्प ने अश्वेतों को पोलिंग बूथ से परे रखा था। आप हैरान हो जाएँगे।"

"मैं ज़रूर देखूँगा," यह कह मैंने उसे आश्वस्त किया कि मैं उसका नाम साझा नहीं करूँगा। इसके बाद हमने उनसे इजाज़त ली।

हमारा अगला पड़ाव है हॉलीवुड साइन, लॉस एंजेलस। क़रीब साढ़े पाँच घंटे का सफ़र तय करना है। हम चार बजे निकले। हमारा अनुमान था कि रात क़रीब 10 बजे तक पहुँच ही जाएँगे।

आईटी कम्पनी के कर्मचारी के कहे अनुसार मैंने यू ट्यूब पर रास्ते में 'रीवील्ड : ट्रम्प कैम्पेन स्ट्रैटेजी टू डेटर मिलियंस' डॉक्यूमेंटरी देखी।

इस डॉक्यूमेंटरी चैनल 4 के रिपोर्टर कृष्णा गुरुस्वामी ने कमाल की खोजी पत्रकारिता दिखाई है। गुरुस्वामी दिखाते हैं कि किस प्रकार, ट्रम्प कैम्पेन ने वोटरों की जो भी सूचना और उनसे जुड़ी अन्य जानकारियाँ उपलब्ध थीं उन्हें लेकर, उनके मूड का विश्लेषण किया। फिर उनके अनुकूल विज्ञापन उनके सोशल मीडिया पर डाले और उनके वोटिंग को प्रभावित किया। उन्हें यह तक पता था कि किस वोटर के पास कोई पालतू

जानवर है, या कौन वोटर शादी करने वाला है या फिर कौन माता-पिता बनने की सोच रहे हैं।

इन सूचनाओं को वे अलगोरिथम में डालकर वोटर की श्रेणी तय करते, फिर यह निश्चित करते कि किस श्रेणी के वोटर को क्या मैसेज भेजना है और वह उसके व्यवहार को कैसे प्रभावित करेगा। कैम्पेन ने क़रीब 5 टेरा बाइट डेटा इकट्ठा किया, उन्हें 5000 पैरामीटरों पर परखा और उससे मिले नतीजों के आधार पर अपनी रणनीति बनाई।

उन्होंने 16 बैटल ग्राउंड राज्यों में यह तरीक़ा अपनाया। मिशिगन, विस्कॉन्सिन, मिल्वॉकी और जॉर्जिया पर उनका सबसे ज़्यादा ध्यान था।

वोटरों को मूलत: 8 श्रेणियों में बाँटा गया। ट्रम्प के समर्थक तीन तरह के थे—बड़े समर्थक, शान्त समर्थक और गेट आउट टू वोट (इस तीसरी श्रेणी पर उन्हें ज़्यादा काम करना था ताकि वे बाहर निकलें और वोट करें)। ठीक इसी तरह हिलरी क्लिंटन के समर्थकों को भी तीन श्रेणियों में बाँटा गया—प्रबल समर्थक, डिस एंगेज्ड समर्थक और डेटेरेंट (हताश)। इन तीसरी श्रेणी के वोटरों को उन्हें प्रभावित करना था। इनके अलावा थे, डेड वोट्स, जो किसी की तरफ़ भी नहीं झुकेंगे और अनडिसाइडेड। इसमें दूसरी वाली श्रेणी को प्रभावित कर ट्रम्प की ओर लाना था।

मिसाल के तौर पर जॉर्जिया में 31 प्रतिशत वोटर अश्वेत थे जिसमें से 64 प्रतिशत हताश श्रेणी में रखे गए, नॉर्थ कैरोलिना में 22 प्रतिशत वोटर अश्वेत थे जिनमें से 46 प्रतिशत हताश श्रेणी में रखे गए और मिशिगन में अश्वेत वोटर 15 प्रतिशत थे जिसमें 33 प्रतिशत को हताश श्रेणी में रखा गया। इसी तरह बाक़ी 13 राज्यों में भी वोटरों को बाँटा गया।

इन सबको जोड़ने पर क़रीब 35 लाख वोटर होते थे और सभी अश्वेत थे। इनमें एशियाई, लैटिन और बाक़ी अल्पसंख्यक को भी जोड़ लेने पर इनकी संख्या 54 लाख हो जाती थी।

गुरुस्वामी विस्कॉन्सिन के सबसे ग़रीब इलाक़े में पड़ने वाले वार्ड

नम्बर 116 में जाते हैं। वहाँ 1440 वोटर रहते हैं। इनमें से 80 प्रतिशत अश्वेत हैं। इनमें से 44 प्रतिशत हताश श्रेणी के यानी कि 633 वोटर। इन हताशों में से 405 वोट करने ही नहीं गए।

आप यहीं के वार्ड 111 को भी देखिए, यहाँ 147 लोगों को हताश चिह्नित किया गया जिनमें से सिर्फ़ 60 ने वोट दिया।

इन छोटे-छोटे वोटरों को जोड़ें तो समझ आता है कि ट्रम्प ने विस्कॉन्सिन जो कि मूलत: ब्लू स्टेट है उसे 23,000 वोटों से जीत लिया।

ज़रा सोचिए, सोशल मीडिया ने यहाँ के प्रजातंत्र पर कितना घातक प्रहार किया है। गुरुस्वामी की रपट के हिसाब से ट्रम्प कैम्पेन ने 44 मिलियन डॉलर फ़ेसबुक विज्ञापनों पर ख़र्च किया।

ये डरा देने वाले आँकड़े और रिपोर्ट हैं, सिर्फ़ अमेरिका के लिए ही नहीं बल्कि सभी लोकतंत्रों के लिए। क्योंकि जो आज अमेरिका में होता है वही दुनिया में और अगले तीन साल बाद भारत के चुनावों में भी होते देखा जाता है।

हम थोड़ी देर में पेट्रोल लेने रुके। वहाँ हमारी कार के पीछे दो युवा काफ़ी तेज़ आवाज़ में गाने सुन रहे थे।

पेट्रोल स्टेशन पर मशीन चालू नहीं हो रही थी, मशीन हमारे कार्ड को ले नहीं रही थी। हमें संघर्ष करते हुए देखकर एक लड़का हमारे पास आया।

उसने मशीन में कुछ किया, जिसके बाद वह स्टार्ट हो गई। हमने उसका शुक्रिया किया। उसका नाम केलिन पॉवल था। वह 24 वर्ष का था और कंस्ट्रक्शन वर्कर था।

मेरा परिचय सुनकर वह उत्साहित होकर बोला, "रोमांचक सफ़र है आपका, आपको क्या लगता है? ट्रम्प या बाइडन?"

"कहना मुश्किल है, चुनाव हमेशा रोचक होते हैं, पर सर्वे-नतीजों के विपरीत मुक़ाबला कड़ा रहेगा।" मैंने कहा।

"आपको क्या लगता है, यहाँ तो बाइडन ही जीतेंगे, पर मुझे ट्रम्प

पसन्द हैं।" केलिन बोला।

डेमोक्रेटिक राज्य में ट्रम्प के बारे में सुनना भी अजीब लगता है।

"तुम क्यों सपोर्ट करते हो ट्रम्प को?"

"मुझे लगता है कि वे बेहतर हैं बाइडन से, बिज़नेसमैन हैं, उन्हें बिज़नेस की समझ है और वे कड़े फ़ैसले ले सकते हैं। सबसे बड़ी बात, वे राजनेता नहीं हैं।" केलिन एक ही साँस में बोल गया, "मेरी सौतेली माँ यहाँ रिपब्लिकन कार्यकर्ता हैं और यह जानते हुए भी कि ट्रम्प का जीतना असम्भव है, वे यह कहते हुए उनका समर्थन करती हैं कि, वोट माँगना हमारा हक़ है। और हमें अपनी सोच लोगों तक ले जानी चाहिए।"

"तो क्या है ट्रम्प की सोच आपकी नज़र में?"

"वे प्रगतिशील हैं, अमेरिका को अपनी प्राथमिकता मानते हैं और चाहते हैं कि सबके पास अच्छा जीवन जीने के लिए पर्याप्त पैसा हो।" केलिन ने कहा।

"पर उनकी सोच में अलगाव और अराजकता भी है, वे लोगों को बाँटते हैं?"

"मुझे ऐसा नहीं लगता। ऐसा कुछ भी नया उन्होंने नहीं किया जो पहले नहीं होता रहा हो।" केलिन बोला।

"क्या आपको लगता है कि उन्होंने इस महामारी का सामना बेहतर ढंग से किया है?"

"वे जो कर सकते थे उन्होंने किया। कहीं भी वायरस का इलाज अभी तक नहीं है। उन्होंने महामारी से उपजे हालात में लोगों को जीवन चलाने के लिए पैसे दिए।" केलिन ने कहा।

"क्या यह पर्याप्त है?"

"नहीं। सरकार बेहतर कर सकती थी, और व्हाइट हाउस और राज्यों में बेहतर संवाद होता तो लोगों की जान नहीं जाती। अफ़सोस की बात यह है कि एक बीमारी से लड़ने की जगह हम आपस में लड़ते रहे।" केलिन

ने कहा, "पर मुझे लगता है जिस तरह से ट्रम्प ने लॉकडाउन का विरोध किया और ख़ुद आगे रहकर वायरस का सामना किया, उससे लोगों को हिम्मत मिली, मुझे तो ज़रूर मिली। मैं अलग-अलग साइट्स पर काम करने जाता हूँ। पहले मैं भी सबकी तरह बहुत घबराया हुआ था। पर जब मैंने उन्हें देखा कि वे बिना डरे काम कर रहे हैं तो मैं भी दो महीने बाद काम पर लौट आया।"

हमारी बातचीत चल ही रही थी तब तक केलिन का साथी कार लेकर आ गया और उसने अलविदा कहा। जाते-जाते उसने कहा, एलए जाते वक़्त रास्ते में पेबल बॉय आएगा वहाँ आप रुकना।

यह सुन अकील के चेहरे पर मुस्कान आ गई और हम भी निकल पड़े।

लगभग आधा घंटा तक चलने के बाद समुद्र की लहरों की आवाज सुनाई दी। थोड़ा और आगे बढ़ने के बाद छलाँगें मारता समुद्र सामने था और वहाँ कोई भी नहीं था। कमाल के लोग हैं, बीच के ठीक सामने घरों की क़तार है, अभी शाम 6 ही बजे हैं और बीच ख़ाली है। शायद इन लोगों के लिए यह आम बात है।

क़रीब 15-20 मिनट हम भी रुके और फिर आगे चल पड़े।

आधी रात के क़रीब हम अमेरिका की माया नगरी लॉस एंजेलस पहुँच गए! हॉलीवुड का शहर। हम हॉलीवुड साइन से क़रीब तीन मील की दूरी पर रुके थे, और अपनी विश्वव्यापी ख्याति के विपरीत यह शहर अभी शान्त पड़ा था। जैसा कि स्कूल में बच्चों को टीचर कहते हैं—पिन ड्रॉप साइलेंस, कुछ वैसी ही शान्ति यहाँ महसूस हो रही थी।

होटल का दरवाज़ा बन्द था, घंटी बजाने पर एक लड़का रिसेप्शन पर आया और दरवाज़ा खुला। हम अपना फ़ॉर्म भर ही रहे थे कि उसने पूछा, "कहाँ से आ रहे हैं आप? इतनी रात कैसे पहुँचे?"

हमने अपने आने का कारण बताया और कहा, "हम ड्राइव कर रहे थे तो देर हो गई।"

"आप लोग ख़ुद ड्राइव कर रहे हैं?" उसने आश्चर्य से पूछा और घंटी बजाई।

आवाज़ सुन एक महिला बाहर आई तो उस लड़के ने उत्सुकता से हमारे बारे में उसे बताया।

"क्या यह आपका अपना होटल है?" मैंने पूछा।

"नहीं। मेरा नाम नोएल है और यह मेरी बड़ी बहन नैन्सी है। हम यहाँ होटल की देखरेख करते हैं।" उसने कहा।

"कब से?"

"मुझे दो साल हुए हैं और दीदी यहाँ पाँच साल से हैं।" नोएल बोला।

"क्या यहाँ पढ़ते हो?"

"नहीं। मैं स्कूली पढ़ाई पूरी कर चुका हूँ और दीदी भी।"

"क्या तुम यहीं से हो?" मेरा अगला सवाल था।

"नहीं। हम पास ही रहते हैं, डेलानो में।"

"यह जब भी यात्रियों से मिलता है उत्साहित हो जाता है। अभी बच्चा है, आप इसके सवालों का बुरा मत मानिएगा।" नैन्सी ने अपने भाई की पैरवी की।

"डेलानो कैसी जगह है, क्या करते हैं आप लोग वहाँ?"

"डेलानो में एक छोटा क़स्बा है अर्लीमार्ट, हम वहीं से आते हैं। यहाँ से क़रीब 150 मील दूर है यह जगह, और इतनी छोटी कि गाड़ी से महज़ 15 मिनट में आप पूरा क़स्बा घूम लेंगे। खेती के अलावा वहाँ कुछ नहीं है और इसीलिए आजकल हम लोग वहाँ से बाहर निकल रहे हैं।" नैन्सी ने कहा।

"आप यहाँ पढ़ने आई थीं या काम करने?"

"कहने को तो पढ़ने आई थी, साइकोलॉज़ी मेरा विषय था, पर पढ़ाई बीच में ही छोड़नी पड़ी।" इतना बोल वो वापस अन्दर चली गई।

नोएल के चेहरे पर अभी भी जिज्ञासा देख मैं उससे बात करने के लिए

रिसेप्शन पर रुक गया।

"तुम कहाँ-कहाँ गए हो अमेरिका में?" मैंने पूछा।

"सिर्फ़ यहीं और अपने घर।" उसने बताया।

"यह सुनकर मुझे हैरत हुई।"

"चौंकिए मत। मेरे यहाँ से अधिकतर लोगों ने अपने क़स्बे के बाहर कुछ नहीं देखा और जो भी बाहर निकले वो सिर्फ़ काम के लिए। घूमना, लगता है हमारी क़िस्मत में नहीं है।" उसने निराशा के साथ कहा।

"अरे तुम्हारा समय भी आएगा। मैं भी तुम्हारी उम्र में कहीं नहीं निकला था।" मैंने उसका मूड ठीक करने के लिए कहा। फिर पूछा, "तुम्हें एलए कैसा लगा। दो सालों में कुछ बदला क्या?"

"अब यहाँ बेघर ज़्यादा दिखते हैं। पहले ऐसा नहीं था।" नोएल ने कहा। "अब रात को बाहर निकलो तो डर लगता है।"

"किसका डर?"

"अपराध बढ़ रहे हैं, हिंसा भी अधिक हो गई, पता नहीं शहर को क्या हुआ।"

"क्या पहले ज़्यादा शान्ति थी?"

"ऐसा नहीं है, जब पहले दीदी घर आती थी तो यहाँ के बारे में बहुत उत्साह के साथ बताती थी, कॉलेज के बारे में, लोगों के बारे में, बड़े शहर के बारे में, पर यह सब साल-भर तक ही रहा, फिर हालात बदलने लगे। उसका स्कूल छूट गया और हम सात लोगों का घर खेती के बल पर नहीं चल पाता, इसलिए मैं भी यहाँ आ गया हाथ बँटाने के लिए।" नोएल बोला।

"जब मैं यहाँ आया था तो यहाँ की चकाचौंध आकर्षित करती थी, हॉलीवुड की कहानी जैसा लगता था यह शहर, पर कुछ महीनों में मैं भी यहाँ मानो मशीन जैसा ही हो गया।" उसने कहा।

"अब क्या करना चाहते हो?"

"मैं तो बस इतना चाहता हूँ, कि अगले 3-4 सालों में इतना पैसा जमा कर लूँ कि अपने क़स्बे वापस चला जाऊँ और वहाँ एक स्टोर खोल लूँ। वहाँ कम लोगों के बीच भी ज़िन्दगी है और यहाँ भीड़ में भी ख़ालीपन का अहसास।"

तभी अन्दर से नैन्सी ने अपने भाई को आवाज़ दी और वह शुभ रात्रि बोलकर चला गया।

8

लॉस वेगास

15-18 अक्तूबर, 2020

एक सड़क है छह किलोमीटर लम्बी, जिस पर हर साल, भारत में साल-भर में आने वाले सैलानियों के मुक़ाबले चार गुना ज़्यादा सैलानी आते हैं। जी, ठीक पढ़ा आपने, भारत के मुक़ाबले चार गुना अधिक सैलानी। यह सड़क है नेवाडा राज्य के शहर लॉस वेगास में और इसे स्ट्रिप भी कहते हैं।

जहाँ भारत में कोविड से पहले, साल-भर में औसतन 1 करोड़ सैलानी आते थे, वहीं वेगास में यह आँकड़ा 4 करोड़ 20 लाख के क़रीब था। आख़िर ऐसा क्यों है? इस शहर के बारे में कहा जाता है कि आप जिस किसी भी चीज़ की कल्पना कर सकते हैं; या जो भी आप सोच सकते हैं वह सब आपको वेगास में मिल जाएगा। सात साल पहले जब मैं यहाँ पहली बार आया था, तो विमान से उतरने के बाद इससे पहले कि मैं अपना सामान लेने कन्वेअर बेल्ट तक पहुँचता, कसीनो मशीनें मेरा इंतज़ार कर रही थीं। ताकि सामान लेने से पहले ही उसके ज़रिये आप अपना भाग्य आज़मा सकें। पर इस बार मैं सड़क मार्ग से यहाँ पहुँच रहा हूँ।

दुनिया-भर में इस शहर को सिन सिटी के नाम से भी जाना जाता है। लेकिन मेरे लिए यह शहर सात समुंदर पार बसा घर है, क्योंकि मेरे बड़े

भाई यहाँ रहते हैं।

महँगे होटल, आलीशान कसीनो, बड़े-बड़े रिसॉर्ट, लम्बी-लम्बी लीमोजिन, दुनिया-भर के क्यूज़ीन, विलासिता के नाम पर आपके ज़ेहन में जो भी आए, यहाँ वह सब और उससे भी अधिक ही मिलेगा। यह वह शहर है जहाँ आना कई लोगों की 'टू डू' लिस्ट में सबसे ऊपर आता है। मेरे पास भी वेगास के लिए एक 'टू डू' काम है, वह है अपने बचपन के आइकॉन, टेनिस प्लेअर आंद्रे अगासी से मिलना और उनके द्वारा स्थापित आंद्रे अगासी फ़ाउंडेशन जाना, जहाँ वे उन बच्चों को शिक्षा देते हैं जो ऐसा करने में समर्थ नहीं हैं। मैं उनके जैसे बाल रखने का हमेशा प्रयास करता रहा पर उतने लम्बे बाल कभी नहीं रख पाया। मगर अब मेरे और मेरे आइकॉन का हेयर स्टाइल हूबहू एक जैसा है, बिना हेयर का।

वेगास के स्थानीय समय के अनुसार रात के क़रीब 9 बज रहे हैं और हम शहर में प्रवेश कर रहे हैं। यहाँ के वे प्राणी जिनकी बदौलत इस शहर को सिन सिटी नाम मिला है, वे अब शहर में निकलने के लिए जग चुके होंगे। थोड़ी-बहुत चहल-पहल दिख रही है पर हम स्ट्रिप के बजाय सीधे घर पहुँच रहे हैं।

मेरे बड़े भाई डॉक्टर सुनील कल्ला, नामी कार्डियोलॉजिस्ट हैं। वे क़रीब दो दशकों से यहाँ रह रहे हैं। सोसायटी के प्रवेश पर हमारा नाम पहले से लिखवाया जा चुका है। वहाँ हमारी गाड़ी को जाँच कर, अन्दर प्रवेश करने की इजाज़त दे दी गई। अन्दर क़रीब डेढ़ मील तक चलने के बाद हम घर पहुँचते हैं। रिहायशी कॉलोनी होने के बावजूद इस वक़्त यहाँ सन्नाटा है। कोई भी अपने घर से बाहर नहीं है। कोई आवाज़ नहीं, बस शान्ति। इतनी ख़ाली जगह भारत में किसी भी कॉलोनी में मिलना असम्भव है, क़रीब इतने ही इलाक़े में रमगंज बसा हुआ है, जितने में यहाँ सिर्फ़ यह एन्थम सोसायटी, अकील ने टिप्पणी की। वह अमेरिका आने से ठीक पहले रमगंज में कोविड मैनेजमेंट टीम का नोडल अफ़सर था।

घर पहुँचते ही पहला रुख़ शॉवर की ओर किया, वहाँ से बाहर निकलकर मैं सबसे पहले अपने दो भतीजों आदित्य और यश से मिला। सात साल में वे काफ़ी बड़े हो गए हैं। अलका भाभी ने खाना बना रखा है और बिना समय गँवाए हम भोजन के लिए बैठ गए।

यादव जी के चेहरे की मुस्कान आज कुछ और ही है। घर पहुँचकर मुझसे ज़्यादा वे प्रसन्न हैं। उन्हें अमेरिका में शाकाहारियों के लिए मिलने वाला भोजन बिलकुल नापसन्द है।

सुनील भाई साहब से बड़ा ट्रम्प समर्थक मैंने अभी तक नहीं देखा है। पूरे रास्ते उनसे ट्रम्प कैम्पेन के व्हाट्सएप्प के बारे में कुछ-न-कुछ पता चलता रहता था। मैंने अपने सहयात्रियों को बोल रखा था, अगर घर पर ट्रम्प विरोधी कुछ भी बोला तो खाना नहीं मिलेगा। और अब हम खाने की टेबल पर थे। इससे पहले कि मैं उनसे कुछ पूछना शुरू करता, भाभी ने पहले ही बता दिया, खाने के वक़्त कोई भी चुनावी बात नहीं होगी।

खाने के बाद मेरा पहला प्रश्न था, "ट्रम्प ही क्यों?"

"यह समय की माँग है। अमेरिका के लिए सबसे उपयुक्त व्यक्ति अभी डोनाल्ड ट्रम्प ही हैं। वे व्यापार को बेहतर सँभाल सकते हैं। अमेरिका ने जो बिना वजह सेना कई इलाक़ों में भेज रखी है उसे वे वापस बुला रहे हैं। उनके कार्यकाल में हमने कोई नया युद्ध नहीं छेड़ा और सबसे बड़ी बात डेमोक्रेट्स भ्रष्ट हैं, ऊपर से नीचे तक। भ्रष्टाचार के कारण ही वे मुझे सबसे ज़्यादा नापसन्द हैं क्योंकि उनके शासन में भ्रष्टाचार चरम पर होता है। उनका बस चले तो वे लोग अमेरिका को चीन के हाथों बेच दें। उनका कैम्पेन वहीं से फंड होता है, बाइडन के बेटे की चीनी कम्पनियों में हिस्सेदारी है।" वे एक ही साँस में बोल गए।

"पर चीनी कम्पनियों के साथ बिज़नेस तो कोई भी कर सकता है; क्यों?" मैंने पूछा।

"ज़रूर कर सकता है, पर जब आप ऑफ़िस में होते हैं तो किक बैक

नहीं लेते। हंटर के लैपटॉप से जो मेल बाहर आ रहे हैं उनसे साफ़ है कि भ्रष्टाचार हुआ है। पिछले चुनाव में भी, इलेक्शन डे से पहले विकिलीक्स ने हिलरी क्लिंटन के मेल साझा किए थे, इस बार हंटर का नम्बर लगा है। तू देखना, आगे-आगे क्या होता है।" सुनील भाई साहब ने कहा।

"मैं ज़्यादातर राजनीति से दूर रहता हूँ, अपने काम से काम रखता हूँ। पिछली बार भी मैंने वोट इलेक्शन डे तक नहीं डाला था, पर उस दिन शाम को देखा कि मुक़ाबला काँटे का हो रहा है और ट्रम्प पिछड़ रहे हैं तो मैं फटाफट अपने पोलिंग बूथ पर पहुँचा, पर जब लगा वहाँ नम्बर नहीं आएगा तो दूसरे बूथ पर गया और ट्रम्प को वोट किया। मैं भ्रष्ट हिलरी को जीतता नहीं देख सकता था।" उन्होंने कहा।

अभी तक मैंने जितने भी ट्रम्प समर्थक देखे वे सब श्वेत, अधेड़ या बुज़ुर्ग पुरुष थे, पर यहाँ मैं भारतीय मूल के एक सफल डॉक्टर से बात कर रहा था। यह दर्शाता है कि ट्रम्प फेनोमिनन को मानने वाले और भी कई लोग हैं।

"क्या आप मुझे कुछ और लोगों से यहाँ मिला सकते हैं जो राजनीति से जुड़े हों?" मैंने पूछा।

"मैं कोशिश करता हूँ। यहाँ नेताओं से और उनके समर्थकों से दूर ही रहना ठीक है, जब भी उनसे मिलोगे वे सिर्फ़ एक काम करेंगे, "चंदा माँगने लगेंगे।" उन्होंने हँसते हुए कहा।

रात काफ़ी हो चुकी थी। बात का रुख़ बदलते हुए उन्होंने पूछा, "तुम लोग स्ट्रिप पर जाना चाहोगे?"

"अब देर हो चुकी है।" मैंने कहा।

"यह वेगास है। यहाँ कभी देर नहीं होती, पर तुम लोग देख लो। मैं सुबह कोशिश करता हूँ कि तुम कुछ ऐसे लोगों से मिल लो जो राजनीति से जुड़े हुए हैं।" उन्होंने मेरी बात से असहमति जताई, पर हम पर दबाव नहीं डाला। हमने रात-भर के लिए उन्हें अलविदा कहा।

सुबह भाई साहब ने स्वदीप निगम का नम्बर दिया। स्वदीप रिपब्लिकन पार्टी से जुड़े हैं। उन्होंने मुझसे कहा कि वे इंडिया स्टोर पर कुछ लोगों से मिलने वाले हैं और हम भी वहाँ दोपहर 12 बजे उनसे मिल सकते हैं।

'मैक कैरेन' एयरपोर्ट के पास एक बड़ा डिपार्टमेंटल स्टोर है—इंडिया स्टोर। वेगास में इसके होने की कल्पना मैंने नहीं की थी। स्टोर में अन्दर पहुँचते ही भारतीय मसालों की महक आपको एक ही क्षण में वेगास से बाहर निकाल देती है, आवाज़ का डेसिबल लेवल ऊँचा है, कई लोग ज़ोर से बातें करते हुए दिखाई पड़ रहे हैं। स्टोर के अन्दर दाईं तरफ़ कैफ़े है जहाँ तीन लोगों ने एक टेबल पर रिज़र्व का साइन लगा रखा है और तीन कुर्सियाँ ख़ाली पड़ी हैं। मैं निगम साहब को पहचान लेता हूँ, यहाँ आने से पहले मैंने उन्हें गूगल पर सर्च किया था।

वे वकालत करते हैं, और अभी 3 नवम्बर को होने वाले चुनावों में नेवाडा सिस्टम ऑफ़ हायर एजुकेशन में बोर्ड मेम्बर बनने के लिए डिस्ट्रिक्ट-3 से निर्दलीय प्रत्याशी हैं।

निगम मुझे देख, उठकर अभिवादन करते हैं। उनके साथ हैं फय्याज राजा, जो डेमोक्रेटिक पार्टी के साथ काम करते हैं; और सय्याद ज़ैदी साहब, जो डिस्ट्रिक्ट 42 से स्टेट असेम्बली के लिए निर्दलीय लड़ रहे हैं।

"यहाँ आते ही लगता है हम भारत पहुँच गए।" मैंने कहा।

"पर आप तो घर पर ही रह रहे हैं, आपको यहाँ ज़्यादा असहज नहीं लगेगा।" निगम ने कहा।

मैंने अपने साथियों का परिचय दिया और निगम ने बताया कि फय्याज साहब पाकिस्तान से हैं और ज़ैदी साहब मुम्बई से। ये दोनों डेमोक्रेटिक पार्टी से नाता रखते हैं, पर अभी ज़ैदी निर्दलीय स्टेट असेम्बली के लिए डिस्ट्रिक्ट 42 से लड़ रहे हैं।

"डेमोक्रेट हैं, पर निर्दलीय क्यों?" मैंने पूछा।

"हमारी पार्टी की समलैंगिकों को लेकर जो पॉलिसी है, उससे मैं

सहमति नहीं रखता। उन्हें सपोर्ट करती है, जो मेरे निजी और धार्मिक विचारों के ख़िलाफ़ है।" ज़ैदी ने कहा।

"तो क्या यह एक कारण काफ़ी है पार्टी से नाता तोड़ने के लिए?" मैंने पूछा।

"यह एक बड़ा कारण है, और मुझे लगता है कि मेरे समर्थक मुझे वोट नहीं करेंगे अगर मैंने पार्टी का इस मुद्दे पर समर्थन किया।" उन्होंने कहा।

"अभी चुनाव का क्या माहौल है? आप लोग क्या कुछ कर रहे हैं?"

"हर तरफ़ राष्ट्रपति चुनाव की धूम है, पर हम लोग एक-दूसरे की मदद कर रहे हैं, लोकल चुनावों के लिए।" निगम ने कहा।

"शायद आपको पता हो, यहाँ पर हम 3 नवम्बर को केवल राष्ट्रपति ही नहीं चुनेंगे, बल्कि हम अपने राज्य के हर छोटे-से-छोटे पद के लिए भी नुमाइंदों को चुनेंगे। हमारे यहाँ चुनावों की सबसे ख़ास बात यही है कि सबसे बड़ा पद हो या सबसे छोटा, सभी के लिए नुमाइंदे एक बैलेट पेपर पर एक ही दिन चुने जाते हैं। मिसाल के तौर पर मैं एजुकेशन बोर्ड का मेम्बर बनने के लिए खड़ा हुआ हूँ।" निगम ने कहा।

"पर आप निर्दलीय क्यों खड़े हुए?"

"इस पद के लिए मेरी पार्टी से कोई खड़ा नहीं हो रहा था, वे इस पद पर दावा जताना नहीं चाहते थे इसीलिए मुझे अकेले चुनाव लड़ना पड़ रहा है। पर इसके साथ ही मैं वे सारे काम कर रहा हूँ जो पार्टी मुझे राष्ट्रपति चुनाव के सिलसिले में दे रही है। मैं मेल भेज रहा हूँ, एसएमएस टीम का हिस्सा हूँ, छोटे-छोटे फंड रेज़र्ज़ भी करवा रहा हूँ।" निगम ने कहा।

"कमाल की बात है, अपने यहाँ तो पार्टी ऐसा करने पर बाहर का रास्ता दिखा देती और आप पर बाग़ी होने का ठप्पा लग जाता।"

निगम शुरुआती दिनों से ही राजनीति से जुड़े हुए हैं, उन्हें नेवाडा में रहते 30 साल हो गए हैं। जब वे यहाँ आए थे तभी उन्होंने रिपब्लिकन पार्टी से नाता जोड़ लिया था अलग-अलग पदों पर रह चुके हैं। 2007

से 2009 तक वे क्लार्क काउंटी में पार्टी के ट्रेज़रर रहे। वे नेवाडा ईक्वल राइट काउंसिल के सदस्य भी रहे। अभी वे स्टेट ओस्टेओपैथिक मेडिसिन बोर्ड के सदस्य हैं।

बात को आगे बढ़ाते हुए, मैंने पूछा, "आप तीनों आपस में किस तरह एक-दूसरे की मदद करते हैं?"

"हम तीनों दो अलग-अलग पार्टियों से आते हैं, हमारी विचारधारा अलग है पर जहाँ सर्वोच पद के चुनाव में हम एक-दूसरे के सामने हैं, वहीं इन छोटे पदों के चुनाव में हम एक-दूसरे की मदद कर रहे हैं। डिस्ट्रिक्ट 3 में फय्याज और ज़ैदी मुझे गाइड कर रहे हैं, अपने जानकारों को मेरा समर्थन करने को कह रहे हैं, वहीं मैं अपने कॉन्टैक्ट ज़ैदी के लिए साझा कर रहा हूँ।" निगम ने कहा।

परसों अर्ली वोटिंग शुरू होने वाली है, अब आख़िरी पड़ाव है प्रचार का। और जब हम बात कर रहे थे तो तीनों में से किसी-न-किसी का फ़ोन बजता ही रहा। ज़ैदी अपनी लिस्ट पर कुछ-न-कुछ मार्क किए जा रहे थे। कुछ देर बाद वे उठ खड़े हुए और कहा, "मैं इजाज़त लूँगा।"

हम उन्हें अलविदा कहने बाहर तक आए। वे पार्किंग लॉट से थोड़ा आगे निकले जहाँ एक ट्रक खड़ा था, जिस पर उनकी तस्वीर लगी थी और बैलेट नम्बर लिखा हुआ था। ज़ैदी ख़ुद ही उसे चलाकर जाने लगे।

"आप ख़ुद ही चला रहे हैं?" मैंने पूछा।

"जी। मुझे इसे आगे मॉल पर पार्क करना है। मेरी मीटिंग भी वहीं है तो दो काम हो जाएँगे। जब ख़ुद से चुनाव लड़ना हो वह भी अपनी पार्टी के सामने तो जितना बजट कम कर सकते हैं उतना ही बेहतर।" यह कहकर ज़ैदी वहाँ से निकल गए।

ज़ैदी के जाने के बाद, मैं निगम और फय्याज एक साथ बैठे। तीस साल पुराने दोस्त, जो परस्पर विरोधी राजनीतिक विचारधाराओं में विश्वास रखते हैं और अलग-अलग पार्टियों से जुड़े हैं, पर दोनों में ज़रा भी कटुता

नहीं है। वे एक-दूसरे की मदद करते हैं और बड़ी शालीनता से बिना विवाद अपनी-अपनी बात रखते हैं।

"आप लोगों को क्या लगता है, अगले 15 दिन और उसके बाद क्या होगा?"

दोनों एक-दूसरे को देख मुस्कुरा दिए। यह पहले आप, नहीं पहले आप वाली अदा थी। दोनों एक-दूसरे को पहले बोलने के लिए कह रहे थे।

"देखिए, ज़ैदी जी तो चले गए, पहले फय्याज जी आप बोलिए।"

"मेरी नज़र में यह चुनाव अमेरिका के लिए बहुत अहम है। मुझे यहाँ नेवाडा में रहते 41 साल हो गए, मैंने कभी ऐसा राष्ट्रपति नहीं देखा। यह राष्ट्रपति इनसान को इनसान नहीं समझता। कुछ भी बोल देता है और जिस तरह विज्ञान और वैज्ञानिकों की बेइज़्ज़ती की है इसने इस महामारी में, उसका बड़ा ख़मियाज़ा भुगतना पड़ा है अमेरिका को।" फय्याज जी ने कहा।

उनका मानना है कि लोगों को अपने वोट जल्दी दे देना चाहिए ताकि 3 दिसम्बर को कोई भी अनिश्चितता नहीं रहे और स्पष्ट फ़ैसला आए। वैसे भी कल से अर्ली वोटिंग शुरू हो रही है, 35 स्थानों पर वोट डाले जाएँगे और अगले 15 दिन तक आप अपना मतदान कर सकते हैं।

"आपको क्या लगता है, नेवाडा किसे चुनेगा? यह अभी तक तो डेमोक्रेटिक राज्य है। क्या यह राज्य स्विंग करेगा? जैसा कि सुन रहे हैं?"

"मुझे नहीं लगता कि नेवाडा अपना रंग बदलेगा। यहाँ से बाइडन की जीत निश्चित ही मानिए। क्यों निगम जी, आपका क्या मानना है?" फय्याज ने निगम को छेड़ते हुए कहा।

"अभी कहना थोड़ी जल्दबाज़ी होगी। आँकड़े रिपब्लिकन पार्टी के पक्ष में नहीं हैं, पर जब तक परिणाम नहीं आ जाएँ मैं कुछ कहना नहीं चाहूँगा।" निगम ने कहा।

"आप कुछ भी कह लें, चुनाव काँटे का होने वाला है। दोनों तरफ़ के

समर्थक उत्साहित हैं, उनमें जोश भरा हुआ है, और इसका सिर्फ़ एक ही कारण है—राष्ट्रपति ट्रम्प। आप उन्हें किसी भी रूप में देखें, लेकिन आप उन्हें इग्नोर नहीं कर सकते हैं।" निगम ने कहा।

मैंने दोनों से एक सवाल पूछा, "नेवाडा डेमोक्रेटिक राज्य है, काफ़ी समय तक यहाँ लॉकडाउन हुआ था, कसीनो, स्ट्रिप, होटल बन्द हैं, एक अनुमान है 1,00,000 के क़रीब कर्मचारियों की नौकरी गई है। तो क्या यह अहम मुद्दा रहेगा चुनाव में?

फय्याज़ बोले, "इससे कोई फ़र्क़ नहीं पड़ेगा, डेमोक्रेट्स के पंजीकृत वोट क़रीब 1,00,000 से ज़्यादा हैं रिपब्लिकन से, अगर सभी डेमोक्रेट अपने वोट डाल दें तो बाइडन का जीतना तय है।"

"देखते हैं, नतीजा 3 नवम्बर को आ ही जाएगा।" निगम ने हँसते हुए कहा। हमने उन्हें शुभकामनाएँ दीं और इजाज़त ली। एक बात बड़ी ही विचित्र लगी कि यहाँ 15 दिन तक वोटिंग चालू रहती है, फिर भी वोटिंग प्रतिशत कम ही रहता है।

शाम में भाई साहब ने अपने एक डॉक्टर मित्र से मिलवाया। डॉक्टर साहब यहाँ बहुत बड़े फ़िज़िशियन हैं, मूलत: हैदराबाद के हैं। इसमें सोचने वाली कोई बात ही नहीं कि वे भी ट्रम्प समर्थक हैं, इसलिए यहाँ हैं।

"इनको राजनीति का बहुत ज्ञान है।" सुनील भाई साहब ने बताया।

डॉक्टर साहब ने अपना नाम साझा करने में संकोच किया। लेकिन बाक़ी सारी बातें वही कहीं जो कोई आम ट्रम्प समर्थक कहता है। हालाँकि हंटर बाइडन, (उपराष्ट्रपति जो बाइडन के पुत्र जिनका लैपटॉप काफ़ी सुर्ख़ियों में आ चुका है) को लेकर काफ़ी कुछ कहा।

आपको इतनी जानकारी कहाँ मिलती है, "मैंने अभी ख़बरों में नहीं देखी?" मैंने पूछा।

"आप मेन्स्ट्रीम मीडिया वाले हैं, आप QALERTS (क्यू अलर्ट्स) देखिए।"

"क्यू अलर्ट, अब यह क्या बला है?"

आप एंड्रायड फ़ोन पर यह डाउनलोड कर सकते हैं। यहाँ आपको सभी ख़ुफ़िया जानकारियाँ मिलती रहेंगी जो डेमोक्रेटिक मीडिया आपको नहीं दिखाता। डॉक्टर साहब ने कहा, "इस पर आपको वे सभी सूचनाएँ मिलती हैं जिनका कोई ज़िक्र नहीं करना चाहता। जैसेकि कुछ परिवार नहीं चाहते कि ट्रम्प राष्ट्रपति रहें, कैसे सभी बड़ी एजेंसियाँ उनके ख़िलाफ़ हैं और क्यों? क्यों अश्वेत ओबामा को राष्ट्रपति बनाया जाता है जब अमेरिका मुस्लिम देशों में अपनी सेना भेजता है। 9/11 के बाद, कैसे यह सब एक साज़िश के तहत हो रहा है।"

एक विवेकशील डॉक्टर से पूरे धीरज के साथ यह मनोहर कहानी सुनना भी एक अनुभव था। डॉक्टर साहब का मानना था कि 2016 की जिस लहर में चुनाव से ठीक कुछ हफ़्ते पहले हिलरी क्लिंटन की 33,000 मेल जब विकिलीक्स के द्वारा साझा की गई और उनके प्रति माहौल बदला, ठीक उसी तरह हंटर का लैपटॉप जो बाइडन को ले डूबेगा।

डॉक्टर साहब के जाने के बाद मैंने इस पर थोड़ी रिसर्च की तो पता चला कि अक्टूबर 2017 को डार्क वेब पर एक हैकर जिसने ख़ुद को Q Anonymous या QANON की उपाधि दे रखी थी, उसने एक मैसेज डाला कि हिलरी क्लिंटन की गिरफ़्तारी को कोई नहीं रोक सकता। इस मैसेज को सोशल मीडिया पर हैकर और ट्रम्प समर्थकों के द्वारा ख़ूब प्रसारित किया गया। कुछ दिन बाद हैकर ने क्रिप्टिक सन्देश डाला कि वो कुछ ऐसे तथ्य साझा करेगा जिससे कि डेमोक्रेटिक पार्टी की छवि धूमिल हो जाएगी। यह सन्देश भी ट्विटर, फ़ेसबुक और व्हाट्सएप्प पर ख़ूब प्रसारित हुआ।

तब से यह धारणा बन गई कि यह हैकर वे बातें साझा करेगा जिसे कोई डेमोक्रेटिक चैनल नहीं दिखाएगा। इनमें कुछ बातें ऐसी होतीं कि फ़लाँ अधिकारी की अगली पोस्टिंग कहाँ होगी, कौन से नेता को रिपब्लिकन

पार्टी क्या ज़िम्मेदारी देगी आदि। ये वे सूचनाएँ होतीं जो केवल सरकार के पास होती हैं और वे ही इसे अपने प्लेयर्स तक लीक कर सकती हैं। वे डेमोक्रेटिक नेताओं के ख़िलाफ़ यौन शोषण के आरोप भी लगाते जिनकी कोई आधिकारिक पुष्टि नहीं हुई। लेकिन इन पोस्ट से लोगों में QANONS के प्रति भरोसा बढ़ा और धीरे-धीरे वह वैकल्पिक प्रचार-प्रसार का एक माध्यम बन गए।

ब्लैक लाइव्ज़ का आन्दोलन हो या ट्रम्प की विदेश नीति या फिर हंटर का लैपटॉप, सभी को एक मनोहर कहानी की तर्ज़ पर परोसा जाता और ट्रम्प इसका भरपूर इस्तेमाल करते। उनके ट्विटर हैंडल से कई बार QANONS को समर्थन देते लिंक या ट्वीट रीट्वीट हुए। व्हाइट हाउस की प्रेस कॉन्फ्रेंस में जब उनसे QANONS के बारे में पूछा गया तो उन्होंने कहा, "मैं उन्हें नहीं जानता, पर लगता है वे मुझे पसन्द करते हैं।" फिर जब चुनाव के दौरान एनबीसी न्यूज़ को दिए साक्षात्कार में उनसे इसके बारे में फिर पूछा गया तो उन्होंने इसे जानने से इनकार करते हुए कहा, "मैं नहीं जानता पर एक बात उनके लिंक से लगती है कि वे बाल यौन शोषण के बहुत ख़िलाफ़ हैं और उनकी इस बात का मैं समर्थन करता हूँ।"

QANONS की पहुँच का अन्दाज़ा इस बात से लगाया जा सकता है कि कई रैलियों में हिलरी क्लिंटन का नाम लेकर वही मैसेज डिस्प्ले होते थे जो उनके अलर्ट में आते थे, कई प्रदर्शनकारियों ने जाँच में QANONS का नाम लेते हुए कहा कि वे उससे प्रभावित हैं।

यह अनोनिमौस प्लेटफ़ॉर्म ऐसा लगता है मानो राष्ट्रपति ट्रम्प का वैकल्पिक मीडिया आउटलेट बन गया। जो कुछ भी यहाँ आता, वह ट्रम्प समर्थक स्टीव बैनन जो उनके भूतपूर्व कैम्पेन सलाहकार थे उनके पॉडकास्ट बैनन्स वार रूम पर, या फिर डैन बोंगिनो के पॉडकास्ट पर प्रसारित होते। ट्रम्प इसे अभी तक भुना रहे थे, चुनावों में हुई उनकी हार के बाद सोशल मीडिया प्लेटफ़ॉर्म्स ने इन अलर्ट को प्रतिबन्धित किया। जब

तक ट्रम्प सत्ता पर क़ाबिज़ थे किसी को इन अलर्ट की हिम्मत नहीं पड़ी, पर अब ये अभिव्यक्ति के संरक्षक बन रहे हैं। मीडिया हाउस भी इन पर ज़्यादा बात नहीं करते थे। यानी मतलब साफ़ है, सत्ता बोलती है तो सब मानते हैं। जैसा कि रामगोपाल वर्मा की फ़िल्म 'कम्पनी' में अजय देवगन कहते हैं, "सब गन्दा है पर धन्धा है यह।"

QANONS को देखकर डर लगा। क्योंकि जो अमेरिका में आज होता है वही कुछ सालों बाद भारत में होता है। 2012 के राष्ट्रपति ओबामा के इलेक्शन कैम्पेन की तर्ज़ पर 2014 में प्रधानमंत्री नरेन्द्र मोदी ने अपना कम्पैन बनाया। यहाँ हर जगह पॉलिटिकल एक्शन कमिटियाँ (पीएसी) होती हैं जो चुनाव में अपने उम्मीदवार के लिए समर्थन इकट्ठा करती हैं, चन्दा जुटाती हैं। यही पीएसी 2011 के बाद भारत को चुनावी स्ट्रैटेजिस्ट प्रशांत किशोर ने दी। वे 2011 से अलग-अलग पार्टियों से जुड़े और उनकी इंडियन पॉलिटिकल एक्शन कमिटी (आईपीएसी) ने भारतीय ज़रूरतों के अनुसार अलग-अलग पार्टियों और विचारधाराओं को अमेरिकी चुनावी पद्धति परोसी और काफ़ी सफल रहे। उनकी टैग लाइन है, रीशेपिंग पार्टिसिपैटरी डेमोक्रेसी, जो एक बहुत बढ़िया विचार है। जहाँ तक मैं इन शब्दों को समझता हूँ, इनका अर्थ है लोकतंत्र में जनता की भागीदारी के आयाम को बदलना, पर जहाँ तक मुझे लगता है, प्रशांत ने लोकतंत्र के लिए तो कुछ नहीं किया, हाँ, चुनाव तंत्र को काफ़ी बदल दिया है। अब अगर इन QANONS का भारतीयकरण हो गया तो राजनीतिक पार्टियों के समर्थक और उनसे प्रभावित प्राइम टाइम योद्धा पता नहीं क्या क़हर बरपाएँगे।

आज 17 नवम्बर है और इलेक्शन डे से 18 दिन पहले वोटिंग शुरू हो गई है। हमें बड़ी उत्सुकता है कि देखा जाए, अमेरिका कैसे वोट करता है। हम सुबह-सुबह ही निकल पड़े हैं पोलिंग बूथ की ओर। हमने पहले ही पता लगा लिया था कि एन्थम कम्यूनिटी के कम्यूनिटी सेंटर में बूथ लगा है।

वहाँ पहुँचकर पता चला कि यहाँ सिर्फ़ बुज़ुर्ग वोटरों के लिए ही वोटिंग

रखी गई है, वह भी 28 से 30 दिसम्बर तक ही। वहाँ सामान्य बूथ के बारे में पूछा तो उन्होंने हमें गलेरिया मॉल भेज दिया।

हम गलेरिया मॉल पहुँचे तो गूगल मैप हमें शॉपिंग सेंटर में ले गया, पर वहाँ मौजूद सुरक्षाकर्मी ने बताया कि सड़क के सामने बने पार्किंग लॉट में मतदान हो रहा है।

सड़क पार करने पर हमें बूथ तो कहीं नहीं दिखा पर लोगों की क़तार बड़ी लम्बी थी। लगभग 150 मीटर लम्बे और इतने ही चौड़े पार्किंग स्थल में गाड़ियाँ कम थीं पर इनसान अधिक थे। बीच में गाड़ियों के लिए थोड़ी-सी जगह थी। बाक़ी सारी जगह लोगों के खड़े रहने के लिए रखी गई थी।

कुछ आगे चलने पर एक बड़ा-सा सफ़ेद शामियाना दिखा। लोगों की लम्बी क़तार उसमें मिल रही थी। यही वह जगह थी जहाँ अगले राष्ट्रपति के चुनाव के लिए मतदान हो रहा था।

पोलिंग बूथ की ओर चलते हुए, क़तार बड़ी रोचक लग रही थी। कुछ लोग फ़ोल्डिंग कुर्सी लेकर आए थे और उस पर छाता लेकर बैठे थे, कोई बैठे-बैठे अख़बार पढ़ रहा था, कोई परिवार के साथ था। सब बातों में मशगूल थे, किसी ने अपने उम्मीदवार के प्रति समर्थन प्रदर्शित करने के लिए उसके चेहरे वाली टी शर्ट पहन रखी थी तो किसी ने अपने चेहरे पर ही अपने उम्मीदवार का नाम लिखवा लिया था। यह सब कुछ बड़ी शान्ति से चल रहा था।

इतने में मेरी नज़र एक बुज़ुर्ग दम्पती पर पड़ी, महिला वॉकर की सहायता से चल रही थी और पुरुष के नाक से नली निकाल रही थी, जिसने हाथ में एक छोटा पोर्टेबल ऑक्सीजन सिलेंडर पकड़ रखा था। मैंने आगे बढ़कर उनसे हेलो करते हुए पूछा, "आप इस हालत में भी वोट डालने आए हैं? बैलेट मेल भी कर सकते थे।"

"मैंने कभी अपना वोट मिस नहीं किया, पोस्टल बैलेट भेज सकता था, पर बाहर रखे बैलेट ड्रॉप बॉक्स पर मुझे भरोसा नहीं है और मैं कोई चान्स

लेना नहीं चाहता था। इसीलिए मैं और मेरी पत्नी ख़ुद वोट डालने आए।" उस बुजुर्ग ने कहा। उन्होंने अपना नाम ट्रेवर मिल्ज़ बताया।

"क्या इतना महत्त्वपूर्ण है यह चुनाव?" मैंने ट्रेवर से पूछा।

"इस हालत में भी मैं यहाँ हूँ, यही दर्शाता है कि चुनाव कितना महत्त्वपूर्ण है। हम आने वाली पीढ़ियों को क्या जवाब देंगे, कि इस मुश्किल घड़ी में हमने अमेरिका को कैसे इन भयावह हालात से निकाला।" यह कहकर वे कार में बैठ गए।

इस चुनाव में पोस्टल बैलेट पर बड़ी डिबेट चल रही है। राज्य सरकार लोगों को आश्वस्त कर रही है कि आप बाहर न निकलें और अपना वोट डाक से भेज दें। लोगों को कोविड के चलते अपने मताधिकार का इस्तेमाल करने में परेशानी न हो। अच्छा है ऐसा होना भी चाहिए। पर जनाब राष्ट्रपति को इससे तकलीफ़ है, वे कई रैलियों में, सन्देशों में और भाषण में अपने समर्थकों को कह चुके हैं कि, पोस्टल बैलेट पर भरोसा मत करना और अपना वोट डालने ख़ुद जाना। कोविड की आशंका को दरकिनार कर वोट डालने जाना। ज़ाहिर है यह दुनिया के सबसे ताक़तवर व्यक्ति को, जनता की सुरक्षा से ज़्यादा अपनी सीट की सुरक्षा की चिन्ता है। वे जानते हैं कि पढ़े-लिखे समझदार लोग, अपना मत घर बैठे डाक की सुविधा से भेजेंगे जिनके ख़िलाफ़ जाने की प्रबल सम्भावना है। इसीलिए वे अपने समर्थकों को बाहर निकलकर वोट करने के लिए कह रहे हैं।

यहाँ क़तार में क़रीब 500 लोग खड़े होंगे और कई वोटिंग वॉलंटियर उनसे बात करते दिखाई दे रहे हैं। कुछ पार्टी द्वारा भेजे गए वॉलंटियर है तो कुछ पोलिंग बूथ वॉलंटियर हैं।

हम यहाँ मिले डोना से, जो डेमोक्रेटिक पार्टी की वॉलंटियर हैं और कैलिफ़ोर्निया से यहाँ आई हैं। वे सेक्रेमेंटो से आती हैं और यहाँ उनका काम है अपने रजिस्टर्ड वोटरों को मैसेज, कॉल करके बूथ तक लाना। और अगर किसी बूथ पर भीड़ ज़्यादा हो जाए तो वहाँ से वोटरों को पास

के दूसरे बूथ पर भेजना।

"मैं यहाँ सुबह 6 बजे पहुँच गई थी। इस बूथ पर हम 4 लोग हैं, हमारे पास अपने रजिस्टर्ड वोटरों की लिस्ट है, हमारी कॉलिंग टीम ने उनसे वोट करने का सम्भावित समय व तारीख़ पूछ रखी है। उसके अनुसार, हम उनसे सम्पर्क में हैं और उन्हें यहाँ बुला रहे हैं। अभी यहाँ क़तार इतनी लम्बी है कि वोट डालने में 4 से 5 घंटे का समय लग रहा है तो हम वोटरों को पास के बूथ पर भेज रहे हैं या कल आने को कह रहे हैं।" डोना ने बताया।

यहाँ मैंने एक बैलेट पेपर भी देखा जो एक वोटर अपने साथ ले आया था। 30 पन्नों की बुकलेट था वह बैलेट। पहले दो पन्ने कवर, तीसरे पर कांटेंट टेबल, चौथे और पाँचवें पर नोटिस, छठे से आठवें तक इस चुनाव में नया क्या है, नौवें से ग्यारहवें पन्ने तक मेल इन वोटिंग और पर्सनल वोटिंग के नियम, बारहवें पर मेल बैलेट के टिप्स, तेरहवें से सोलहवें तक अर्ली वोटिंग का शेड्यूल, वोटिंग चार्टर और लोकेशन मैप, सत्रहवें से बीसवें पर इलेक्शन डे पर वोटिंग लोकेशन, इक्कीसवें से छब्बीसवें पर मेल ड्रॉप लोकेशन, सत्ताइसवें पर वोटिंग मशीन सम्बन्धी निर्देश और अट्ठाइसवें से तीसवें पेज तक बैलेट पेपर।

इन तीस पन्नों के बैलेट पर, राष्ट्रपति-उपराष्ट्रपति के अलावा 67 और पदों के लिए वोटिंग होगी। ज़ैदी का नम्बर इस पर तीसरा है, जबकि निगम का नाम नीचे से दूसरे नम्बर पर है।

जहाँ दुनिया के लिए अमेरिकी राष्ट्रपति/उपराष्ट्रपति चुनाव डोनाल्ड ट्रम्प-माइक पेन्स और जो बाइडन-कमला हैरिस की जोड़ी के बीच है, वहीं नेवाडा के बैलेट पेपर पर दो और दावेदार हैं। इंडिपेंडेंट अमेरिकन पार्टी ऑफ़ नेवाडा के डॉन ब्लैंकेन्शिप राष्ट्रपति के लिए, उनके उपराष्ट्रपति उम्मीदवार विलियम मॉर तथा लिबर्टेरियन पार्टी ऑफ़ नेवाडा के जो जोर्गेन्सेन राष्ट्रपति के लिए और उनके रनिंग मेट जेरमी कोयन। इन चार जोड़ों के बाद है, नन ऑफ़ दीज़ कैंडिडेट्स।

यहाँ हर राज्य में अलग-अलग व्यक्ति सर्वोच्च पद के लिए अपनी दावेदारी जता सकते हैं, बशर्ते उनका जन्मस्थान अमेरिका हो।

कुछ देर बूथ पर गुज़ारने के बाद आप ट्रम्प के समर्थकों को पहचानने लगते हैं। वे गाड़ी में निकलते समय ज़ोर से हॉर्न बजते हैं और जो उनकी तरह ट्रम्प के समर्थन में हैं, वे उनका हाथ हिलाकर अभिवादन करते हैं और जो नहीं हैं वे शान्त खड़े रहते हैं, जिन्हें वे अक्सर मिडिल फ़िंगर दिखाकर निकलते हैं। जहाँ डेमोक्रेट्स को पिछले तीन घंटों में ज़ोर लगाकर अपने वोटरों को बुलाते देखा, वहीं ट्रम्प समर्थक ख़ुद आ रहे हैं और अपनी मौजूदगी जता भी रहे हैं। अभी तक अधेड़ और बुज़ुर्ग वोटर ज़्यादा हैं, युवा पहले दिन लाइन में नहीं दिखते हैं।

तीन घंटे इस बूथ पर गुज़ारने के बाद बूथ वॉलंटियर क्रिस से मेरी जान-पहचान हो जाती है। मैं उसे अपनी यात्रा के बारे में बताते हुए पूछता हूँ, "क्या तुम मुझे बूथ के अन्दर ले जा सकते हो। मैं यह प्रक्रिया देखना चाहता हूँ।"

"अफ़सोस मैं आपकी मदद नहीं कर सकता। आप बूथ के बाहर तक ही घूम सकते हैं, अन्दर जाने के लिए आपका वोटर होना अनिवार्य है। मैं माफ़ी चाहूँगा।" क्रिस बोला।

उसका लंच का ब्रेक हुआ है और वह बूथ के पीछे छाँव में फ़ोल्डेबल कुर्सी पर बैठकर अपना लंच खोलते हुए मुझे ऑफ़र करता है। मैं उसे मना करता हूँ तो वह कहता है, आप एक बेकन सैंडविच ले लें। जब मैं उसे बताता हूँ कि मैं शाकाहारी हूँ तो उसे घोर निराशा होती है। "आप अभी तक यहाँ जीवित कैसे हैं, क्या अमेरिका घास-फूस खिलाता है।" वह हैरत से पूछता है और अपना लंच बन्द करते हुए, दो कोन कोक के निकालता है और एक मेरी तरफ़ बढ़ा देता है।

"तुम लंच कर लो," मैं उससे कहता हूँ पर वह नहीं माना।

"मैं आपको अन्दर तो नहीं ले जा सकता पर यह बता सकता हूँ कि

अन्दर क्या होता है।" क्रिस ने कहा और बताने लगा,

"जो भी यहाँ पंजीकृत वोटर हैं, उन्हें बस बूथ तक आना होता है। आप अपना कोई भी पहचान-पत्र लेकर आ सकते हैं। लाइसेंस, स्टेट रेज़िडेंट कार्ड, पासपोर्ट या अगर यह कुछ भी आप नहीं लाए हैं तो बस अपनी कार या बाइक का नम्बर बता दीजिए। उस नम्बर से हम आपकी पहचान सुनिश्चित कर लेंगे, फिर आपका हस्ताक्षर लेंगे और आपको एक कार्ड दिया जाएगा, ठीक वैसा ही जैसा होटल में चेक इन करते वक़्त मिलता है। उस कार्ड को आप मशीन स्लॉट में डाल दीजिए, आपके सामने स्क्रीन पर बैलेट पेपर खुल जाएगा। आप अपनी पसन्द के उम्मीदवार को चुनिए और कार्ड वापस स्लॉट पर लगते ही वह आपको आपका चुनाव डिस्प्ले पर दिखाएगा। आप ओके करेंगे तो आपका मत स्वीकृत हो जाएगा। निकलते वक़्त आप कार्ड वापस दीजिए, उससे आपका ब्योरा मिटा दिया जाएगा और अगला व्यक्ति वोट देने आ जाएगा।"

क्रिस से मिलकर मैंने अपना एक वीडियो ब्लॉग रिकॉर्ड किया और अमेरिकी चुनाव के पहले दिन की वोटिंग का नज़ारा देख निकल पड़े अपने अगले पड़ाव एंटिलोप कैन्यन, जो ऐरिज़ोना में पड़ता है।

9

टेक्सास

19-22 अक्तूबर, 2020

वेगास तक सफ़र आधा हो चुका था। अमेरिका चुनाव और उसके माहौल के बारे में जो कुछ सोचकर चले थे अभी तक उससे बहुत कुछ ज़्यादा और भिन्न देखा। दो दिन वेगास में बिताने के बाद अब यात्रा फिर शुरू हो गई है। अगला पड़ाव है एंटिलोप कैन्यन। लॉस वेगास के पास प्रसिद्ध ग्रांड कैन्यन है, जो कई फ़िल्मों में दिखाया जा चुका है। चीफ़ सैलानी अकील भाई की लिस्ट में बचा हुआ दर्शनीय स्थल है एंटिलोप कैन्यन जहाँ हम हूवर डैम देखते हुए पहुँचेंगे।

जो लोग घूमने का शौक़ रखते हैं उनके लिए बता दूँ, 'धूम-3' के क्लाइमैक्स में जो डैम दिखाया गया है, वह यही हूवर डैम है। राष्ट्रपति हार्बर्ट हूवर ने इसका शिलान्यास कर काम शुरू करवाया था, और 1931 से 1936 में यह बनकर तैयार हुआ था। उनके गुज़र जाने के बाद, 147 में इसका नाम हूवर डैम रखा गया था।

इतिहास की क्लास यहीं तक। वोटिंग देखने के बाद पूरे उत्साह से हम हूवर डैम साइट पर पहुँचे तो पता चला कि कोविड के कारण यह जगह सैलानियों के लिए फ़िलहाल बन्द है। अभी तक दिन इतना अच्छा निकला

था कि हमने इसे एक संयोग की बात मानकर यात्रा आरम्भ की।

एक दर्शनीय जगह छूट गई तो अकील भाई ने थोड़ा रास्ता बदल दिया। अब हम अमेरिका के सबसे पुराने और प्रसिद्ध हाइवे 66 की ओर मुड़ गए। मैंने इसके बारे में कभी नहीं सुना, और मुझे नहीं पता कि आपमें से कितने लोगों ने सुना है। 3940 किलोमीटर लम्बा हाइवे, शिकागो से लॉस एंजेलस तक फैला हुआ है और बीच में इलिनॉ, मिस्सौरी, कैंज़स, ओकलाहोमा, टेक्सास, न्यू मेक्सिको, ऐरिज़ोना होते हुए कैलिफ़ोर्निया तक पहुँचता है। 1926 में बने इस हाइवे से ही अमेरिकी हाइवे सिस्टम की शुरुआत हुई, इसलिए इसे मदर रोड भी कहते हैं। तब यह एकमात्र ऐसा हाइवे था जो बारह महीने चालू रहता था। इसका इतिहास में अलग ही महत्त्व है।

जल्दी वेगास पहुँचने के फेर में हमने पहले यह हाइवे मिस कर दिया था, पर अब यह तय था कि हम एंटिलोप सुबह ही देख सकते हैं तो फिर इस रास्ते पर चलने का निर्णय किया। दोनों तरफ़ पहाड़ियों के बीच से निकलता हुआ सपाट-सा रास्ता है, जहाँ नज़र जाती है पूरा ऐरिज़ोना हल्का भूरा दिखता है, कोई हरियाली नज़र नहीं आती। रेत के टीले अगर यहाँ आ जाएँ तो मुझे यानी राजस्थानी को यह जगह बाड़मेर-जैसलमेर के रास्ते की याद दिलाती है।

कुछ देर चलने के बाद इस हाइवे पर एक पीले रंग की दुकान धायन आकर्षित करती है। यह सौविनेर शॉप है और यहाँ बने पेट्रोल पम्प पर एक तिपहिया हार्ले डेविडसन बाइक खड़ी है। हम भी इन्फ़िनिटी को पार्क कर दुकान में चले जाते हैं। काउ बॉय हैट्स, बेल्ट्स और ट्राइबल खिलौने इस दुकान में भरे पड़े हैं और हमारे अलावा सिर्फ़ एक जोड़ा अन्दर है। उन्होंने जींस पर चढ़े लेदर बूट्स, बड़ी बक्कल वाली बेल्ट और हैट पहन रखी है। वे यहाँ पेट्रोल और सिगरेट ख़रीद रहे हैं।

हम जब बाहर आए तो पुराने ज़माने के इस पेट्रोल स्टेशन के ठीक सामने सड़क पार एक आधुनिक गैस स्टेशन था। ये वाले गैस स्टेशन

इन्फ़िनिटी और हमारे दोनों के काम आते थे। जहाँ इन्फ़िनिटी में पेट्रोल डलता था, हम सब यहाँ डोनट, पिज़्ज़ा और कोफ़्फ़े लेकर अपना फ़्यूअल टैंक भरते थे।

यहाँ से टंकी भराकर जब हम बाहर निकले तो बाईं ओर एक व्यक्ति ज़ोर-ज़ोर से बोल रहा था, "फ़ील लाइक काउ बॉय एंड रूल द रूट 66।"—काउ बॉय जैसा महसूस कीजिए और रूट 66 पर राज कीजिए।

उसके पास दो घोड़े और दो बन्दूक़ें थीं, हम उसकी तरफ़ बढ़े। वहाँ कुछ लोग और थे, जो उन घोड़ों पर बैठ, हैट पहन, बन्दूक़ हाथ में ले 10 क़दम दूर बने रूट 66 के बैकड्रॉप के सामने फ़ोटो खिंचवा रहे थे। सबसे हैरानी वाली बात यह थी कि बुज़ुर्ग काउ बॉय सा दिखने वाला व्यक्ति पैसों की माँग नहीं कर रहा था। जो भी उसे कुछ देता, वह अपने घोड़ों के सामने कर लॉरी में बने एक छोटे से बक्से में डाल देता।

हमें देख उसने इशारे से पास बुलाया। "आप भी काउ बॉय बनो," उसने कहा।

मुझे ऐसा फ़ोटो खिंचवाना पसन्द नहीं है, इसलिए मैंने यादव जी और अकील को कहा, "आप घोड़े पर बैठो मैं फ़ोटो खींचता हूँ। मैंने उन दोनों की साथ में, फिर अकेले कुछ फ़ोटो लिये। तभी उस घोड़े वाले को अहसास हुआ कि मैं घोड़े पर नहीं बैठ रहा था।

"मैन, राइड हॉर्सेज़ एंड प्ले विद गन्स।" वह मेरे पास आकर ज़ोर से बोला। उसने मास्क भी नहीं पहना था, तो मैं उससे दूर होने लगा। उसे लगा कि मैं उससे डरकर दूर हो रहा हूँ, तो वह मेरे और नज़दीक आने लगा।

"इन्हें फ़ोटो खिंचवाना पसन्द नहीं है," घोड़े पर बैठे यादव जी ने ज़ोर से कहा। बुज़ुर्ग इससे थोड़ा हैरान हुआ।

"आप ज़रा दूर से बात करें अभी कोविड के समय इतना पास खड़ा होना उचित नहीं है।" मैंने उससे कहा।

"यहाँ प्रेसकट में कोई चीनी वायरस नहीं है।" उसने बोला। रूट 66

पर जिस जगह हम अभी रुके हुए हैं, उसका नाम प्रेसकट था।

"तुम्हें कैसे पता?" मैंने पूछा।

"यहाँ सब कुछ इतना खुला-खुला है, आबादी कम है और कोई ख़बर भी नहीं आई है कि हमारे इलाक़े में चीनी वायरस आया है।" उसने अकील और द्रोण को घोड़े से उतारते हुए कहा। पर उसके हाव-भाव से लग रहा था कि वह मुझसे नाराज़ है क्योंकि मैंने घोड़े पर चढ़कर फ़ोटो नहीं खिचवाई।

"आप चीनी वायरस क्यों कह रहे हैं?" मैंने पूछा।

"क्योंकि यह वहीं से आया है। राष्ट्रपति भी इसे यही कहते हैं और इसमें ग़लत क्या है?" उसने कहा।

इससे पहले कि मैं कुछ बोलता, उसने कहा, "क्या यह वायरस भारत से आया है या पाकिस्तान से या लंदन से आया है? नहीं। यह चीन से आया है और उन्होंने इसलिए यह वायरस बनाकर दुनिया में फैलाया ताकि पूरी दुनिया पर, ख़ासकर अमेरिका पर वे राज कर सकें। पर ऐसा होगा नहीं। हमारे डॉक्टर वैक्सीन पर काम कर रहे हैं, अगर वे सफल नहीं हुए तो यह सफल होगा चीनी लोगों के ख़िलाफ़।" यह कहते हुए उसने अपनी पिस्टल निकालकर दिखाई। बेशक वह काफ़ी ग़ुस्से में आ चुका था।

"बन्दूक़ इसका हल नहीं, वैक्सीन ज़रूर है।" उससे थोड़ी दूरी पर खड़े होकर मैंने अपना मास्क निकाला और बोला।

"ओहो, तुम बन्दूक़ की बात से सहमति नहीं रखते। ऐसा शायद इसलिए भी है कि तुम्हारी शकल तो गांधी से मिलती है।" वह मेरे पास आते हुए बोला।

"अपने बालों और गोल चश्मे को देखो। अगर तुम्हारी मूँछें मेरी मूँछों के रंग वाली हो जाएँ तो तुम हूबहू गांधी जैसे लगोगे।" यह कहते हुए वह मेरे काफ़ी क़रीब आ गया।

"ऐसा नहीं है।" यह कहते हुए मैं थोड़ा पीछे हटा तो मुझे उसकी

आँखो में फिर से ग़ुस्सा नज़र आया। पर मुझे इस बात की हैरत थी कि इस आदमी को गांधी जी के बारे में पता है।

"तुम्हें गांधी के बारे मैं कैसे पता?" यह कहते हुए मैं थोड़ा उसके पास पहुँच गया। मुझे अपने सवाल का जवाब भी लेना था और उसके ग़ुस्से को शान्त भी करना था।

"उनके बारे में कौन नहीं जानता। अगर तुम गांधी को नहीं जानते तो तुम गुफा में रहते हो।" यह कहते हुए उसके चहरे पर मुस्कान आ गई और उसने मेरे पास आकर मेरे गले में हाथ डाल दिया।

"मैं तुम्हारे साथ एक फ़ोटो खिंचवाऊँगा, ताकि मैं लोगों को कह सकूँ कि मैंने गांधी जैसे दिखने वाले के साथ फ़ोटो लिया।" वह बोला।

"मैंने गांधी जी को बहुत तो नहीं पढ़ा, पर जितना भी पढ़ा और उनके बारे में सुना है उससे ज़ाहिर है कि वे कमाल के इनसान थे। शायद आज दुनिया को उनकी उस वक़्त से भी ज़्यादा ज़रूरत है जब वे जीवित थे। दुनिया से ज़्यादा अमेरिका को अभी गांधी की ज़रूरत है। जिस तरह हम झगड़ रहे हैं, आपस में लड़ रहे हैं, यह अच्छा नहीं है। हमें मेलजोल बनाकर रहना चाहिए।" उसने थोड़ा गम्भीर होते हुए कहा।

एक पल के लिए सब कुछ मानो शान्त-सा हो गया। "हाउ मच फॉर अ राइड?" इस सवाल ने उस क्षणिक शान्ति को भंग कर दिया। एक परिवार गाड़ी से उतरा था और उसे भी रूट 66 को अपनी यादों में सँजोना था।

मैंने जल्दी से उसके गले में हाथ डाल फ़ोटो खिंचवाया और हाथ मिलाकर अलविदा कहा।

'चार्ली', उसने हाथ मिलाते हुए अपना नाम बताया और अभी-अभी आए परिवार के लोगों के साथ घुल-मिल गया।

हम तीनों भी गाड़ी में जा बैठे। थोड़ी देर चुप्पी रही। कमाल की बात है, जिस महापुरुष को हम अपने देश में सिर्फ़ 2 अक्टूबर या 30 जनवरी

को ही याद करते हैं, उसे इस जगह एक घोड़े वाला इतने अदब के साथ याद कर रहा था।

यहाँ से निकलकर हम जब तक एंटिलोप कैन्यन पहुँचे। शाम हो चुकी थी और इतनी जल्दी ही इस छोटे-से इलाक़े में सन्नाटा पसर चुका था। हमने जहाँ कमरा बुक कराया था वहाँ रिसेप्शन का दरवाज़ा बन्द था। काफ़ी देर इंतज़ार करने के बाद एक छोटा-सा नोटिस दरवाज़े पर लगा दिखा। आपने अगर रूम बुक कराया है तो आपके नाम का लिफ़ाफ़ा इस बॉक्स में रखा है। आप उसको लेकर चेक इन कर लीजिए। आपके ब्योरे हमारे पास हैं। अगर आप विदेशी हैं तो सुबह रिसेप्शन पर आपको कोई मिलेगा जो पासपोर्ट की कॉपी आपसे ले लेगा। परेशानी के लिए क्षमा।

मेरे नाम का लिफ़ाफ़ा उसमें था। खोलने पर कमरे की चाबी मिली और एक पर्ची जिसमें लिखा था, अगर आपको कमरे में किसी चीज़ की ज़रूरत हो तो इंटरकॉम पर 00 पर कॉल कीजिए।

सुबह जब चेक आउट करने निकला तो रिसेप्शन पर जो महिला मिलीं वह भारतीय निकलीं। उन्होंने अपना परिचय दिया—जयंती पटेल मॉरिसन। जयंती अमेरिका पढ़ने आई थीं और यहाँ उन्होंने डैनी मॉरिसन से शादी कर ली जो उनके साथ पढ़ते थे। अब वे दोनों मिलकर मोटेल चलाते हैं। एंटिलोप और उतहा में उनके 6 मोटेल और 3 छोटे होटल हैं।

जयंती ने मुझसे पूछा, "आप कॉफ़ी लेना पसन्द करोगे?" मैंने हामी भरते हुए उन्हें दो कप बनाने को कहा, द्रोण और मेरे लिए। पासपोर्ट की कॉपी करते हुए उन्होंने मुझसे पूछा हम कहाँ से आ रहे हैं।

मैंने अपने बारे में बताया और कहा, "हम एंटिलोप देखने जा रहे हैं, वह कितना दूर होगा?"

"आप अगर एंटिलोप देखना चाहते हैं तो आपको फ़रवरी में फिर से आना होगा!"

"फ़रवरी में क्यों?" मैंने पूछा।

"यह इसलिए कि अभी कैन्यन बन्द है, और जनवरी तक नहीं खुलेगा। ट्राइब्ज़ ने सरकार से बड़ा मुआवज़ा ले रखा है इसे बन्द रखने के लिए।" जयंती बोली।

यह सुन मैंने द्रोण को फ़ोन कर कहा, "ख़ान साहब को ज़रा अन्दर लेकर आना।"

"आप ही मेरे मित्र को यह ख़बर दें, वह सिर्फ़ यह कैन्यन देखने ही इतनी दूर से आया है।" मैंने उनसे निवेदन किया।

जब वो दोनों आए तो जयंती ने पूछा, "अकील कौन है, मेरे पास उनके लिए एक सूचना है।"

जब अकील आगे बढ़े तो उन्होंने दिल तोड़ने वाली वह ख़बर उन्हें सुना दी। जैसा कि मैंने सोचा था वही हुआ, अकील को विश्वास नहीं हुआ।

"आप कुछ मदद कर सकती हैं, कोई भी तरीक़ा, जिससे हम थोड़ा भी अन्दर जा पाएँ?" अकील ने पूछा।

"नहीं, कुछ भी नहीं किया जा सकता, ट्राइब्ज़ ने अमेरिकी सरकार से कैन्यन को बन्द रखने के बदले बड़ी रक़म ली है। अभी कुछ भी नहीं हो पाएगा।" जयंती ने कॉफ़ी देते हुए कहा।

"इससे तो वहाँ के व्यवसाय पर फ़र्क़ पड़ा होगा? कैसे सँभाल रही हैं आप अपने होटल को?" मैंने पूछा।

"आप न ही पूछें तो बेहतर। यह होटल 20 कमरों का है, कल रात सिर्फ़ 4 कमरे लगे, आज अभी तक 2 की ही बुकिंग आई। काम चलाने के लिए हमारा ख़ुद का कैपिटल और सेविंग्स। जहाँ तक सरकारी मदद है, तो हमारे एंटिलोप में 6 में से 4 मोटेल को तो बिज़नेस लोन जो सरकार ने दिए थे वे मिल गए, नगर उतहा में अभी कुछ नहीं मिला।" उन्होंने कहा।

"ऐसा क्यों?" मैंने पूछा।

"ये लोन बैंक मैनेजर पर निर्भर करते हैं, अगर उनके पैमाने पर आप खरे उतरे तो मिल जाएगा, और उन्हें अगर समझ नहीं आया तो नहीं

मिलेगा।" जयंती ने बताया, "एक और कमाल की बात है, जबसे हमने व्यापार शुरू किया, हमारे खाते एक ही बैंक में हैं। उनकी यहाँ की ब्रांच को कोई परेशानी नहीं हुई पर वहाँ का मैनेजर नहीं माना।"

हालात कुछ जाने-पहचाने लगे।

"हमने पिछले महीने तक तो पूरा स्टाफ़ रखा था, पर इसी महीने उतहा में स्टाफ़ को आधे से भी कम कर दिया। डैनी सोच रहे हैं कि हम अपना उतहा वाला बिज़नेस बेच दें। लेकिन मैंने अभी उन्हें रोका हुआ है, मुझे उम्मीद है कि एक बार वैक्सीन आ जाए तो स्थिति ठीक हो जाएगी। फिर चुनाव भी है, मुझे लगता है अमेरिका परिवर्तन चाहता है। जब इतने महीने निकाल दिए तो दो-तीन महीने और सही।" उन्होंने कहा।

"आपको ऐसा क्यों लगता है कि अमेरिका बदलाव चाहता है?" मेरा अगला सवाल था।

"देखिए, मुझे तो फ़र्क़ नहीं पड़ता, मैं यहाँ 21 वर्षों से रह रही हूँ, मैंने कभी भी वोट नहीं दिया। मेरी नज़र में सभी एक जैसे हैं, वो सिर्फ़ अपने और अपने बड़े डोनरों के लिए ही काम करेंगे। हम लोग तो बस बहाना हैं। पर अब मेरे बच्चे जब मुझे वोट डालने को कहते हैं तो मुझे लगता है बदलाव आएगा। हर दूसरे दिन डिनर टेबल पर मेरे बेटा और बेटी ट्रम्प की किसी-न-किसी बचकानी और बेहूदी बात का ज़िक्र करते हैं। मेरा बेटा इस बार वोट डालेगा, और वह मेरे पीछे पड़ा हुआ है कि मैं भी वोट करूँ।" जयंती ने बताया।

"आप किसे वोट देंगी?"

अभी तय नहीं है, पर लगता है मैं भी अपने बच्चों के साथ बाइडन को ही वोट दूँगी। जब 3 तारीख़ को हम वोट देने जाएँगे तभी अन्तिम निर्णय होगा।

"आप वोट मेल से नहीं भेजेंगी?" मैंने कहा।

"जी नहीं, हम पहली बार वोट करेंगे, और मैं नहीं चाहती कि मेरा

वोट व्यर्थ जाए।" जयंती ने ज़ोर देकर कहा।

"क्या कोई जुगाड़ किया जा सकता है? कैन्यन में घुसने का कुछ तो रास्ता होगा।" अकील ने यह सवाल करते हुए जयंती की ओर उम्मीद-भरी नज़रों से देखा। उसके ज़ेहन में शायद कोई भारतीय तरीक़ा किसी के बोलने से काम बन जाएगा या ऐसा ही कुछ हो।

लेकिन जयंती ने 'नहीं' कहकर उसकी उम्मीदों पर पूर्ण विराम लगा दिया। "यहाँ के नियम बड़े सख़्त हैं, अगर पकड़े गए तो फ़ेडरल चार्ज और ट्राइब के क़ानून दोनों लागू होंगे। पर आप नज़दीक बनी लेक तक जा सकते हैं।" जयंती ने कहा। इसके बाद हमने उन्हें अलविदा कह आगे की राह पकड़ी।

थोड़ी देर तक कार में चुप्पी छाई रही। हम पास ही बनी झील की ओर जा रहे थे। रास्ते में एक जगह एंटिलोप लोअर कैन्यन का बोर्ड दिखा। उस तरफ़ मुड़े तो दरवाज़ा बन्द नज़र आया। साफ़ लिखा था ट्रेस पासर्स विल बी प्रॉसेक्यूटेड—बिना इजाज़त अन्दर आने वालों पर कार्रवाई होगी। यह पढ़ने के बाद इन्फ़िनिटी के अन्दर का माहौल काफ़ी निराशाभरा हो गया।

हमने पॉइंट मरीना पर बनी छोटी झील जहाँ याट पार्क किए गए थे, देखी, पर वहाँ भी वो बात नहीं बनी। हम आगे बढ़ गए, रास्ते में जहाँ भी कोई छोटी-मोटी ऐसी जगह दिख जाती जहाँ से अन्दर जाने की सम्भावना दिखती थी, हम ज़रूर देखते। लेकिन चार-पाँच बार रुकने के बावजूद कोई ऐसी जगह नहीं मिली।

आगे चलने पर, हाइवे के दूसरी तरफ़ कँटीले तारों वाली जालियों के पीछे, कुछ कंटेनर्स और मोबाइल रूम बने दिखे तो अकील ने कहा, "मैं देखकर आता हूँ, शायद कोई मिल जाए, कुछ बात बन जाए।" उसका कैन्यन को अन्दर जाकर देखने का जुनून क़ाबिलेतारीफ़ था, और मेरे ज़ेहन में यह सवाल घूम रहा था, बीहड़ में कटे हुए पत्थरों को देखने में क्या ही मज़ा?

अकील आगे बढ़ा और वहाँ जाकर देखने लगा, उस जगह कोई नहीं था। वह आसपास भी घूमकर देखने लगा। फिर अचानक आगे चलने लगा, और थोड़ी देर बाद जब वापस आया तो बोला, "आगे बने पुल के पास, गड्ढे के किनारे थोड़ी-सी जाली ऊपर हुई पड़ी है, अगर हम ध्यान से अन्दर जाएँ तो बात बन सकती है, और हम अन्दर जा सकते हैं। कार को किनारे खड़ा कर देंगे कुछ देर के लिए।" उसने प्लान बताया।

यादव जी को यह रास नहीं आया, पर उसकी इच्छा देख मैंने कहा, "चलो मैं चलता हूँ।"

शायद उसे इसका अन्दाज़ा नहीं था कि मैं हामी भर दूँगा, उसके चेहरे की ख़ुशी देखने लायक़ थी।

पहुँचने पर दिखा कि एक बड़े गहरे खड्ड के ऊपर से ब्रिज निकल रहा था, नीचे मिट्टी और चट्टान थे। महाशय ने जिस जाली का ज़िक्र किया था, वह इतनी ही उठी हुई थी कि उसमें से कोई ख़रगोश ही निकल पाता, क़रीब 6 फ़ुट लम्बे दो लोगों का निकलना तो मुश्किल ही था। उससे भी मुश्किल था जालियों को मोड़ना और फिर उस ढलान पर सीधे खड़ा होना। पर जब यहाँ तक आ गए तो लौटने का काम तो था नहीं। मैंने अकील को पकड़कर रखा, उसने आगे झुककर तारों को मोड़ने का प्रयास किया ताकि इतनी जगह बन जाए कि हम खड़े-खड़े उससे होकर निकल सकें।

एक तरफ़ गिरने का डर तो दूसरी ओर यह ख़तरा कि किसी ने भी हमें देख लिया और पुलिस या गार्ड को सूचना दे दी तो हम सीधे अन्दर। क़रीब पाँच मिनट की मशक़्क़त के बाद, इतनी जगह बन ही गई कि हम अन्दर जा सकें।

बिना समय गँवाए, हम अन्दर गए और सुरक्षित रूप से जितनी दूर तक जा सकते थे, वहाँ तक जाकर नज़ारा देखा। नज़ारा देखते ही बनता था। चट्टानें इतने क़ायदे से कटी हुई थीं और उनमें सूरज की रोशनी से

जो लालिमा फूट रही थी, उससे ऐसा लग रहा था मानो लाल रंग पत्थरों के बीच से बह रहा हो। हमने कैन्यन के ठीक किनारे खड़े होकर जो हवा बह रही थी उसका भी कुछ देर तक आनन्द लिया। तभी किसी ने हमारा नाम लेकर पुकारा।

ऊपर देखा तो यादव जी आने के लिए आवाज़ लगा रहे थे। मालूम हुआ कि अभी हाइवे पेट्रोल वाले गाड़ी रुकी हुई देख उनसे पूछकर निकले हैं कि क्या सब ठीक है? हम बिना विलम्ब किए वहाँ से निकल आए। कैन्यन पूरा तो नहीं देख पाए पर थोड़ी देर का रोमांच अद्‌भुत था।

टेक्सास में प्रवेश करते ही, पवन चक्कियाँ आपका स्वागत करती हैं। मीलों-मील तक फैली ये पवन चक्कियाँ, अद्‌भुत नज़ारा पेश करती हैं। थोड़ा आगे ही हमें कैन्यन नामक जगह पर एक फ़िलिंग स्टेशन के पास काउ बॉय शूज़ का स्टोर दिखा। क़रीब 3000 वर्ग फ़ीट के बड़े से स्टोर में हैट, बड़ी बक्कल वाली बेल्ट, जूते और जींस बस ये चार चीज़ें ही मिल रही थीं। मुझे इतने बड़े स्टोर में एक हैट पसन्द आई, पर जब उसके दाम देखे तो हिल गया, 175 डॉलर की हैट, बजट से बाहर थी। पर मैंने और अकील ने उसे पहनकर एक फ़ोटो खिंचवाया। इससे 90 के दशक की फ़िल्म 'हम' के किरदार हवलदार अर्जुन सिंह और इन्स्पेक्टर गिरधर की याद ताज़ा हो गई।

वहाँ से हम सीधे डैलस के लिए निकले।

जैसे कैलिफ़ोर्निया डेमोक्रेटिक राज्य है, वैसे ही 38 इलेक्टोरल कॉलेज वोटों के साथ टेक्सास रिपब्लिकन पार्टी का गढ़ माना जाता है। पूर्व राष्ट्रपति जॉर्ज बुश यहाँ के गवर्नर थे। डैलस में मेरे इंजीनियरिंग कॉलेज के ज़माने के तीन मित्र भी रहते हैं। रात में ही मैंने उनको मैसेज कर दिया था। हमारी मुलाक़ात सुबह 8:30 बजे नज़दीकी स्टारबक्स में होती थी।

निर्धारित समय पर मैं होटल के रिसेप्शन पर पहुँचा तो पंकज शर्मा सर मुस्कुराते हुए खड़े थे। हम लोग 1999 के बाद आज मिल रहे थे पर

मुस्कान और गर्मजोशी वही थी। पंकज कॉलेज में मेरे सीनियर थे और अभी यहाँ साउथ-वेस्ट एयरलाइन में काम कर रहे हैं।

उन्हें यह जानकर हैरत हुई कि सिविल इंजीनियरिंग करने के बाद मैं पत्रकारिता में कैसे चला गया। उनका मानना था कि यह पेशा सवाल-जवाब करने और लिखने का है। ये वे गुण हैं जो मेरे जैसे इंजीनियर के पास से भी नहीं निकले। पंकज डैलस में क़रीब 15 साल से हैं, उनके दो लड़के हैं जो यहीं जन्मे। आज इतनी सुबह वे अपना मेडिकल टेस्ट करवाने पास ही में आए थे।

"कोविड के चलते टेस्ट ज़्यादा हो गए हैं और अनिवार्य भी। यह रूटीन-सा हो गया है। तू बता यहाँ कैसे, वह भी ऐसे समय में?" उन्होंने पूछा।

"इससे बेहतर समय एक पत्रकार के लिए क्या हो सकता है। दुनिया के सबसे बड़े पद के लिए चुनाव हो रहा है, पूरे विश्व की नज़रें इस चुनाव पर टिकी हुई हैं इसलिए मैं यहाँ आया हुआ हूँ।" मैंने कहा।

"पर कोविड का ख़तरा?"

"वह कहाँ नहीं है, जयपुर में भी था, यहाँ भी है। पर बड़ी ख़बर इस वक़्त यहाँ है और इसलिए मैं भी यहाँ हूँ।" मैंने कहा।

यहाँ-वहाँ की बातों के बाद मैंने उनसे पूछा, "काम कैसा चल रहा है?"

"अभी फिर शुरू हुआ, बीच में तो सभी उड़ानें बन्द थीं, सब कुछ ठप्प-सा हो गया था। मैंने ऐसा रुका हुआ अमेरिका कभी नहीं देखा। 9/11 के वक़्त कुछ दिन तक जहाज़ उड़ने बन्द हुए थे, पर ऐसा नहीं था जो नज़ारा इस बार देखा। इस महामारी ने सब कुछ रोक-सा दिया। जीवन थम जाना क्या होता है, यह अभी पता चला। पर शुक्र है, कामकाज बन्द नहीं हुआ। हमारी एयरलाइन को भी भारी आर्थिक नुक़सान हुआ, पर उन्होंने अभी तक किसी को नौकरी से नहीं निकाला है और न ही किसी की

तनख़्वाह कम की है।" पंकज ने बताया।

"यह बहुत बड़ी बात है, भारत में तो मानो कम्पनियों में होड़ मच गई लोगों को नौकरी से निकालने और तनख़्वाह कम करने की।" फिर से बातों का सिलसिला चल पड़ा, मेरे अभी तक के अनुभव के बारे में जिसमें उनको ख़ासी रुचि थी।

जब मैंने उनसे चुनाव के बारे में पूछा तो उन्होंने कहा, "मुझे इसमें कोई दिलचस्पी नहीं है, पर तेरे वीडियो ज़रूर देख रहा हूँ, और इससे रुचि बढ़ी है। जो भी परिणाम होंगे, तेरे साथ हुई यह बातचीत अवश्य याद करूँगा।"

मुझे एक और सीनियर से मिलना था, जिनका नाम था अंशुमन जैन। वे मूलत: राजस्थान से हैं। कॉलेज में मुझसे एक वर्ष सीनियर थे और उन्होंने मेरी क्लास मेट सीमा कल्ला से शादी की, और इसी वर्ष उनके जुड़वाँ लड़के हुए हैं। मेरी उनसे आख़िरी मुलाक़ात यहाँ लिखने लायक़ नहीं है। इनसे मैं 1998 के बाद आज मिलने वाला था।

तय समय पर मैं उनके यहाँ पहुँचा। वे दोनों बच्चों को सँभालने में लगे हुए थे। मुझे अन्दर जाने में डर लग रहा था, क्योंकि मैं इतना घूमकर आया था और घर में दो बच्चे थे। धूप निकली हुई थी, सो हमने बैक यार्ड में बैठना तय किया। मुझे फिर से अपने पत्रकार बनने का ब्योरा देना पड़ा, पर अच्छी बात यह है कि अंशुमन को राजनीति पसन्द है, वे काफ़ी पढ़ते हैं।

"क्या लग रहा है तुझे? हवा किस तरफ़ बह रही है?" उनका सीधा सवाल था।

"मुझे लग रहा है, मुक़ाबला रोचक रहेगा और जितना सर्वे बता रहे हैं उतना सीधा और सरल नहीं रहेगा।" मैंने कहा।

"ऐसा क्यों लग रहा है तुझे, मैं जो देख रहा हूँ उससे तो ऐसा नज़र नहीं आ रहा, और मैं सीएनएन या फॉक्स की बात नहीं कर रहा। मैं पॉलिरिको फ़ॉलो करता हूँ और वे भी ट्रम्प को जीतता नहीं दिखा रहे। मार्जिन बहुत बड़ी है। अंशुमन बोले।

"पर क्या मार्जिन पिछली बार बड़ी नहीं थी?" मैंने पूछा।

"पिछली बार जो ग़लतियाँ रहीं, मुझे नहीं लगता सर्वे वालों ने अभी दोहराई होंगी। उनकी भी साख की बात है। वोटिंग चालू हो चुकी है, लोग मन बना चुके हैं और अब उतने लोग असमंजस में नहीं हैं, उन्होंने तय कर लिया है कि किसे वोट देना है। कइयों ने मेल से वोट भेज भी दिया है।" उन्होंने कहा।

"आपको क्यों लगता है कि बाइडन ही जीतेंगे?" मैंने पूछा।

"ट्रम्प के कार्यकाल में एक चीज़ याद रखी जाएगी, विभाजन। अमेरिका इतना विभाजित कभी नहीं रहा। मैं पढ़े-लिखे लोगों की बात कर रहा हूँ। कई बार सहकर्मी हमें कहते थे, तुम भारतीय और बाहर वाले हमारी नौकरियाँ खा रहे हो। अब ऐसा नहीं चलेगा। अच्छा हुआ ट्रम्प ने इमिग्रेशन क़ानून सख़्त कर दिए हैं। यह सुनना आम हो गया है। हमने ट्रम्प के कार्यकाल में अधिक टैक्स दिया। और मैं जो यह सुनता हूँ कि उसका कोविड रिलीफ़ बहुत अच्छा था, तो वह अधिक टैक्स के बल पर था। अब अगर मार्केट में जाओ तो देखोगे कि चीज़ों के दाम बढ़ रहे हैं, तो ऐसा कुछ कमाल भी नहीं किया है ट्रम्प ने।" अंशुमन बोले।

"तो क्या आपको लगता है, बाइडन सही उम्मीदवार हैं ट्रम्प के सामने? जहाँ ट्रम्प एक ओर आक्रामक हैं, फ़ोकस अपने ऊपर रखते हैं वहीं बाइडन शान्त हैं और उनका कैम्पेन भी ट्रम्प को रिएक्ट ही करता है ख़ुद कोई एजेंडा नहीं सेट करता।"

"मुझे लगता है, उनकी उम्मीदवारी बड़ी सोची-समझी है। मुझे ख़ुद वे पसन्द नहीं हैं पर, वे श्वेत अमेरिकियों को अपील करेंगे।" उन्होंने कहा।

अंशुमन की अगर मानें तो सभी डेमोक्रेट्स बाहर निकलकर आएँ और अपने मताधिकार का प्रयोग करें तो कोई शक ही नहीं कि बाइडन हार जाएँ। "पिछली बार हिलरी को वोट देने डेमोक्रेट्स नहीं आए थे। मेरी नज़र में फ़्लोरिडा, ओहियो, पेंसिलवेनिया चुनाव के अन्तिम निर्णय में अहम होंगे।

और किसे पता इस बार टेक्सास ब्लू हो जाए।" उन्होंने हँसते हुए कहा।

इस बार अगर अमेरिका ने ट्रम्प को हरा दिया तो यह एक मिसाल होगी दुनिया के सामने कि जनता किस तरह एकजुट होकर एक ऐसे व्यक्ति को हरा सकती है जो सारा नियंत्रण अपने हाथ में रखता हो, और किसी भी इंस्टिट्यूशन को नहीं मानता हो। वह चाहे तो एक ऐसे व्यक्ति को भी जिता सकती है जो ट्रम्प के इतर ज़्यादा उम्र वाला हो, शान्त हो और सबको साथ लेकर चलने में विश्वास रखता हो।" अंशुमन फ़िंग़र्स क्रॉस करते हुए बोले।

मैंने पूछा कि यहाँ नज़दीक में पोलिंग बूथ कहाँ होगा? उन्होंने बताया कि तुझे एल्डेरेडो पार्कवे में बूथ मिल जाएगा। यह जानने के बाद मैं बूथ देखने चल पड़ा।

पार्कवे में एक स्कूल को पोलिंग बूथ बनाया गया था, वेगास से इतर, यहाँ भीड़-भड़क्का नहीं था, पर कई कारें खड़ी थीं और पीछे बने मैदान में बच्चे एथलेटिक्स और फ़ुटबॉल की प्रैक्टिस कर रहे थे।

यहाँ बूथ पर एक तम्बू लगा हुआ था जहाँ ट्रम्प के समर्थन का साइनबोर्ड था। वहाँ तीन वॉलंटियर बैठे हुए थे, कुछ लोकल चुनाव के उम्मीदवारों के समर्थक भी थे पर बाइडन के समर्थन में यहाँ कोई नहीं दिखा।

मैं उस तम्बू तक गया और अपना परिचय देते हुए बोला, "लगता है आप लोगों ने यहाँ डेमोक्रेट्स को अपना बूथ भी नहीं लगाने दिया।"

यह सुन तीनों ने ज़ोर से ठहाका लगाया।

"मेरा नाम जो है, यह डाना और लिंडा है, इस बूथ की ज़िम्मेदारी हमारी है। हम रिपब्लिकन सपोर्टर हैं।" उन्होंने अपना परिचय दिया।

"आप लोग तो काफ़ी घूम रहे हैं, आपको क्या लगता है कौन रेस में आगे है अभी तक?" जो ने प्रश्न किया।

"कहना मुश्किल है, पर एक बात तय है। आप डीसी और न्यूयॉर्क से आगे निकलते हैं तो अगर कैलिफ़ोर्निया छोड़ दें तो राष्ट्रपति ट्रम्प के लिए

समर्थन दिखता है। पर टेक्सास को छोड़कर सभी राज्य अपने पास उतने इलेक्टोरल कॉलेज वोट नहीं रखते।" मैंने कहा।

"कैलिफ़ोर्निया को डेमोक्रेट्स ने रहने लायक़ नहीं रखा। टैक्स दर वहाँ अमेरिका में सबसे ज़्यादा है। वे बात लिबर्टी की करते हैं, पर कोई लिबर्टी नहीं है। अभी महामारी में वैक्सीन आने वाला है और वहाँ उन्होंने वैक्सीन अनिवार्य कर दिया है। हमें यह मंज़ूर नहीं था इसलिए हम अगस्त में कैलिफ़ोर्निया से टेक्सास आ गए।" लिंडा ने कहा।

"पर यह तो अच्छी बात है, वैक्सीन ही बचाव का रास्ता है इस महामारी से।"

"यह सिर्फ़ वहम है। मैं और मेरे बच्चे एलर्जिक हैं। हमें इंजेक्शन सूट नहीं करता, पूरे परिवार को अस्थमा है और हमारे ख़ून में आम लोगों से कम ऑक्सीजन रहती है। हमें नहीं लगवाना है वैक्सीन, पर यह कैलिफ़ोर्निया में सम्भव नहीं।" उन्होंने कहा।

मुझे सुनकर बड़ी हैरत हुई।

लेकिन डाना भी लिंडा के पक्ष में थीं। उन्होंने कहा, "इसलिए, टेक्सास इनके लिए सबसे अच्छी जगह है। यहाँ किसी को भी पसन्द नहीं है कि उन्हें कोई भी कुछ कहे। हम टेक्सास वालों को काम ही पसन्द है चाहे हमें कोई कुछ भी कहे।"

इन तीनों को लगता है, टेक्सास के बाहर भी ट्रम्प की दावेदारी मज़बूत है, क्योंकि वे वॉशिंगटन से नहीं हैं और उन्हें व्यापार की बेहतर समझ है। ये तीनों भी अभी तक मिले सभी ट्रम्प समर्थकों से बिलकुल भी अलग नहीं हैं।

जब उनसे पूछता हूँ कि क्या ट्रम्प के शासन में अमेरिका अधिक बँट नहीं गया? तो डाना का कहना था, "यह सब भ्रामक प्रचार है ट्रम्प के ख़िलाफ़। मैं चैरिटी में काम करती हूँ। अमेरिका में दो सबसे बड़े ब्लैक स्लम नेबरहुड हैं, एक न्यूयॉर्क में और दूसरा लॉस एंजेलस में। मैंने 7 साल एलए में उस स्लम में काम किया है और मैं आपको बता सकती हूँ कि

सभी अमेरिकी लोग उस नेबरहुड के लिए चैरिटी करते हैं। पर मैं आपको बताऊँ, उनमें से कई लोग ऐसे हैं जो कितना भी कर लो ढंग से रहना ही नहीं चाहते। अब अगर ऐसे उत्पाती लोगों को क़ानूनी लगाम लगाई जाए तो यह ज़्यादती कैसे हो जाएगी। और सुनिए आप, अमेरिका आज भी सबके रहने के लिए है और सभी अच्छे से रहते हैं, बस मीडिया वालों और कुछ उत्पातियों को छोड़कर।" लिंडा ने कहा।

"आप यहाँ कब तक हैं अमेरिका में?" जो ने पूछा।

"8 नवम्बर तक।" मैंने कहा।

"फिर आप ख़ुद ही देखना किस तरह ट्रम्प फिर से जीत दर्ज़ करते हैं।" उन्होंने कहा। अपनी बात को आगे बढ़ाते हुए वे बोले, "पिछली बार मैंने ट्रम्प को बेमन से वोट किया था, मुझे उनके जीतने की कोई उम्मीद नहीं थी, पर इलेक्शन की रात जब मेरी माँ ने मुझे फ़ोन कर बताया कि ट्रम्प जीत सकते हैं, तब मैंने टीवी खोला। और कमाल की बात, कि वे जीत गए। और इस बार तो मैं उनके कैम्पेन में लगा हुआ हूँ।" जो ने कहा।

मैं कुछ देर तक बूथ पर खड़ा रहा पर कोई नहीं आया तो सोचा वीडियो बनाकर यहाँ से निकल लेना ही ठीक है।

कार की तरफ़ चला तो देखा कि द्रोण किसी भारतीय से बात कर रहा था। जब वहाँ पहुँचे तो रामाकृष्णा किलारु से मुलाक़ात हुई। रामा यहाँ आईटी कंसल्टेंट हैं और हैदराबाद के मूल निवासी हैं। रामा पास ही रहते हैं। उन्होंने हमें चाय के लिए आमंत्रित किया।

चाय का निमंत्रण ठुकराया नहीं जा सकता। पर रोशनी कम हो रही थी तो सोचा, पहले वीडियो बना लूँ। हमने रामा को कहा कि वीडियो बनाकर चाय ज़रूर पिएँगे।

पर वीडियो बनाने में दो घंटे लग गए और चाय का वक़्त निकल गया। लेकिन सोचा कि रामा को कहकर निकलना ही उचित होगा।

द्रोण जब उन्हें हमारी स्थिति बताने पहुँचा तो रामा बाहर आकर बोले,

"मैंने भी आपके इन्तज़ार में अभी तक चाय नहीं पी है। यह तो ग़लत होगा अगर आप बिना चाय पिए निकल जाएँ। फिर तो हम बाहर बगीचे में बैठे और चाय लेकर रामा की धर्मपत्नी सुधा आईं।

हमारे लिए कप में चाय उँडेलते हुए सुधा बोलीं, "आप लोग आधा घंटा रुक जाइए, मैं खाना बना रही हूँ। आप इतना घूम रहे हैं, पता नहीं अगला भारतीय खाना कहाँ मिलेगा।"

हमने बहुत मना किया, पर वे नहीं मानीं।

हम चाय ख़त्म करके बैठे ही थे कि मूँग दाल, आलू-मिर्ची की सब्ज़ी, चावल, रोटी और आम का अचार लेकर सुधा भी आ गईं। इस सफ़र में इतना सन्तुष्टि वाला भोजन कम ही किया था। इसके लिए हम उन्हें जितना भी धन्यवाद देते कम ही होता। इस सबके बीच, रामा भारत के हाल जानने में ज़्यादा उत्सुक थे, हम उन्हें जितना बता सकते थे, बताया। वे इस पसोपेश में थे कि क्या यहाँ आगे काम करते रहें या वापस भारत लौट जाएँ।

खाना खाकर हमने उनके साथ एक फ़ोटो खिंचवाया और फिर चल पड़े। दिन इतने सुखद तरीक़े से समाप्त होगा यह सोचा नहीं था।

रात डैलस में गुज़ारने के बाद अगला पड़ाव था ह्यूस्टन। यह शहर पिछले साल से भारतीय लोगों के ज़ेहन में अलग जगह बना चुका है। पिछले वर्ष प्रधानमंत्री नरेन्द्र मोदी को राष्ट्रपति ट्रम्प ने होस्ट किया था।

अमेरिकी चुनाव में भारतीय मूल के लोगों की भूमिका सुर्ख़ियाँ बटोर रही है। अगर आप भारत मैं बैठे यह चुनाव देख रहे हैं तो इस तरह की हेडलाइन आपने ज़रूर पढ़ी होगी—'12 कारण—भारतीय वोटर ट्रम्प को क्यों चुनेंगे', 'वे 6 लोग जिन्होंने बाइडन कैम्पेन में मोर्चा सँभाल रखा है।' ऐसा क्यों हो रहा है, यह समझने के लिए हमें पिछले साल नवम्बर-दिसम्बर में हुए यूनाइटेड किंगडम के चुनावों पर भी एक नज़र डालनी होगी। इस चुनाव का परिणाम यह रहा कि बोरिस जॉनसन प्रधानमंत्री चुने गए और उनकी कैबिनेट के दो अहम पद भारतीय मूल के नागरिकों को मिले।

ऋषि सौनक, ब्रिटेन के वित्तमंत्री बने, और प्रीति पटेल गृहमंत्री। यही नहीं, भारतीय मूल की संस्था ओवरसीज़ फ्रेंड्स ऑफ़ बीजेपी ने यहाँ 23 सीटों पर भारतीय मूल के उम्मीदवारों या भारतीयों की अधिकता वाले इलाक़ों में कंज़र्वेटिव पार्टी के उम्मीदवारों को समर्थन दिया, जिनमें से 17 उम्मीदवार जीतकर ब्रिटिश संसद पहुँचे।

कहा जा सकता है कि भारतीय मूल के वोटरों ने ब्रिटेन में सरकार की स्थिति सुदृढ़ की। इन नतीजों के बाद लोगों की यह उत्सुकता स्वाभाविक है कि भारतीय मूल के वोट विदेश में उसके बाद हो रहे सबसे बड़े चुनाव में क्या भूमिका अदा कर सकते हैं।

चलिए, एक नज़र अमेरिकी संसद पर डालते हैं जो कि सीनेट और कांग्रेस से मिलकर बनता है। इन दोनों सदनों को मिलाकर कुल 538 जनप्रतिनिधि (कांग्रेस मेन और सीनेटर) होते हैं। इनमें भारतीय मूल के कुल 5 जनप्रतिनिधि हैं। चार कांग्रेस मेन और 1 सीनेटर कमला हैरिस जो स्वयं उपराष्ट्रपति पद की उम्मीदवार हैं। इसके अलावा एक और आँकड़ा फ़िलहाल बहुत चर्चा में हैं कि पिछले राष्ट्रपति चुनाव में 16 प्रतिशत भारतीय वोटरों ने ही ट्रम्प को वोट दिया था, बाक़ी सभी डेमोक्रेट हिलरी क्लिंटन के पक्ष में गए।

इस बार उम्मीद की जा रही है कि ट्रम्प को वोट देने वाले भारतीय वोटरों का प्रतिशत बढ़ेगा। मीडिया में ऐसी उम्मीद इसलिए जताई जा रही है क्योंकि सितम्बर 2019 में राष्ट्रपति ट्रम्प ने प्रधानमंत्री नरेन्द्र मोदी को हाउडी मोदी के लिए यहीं ह्यूस्टन में आमंत्रित किया था और उस समारोह में प्रधानमंत्री को सुनने के लिए 50,000 भारतीय इकट्ठा हुए थे।

यह आँकड़ा इसलिए भी अहम है क्योंकि अमेरिका में राजनीतिक रैलियों में बमुश्किल कुछ हज़ार लोग ही शामिल होते हैं। एक जानकार डेमोक्रेट ने बताया कि जब राष्ट्रपति बराक ओबामा ने अपना विजय सम्बोधन दिया था तो उसमें भी 10,000 लोग ही जुटे थे।

अब ह्यूस्टन में भारतीयों की इतनी बड़ी भीड़ जुटाकर जहाँ भारत ने एक तरह से अपनी शक्ति प्रदर्शित की, वहीं ट्रम्प ने यह दिखाने की कोशिश की कि भारतीय वोटर उनके साथ हैं। इस आयोजन के बाद प्रधानमंत्री मोदी ने राष्ट्रपति ट्रम्प को केम छो ट्रम्प नामक आयोजन में अहमदाबाद बुलाया, और मोटेरा स्टेडियम में 1,00,000 लोगों की भीड़ जुटाई। सन्देश यह देना था भारतीय वोटरों को प्रधानमंत्री मोदी कितना प्रभावित करते हैं। मोदी ने ह्यूस्टन में जुटी भीड़ को ट्रम्प को वोट करने का सन्देश तक दे दिया।

इसका परिणाम यह हुआ कि इस चुनाव में व्हाट्सएप्प पर ट्रम्प समर्थक भारतीयों का एक ग्रुप, 'अबकी बारी ट्रम्प की दूसरी पारी' सक्रिय हो गया। हालाँकि यह प्रचार कितना कारगर होगा यह तो वक़्त ही बताएगा।

इन भारी-भरकम दावों को ज़रा आँकड़ों के तराज़ू पर तौला जाए।

2018 की जनगणना के मुताबिक़ अमेरिका में रह रहे भारतीयों की जनसंख्या है, 41 लाख 60 हज़ार। इसमें से 20 लाख 62 हज़ार यहाँ के नागरिक हैं। इन नागरिकों में से भी मात्र 10 लाख 90 हज़ार ही वोट दे सकते हैं। जबकि क़रीब 10 लाख 50 हज़ार लोग सिर्फ़ काम करने के लिए ही अमेरिका में रह रहे हैं।

इन आँकड़ों के मुताबिक़, भारतीय जनसमूह अमेरिकी वोटरों की संख्या का मात्र 1 प्रतिशत है। यह 1 प्रतिशत आबादी भी ज़्यादातर कैलिफ़ोर्निया, न्यूयॉर्क, न्यू जर्सी, इलिनॉ और टेक्सास में रहती है। इनमें से टेक्सास ही रिपब्लिक बहुल है, जबकि बाक़ी चार राज्य डेमोक्रेट बहुल हैं।

अब मान लीजिए, इन सभी राज्यों में रह रहे भारतीय अगर राष्ट्रपति ट्रम्प को वोट कर दें तो क्या होगा। जो डेमोक्रेटिक बहुल चार राज्य हैं उनमें यह संख्या इतनी नहीं है कि, ट्रम्प को यहाँ जिता दें। दूसरी ओर अगर टेक्सास में सभी भारतीय ट्रम्प को वोट करते हैं तो उनकी स्थिति और

मज़बूत होगी। पर यह सिर्फ़ एक अनुमान है।

पिछले चुनाव में तीन स्विंग राज्य थे जिन्होंने अपने रंग बदले। ये थे पेंसिलवेनिया, विस्कॉन्सिन और फ़्लोरिडा। इन तीन में रह रहे भारतीयों की संख्या मतदाताओं की कुल संख्या की क़रीब 1 प्रतिशत है। अगर सारे भारतीय पहले दो राज्यों में एकतरफ़ा वोट कर दें तो भी अन्तिम परिणामों पर प्रभाव नहीं पड़ेगा लेकिन फ़्लोरिडा में अगर सभी भारतीय एकतरफ़ा ट्रम्प को वोट दें तो उन्हें फ़ायदा ज़रूर होगा।

अब मुद्दों पर आते हैं। भारतीय मूल के लोग किन मुद्दों पर वोट देंगे यह टटोलने के लिए कार्नेगी इंस्टिट्यूट और माई गोव ने एक सर्वे किया जिसमें यह जानने के लिए 12 पैमाने थे कि भारतीय वोटरों का रुझान किस तरफ़ है।

इस सर्वे से साफ़ हुआ कि 77 प्रतिशत भारतीय डेमोक्रेटिक पार्टी को वोट करेंगे। यह कोई नई बात नहीं थी। पिछले कुछ दिनों में अलग-अलग लोगों से बात करने पर पता चला कि डेमोक्रेट्स अपने मेम्बर घर-घर जाकर जोड़ते हैं। उनकी यह पहल भारतीयों को पिछले चार दशकों से रिझा रहा है। भारतीय मूल के लोगों को यह लगता है कि उन्हें तवज्जो दी जा रही है और पार्टी में उनकी पूछ है। दूसरी ओर रिपब्लिकन पार्टी अपना कन्वेन्शन करवाती है जहाँ जाकर आपको अपना रजिस्ट्रेशन करवाना पड़ता है और फिर सदस्यता लेनी पड़ती है।

यह एक प्रमुख कारण है कि पिछले कई दशकों से भारतीय मूल के लोग डेमोक्रेटिक बने हुए हैं। एक कारण यह भी है कि इतनी आउट रीच के बावजूद आज भी कई भारतीय रिपब्लिकन पार्टी में असहज महसूस करते हैं। उन्हें लगता है यहाँ उनका सम्मान नहीं हो रहा है।

फिर जब उनसे पूछा गया कि भारत-अमेरिका सम्बन्ध उनके वोट डालने के कारणों में कितना अहमियत रखता है तो उनका जवाब था, नहीं। उन्होंने इसे 12 में से 11वें स्थान पर रखा। आज के युवा भारतीय-अमेरिकी

ख़ुद को उतना ही अमेरिकन मानते हैं जितना कि कोई मूल निवासी। उनके लिए भी वोट करते वक़्त रोज़गार, अर्थव्यवस्था और स्वास्थ्य अहम मुद्दे हैं।

इन सबके बावजूद, सारे आँकड़ों और इन दो बड़ी रैलियों को देखते हुए डेमोक्रेट्स ने भारतीय और अफ्रीकी मूल की कमला हैरिस को उपराष्ट्रपति पद का उम्मीदवार बनाया है। इसके दो कारण हैं। एक तो भारतीय वोटरों को अपने पक्ष में रखना और दूसरा, अफ्रीकी मूल के जो वोटर पिछली बार के चुनाव में वोट देने नहीं आए उन्हें इस बार बाहर निकलने और रिपब्लिकन के पक्ष में वोट देने के लिए प्रेरित करना।

सुर्ख़ियों से परे, अमेरिका की राजनीति में भारतीय मूल के वोटरों की यही वास्तविकता है। वे अभी उभर रहे हैं, पर उन्हें काफ़ी राजनीतिक दूरी तय करनी है। लेकिन यह भी उतना ही सच है कि इमिग्रेंट्स में सबसे अधिक शक्तिशाली भारतीय ही हैं, क्योंकि पढ़े-लिखे, सभ्य और क़ायदे-क़ानून मानने वाले लोग हैं।

10

फ़्लोरिडा

23-25 अक्तूबर, 2020

हम अब पहुँच चुके हैं फ़्लोरिडा, अमेरिका का सबसे दक्षिणी छोर। यह तीसरा सबसे ज़्यादा जनसंख्या वाला राज्य है और चुनाव के लिहाज़ से अहम। 29 इलेक्टोरल कॉलेज वोट यहाँ से आते हैं। फ़्लोरिडा एक स्विंग स्टेट भी है और कहा जा रहा है कि डोनाल्ड ट्रम्प के लिए ओवल ऑफ़िस का रास्ता फ़्लोरिडा से ही निकलेगा।

उनके लिए यह राज्य जीतना अहम है। अगर वे यहाँ हार गए तो उनके लिए चुनाव उसी क्षण समाप्त हो जाएगा। बाइडन के लिए भी ये 29 इलेक्टोरल कॉलेज वोट अहम हैं, पर यहाँ अगर वे हार भी जाते हैं तो भी उनके लिए चुनाव में उम्मीद बची रहेगी।

इस राज्य की अहमियत का अन्दाज़ा इस बात से ही लगाया जा सकता है कि राष्ट्रपति ट्रम्प ने अपना नाम वोटर लिस्ट में यहाँ शिफ़्ट करवाया है। अभी तक वे न्यूयॉर्क से वोट करते थे पर अब वे वेस्ट पालम बीच के निवासी हैं और यहीं न्यू लाइब्रेरी में कल वोट करने आएँगे।

फ़्लोरिडा चर्चा में इसलिए भी है क्योंकि अगर मुक़ाबला काँटे का रहा तो वर्ष 2000 में हुए राष्ट्रपति चुनाव की तरह फ़ैसला फ़्लोरिडा पर आकर

टिक सकता है। 2000 में हुए जॉर्ज बुश जूनियर और तब के उपराष्ट्रपति अल गोर के बीच हुए मुक़ाबले में रेस इतनी नज़दीकी थी कि फ़ैसला फ़्लोरिडा पर आकर टिक गया था और क़रीब महीना भर चले क़ानूनी दाँव-पेचों के बाद बुश यहाँ विजयी हुए थे। तब स्टेट के सुप्रीम कोर्ट ने नियमों का हवाला देते हुए वोटों की गिनती फिर से करवाई और फिर एक बड़े ही कड़े मुक़ाबले में बुश ने अल गोर को पराजित किया।

इस राज्य की जनसंख्या 2018 की जनगणना के मुताबिक़ 2 करोड़ 20 लाख है, जिसमें क़रीब 74 प्रतिशत लोग श्वेत हैं, 21 प्रतिशत स्पैनिश मूल के हैं, 16 प्रतिशत अश्वेत हैं और 3 प्रतिशत एशियन हैं। अगर इसी राज्य को राजनीतिक हिसाब से बाँटा जाए तो यहाँ लगभग 32 प्रतिशत लोग डेमोक्रेटिक वोट हैं, रिपब्लिकन वोटर 33 प्रतिशत हैं और शेष बचे क़रीब 35 प्रतिशत किसी भी पार्टी से सम्बन्ध नहीं रखते हैं यही 35 प्रतिशत वोटर फ़्लोरिडा को स्विंग स्टेट बनाते हैं।

यही बात यहाँ के नतीजों में दिखती है। वर्ष 2000 और 2004 के चुनावों में यहाँ से रिपब्लिकन उम्मीदवार जॉर्ज बुश जीते थे, फिर 2008 और 2012 में डेमोक्रेटिक बराक ओबामा जीते, 2016 में रिपब्लिकन ट्रम्प यहाँ से जीते। ट्रम्प की जीत इस मायने में भी ख़ास रही कि हिलरी क्लिंटन ने ओबामा से तीन लाख वोट ज़्यादा पाने पर भी वे क़रीब सवा लाख वोटों से फ़्लोरिडा में हार गईं।

पिछले पाँच चुनावों से यह स्पष्ट है कि कोई भी फ़्लोरिडा जीते बिना व्हाइट हाउस तक नहीं पहुँच सका है। इसकी अहमियत को देखते हुए ट्रम्प कैम्पेन ने यहाँ अपना ध्यान केन्द्रित कर रखा है। वोटर रजिस्ट्रेशन में भी वो डेमोक्रेट्स से क़रीब एक लाख बीस हज़ार से ज़्यादा लोगों को अपने साथ जोड़ चुके हैं। अभी तक के आँकड़ों के हिसाब से ट्रम्प ने 4 लाख 50 हज़ार नए मतदाता अपने साथ जोड़े हैं, वहीं बाइडन ख़ेमे ने 3 लाख 30 हज़ार नए मतदाता अपने साथ लिये हैं।

इस सारी अंकगणित के बावजूद सभी सर्वे का औसत निकालें तो बाइडन अभी ट्रम्प से डेढ़ अंक आगे चल रहे हैं। ज़ाहिर है, मुक़ाबला रोचक रहेगा।

कल का दिन भी काफ़ी अहम है, राष्ट्रपति ट्रम्प और उपराष्ट्रपति बाइडन कल तीसरे और आख़िरी प्रेसिडेंशियल डिबेट मैं आमने-सामने होंगे। यह डिबेट टेनेसी की बेल्मांट यूनिवर्सिटी में होनी है। ट्रम्प के कोविड पॉज़िटिव होने के कारण दूसरी डिबेट नहीं हो पाई थी, आयोजकों ने वर्चुअल डिबेट की बात की पर ट्रम्प ने उसे समय की बर्बादी बोलकर ख़ारिज कर दिया। पहली डिबेट भी कुछ ख़ास नहीं रही और ट्रम्प की बड़ी निन्दा हुई कि उन्होंने बाइडन को बात करते वक़्त बीच में बहुत बार टोका। अब आख़िरी डिबेट में दोनों उम्मीदवारों के साथ-साथ मॉडरेटर एनबीसी की संवाददाता क्रिस्टन वेल्कर पर भी दबाव रहेगा।

जब भी अमेरिका में होने वाले डिबेटों की बात होती है तो भारत में भी कई बुद्धिजीवी इस डिबेट में लग जाते हैं कि जब दुनिया के सबसे पुराने लोकतंत्र में राजनेता आपस में वाद-विवाद कर सकते हैं तो विश्व के सबसे बड़े लोकतंत्र में ऐसा क्यों नहीं होना चाहिए? ख़ासकर तब, जब प्रधानमंत्री ने चुनाव को विचारधारा से इतर व्यक्ति विशेष पर केन्द्रित कर दिया है।

यह सब अभी ज़ेहन में चल ही रहा था कि विचार आया कि इन डिबेटों के बारे में ज़रा पढ़ा और समझा जाए। जितना भी इस रोचक मुक़ाबले के बारे में समझ पाया हूँ, वह कुछ इस प्रकार है :

लिखित इतिहास में इसका पहला आलेख आता है, 1858 में। जब इलिनॉ में पहला रिकॉर्डेड डिबेट हुआ था तब के कांग्रेस मैन अब्राहम लिंकन और इलिनॉ के सीनेटर स्टीफ़न डगलस के बीच। यह मुक़ाबला इलिनॉ की सीनेट सीट के लिए था। तय हुआ कि दोनों उम्मीदवार पूरे राज्य में सात जगह जनता के बीच में डिबेट करेंगे और इस डिबेट का मुख्य बिन्दु था—स्लेवरी और यूनियन अर्थात् ग़ुलामी और संघ।

इन सात डिबेटों के बाद, डिबेट का अगला ज़िक्र मिलता है 102 वर्ष बाद, 1960 में जब मैसेच्युसेट्स के सीनेटर जॉन एफ केनेडी ने तत्कालीन उपराष्ट्रपति रिचर्ड निक्सन के साथ टीवी पर सीधे प्रसारित होने वाली डिबेट शिकागो में की। यह एक ऐतिहासिक घटना हुई, जिसे क़रीब 6 करोड़ 50 लाख लोगों ने देखा।

इसके बाद अगले तीन राष्ट्रपति चुनावों 1964,1968 और 1972 में उम्मीदवारों के बीच डिबेट नहीं हुए। इनके बाद भी जो तीन चुनाव 1976, 1980 और 1984 में हुए उनमें डिबेट बड़े ही अस्त-व्यस्त रूप में जैसे-तैसे हुए, उनका कोई ढाँचा स्पष्ट नहीं था।

हालाँकि ये डिबेट जैसे भी रहे, पर इनमें लोगों की रुचि बनी रही, और दोनों बड़े राजनैतिक दलों ने इनकी अहमियत को माना। उन्हें लगा कि लोगों को यह जानने में रुचि है कि उम्मीदवार अहम मुद्दों पर क्या राय रखते हैं।

इनका प्रभाव और उपयोगिता जानने के लिए दो बड़े विश्वविद्यालयों; हॉर्वर्ड यूनिवर्सिटी की इन्स्टिट्यूट ऑफ़ पॉलिटिकल साइंस तथा जॉर्जटाउन यूनिवर्सिटी के सेंटर फ़ॉर स्ट्रैटेजिक एंड पॉलिटिकल स्टडीज़ ने 1984 से 1986 तक इन डिबेटों की प्रासंगिकता पर शोध किया।

इसमें पिछले तीन डिबेटों के अनुभवों को देखते हुए यह बात अहम तौर पर निकलकर आई कि ऐन वक़्त तक मुख्य उम्मीदवार डिबेट में हिस्सा लेने की हामी नहीं भरते। इस अनिश्चितता को ख़त्म करने के लिए सुझाव दिया गया कि दोनों राजनैतिक दल इन डिबेटों को मान्यता दें और अपने उम्मीदवारों को इनमें शामिल होने के लिए बाध्य करें।

1987 में कमीशन फ़ॉर प्रेसीडेंशियल डिबेट्स नामक एक नॉन प्रॉफ़िट संस्था बनाई गई जिसका उद्देश्य था लोगों तक उनके राष्ट्रपति और उपराष्ट्रपति उम्मीदवारों की सही जानकारी पहुँचाना और उनसे अहम विषयों पर चुनाव के दौरान रू-ब-रू करना।

उस वक़्त के डेमोक्रेटिक पार्टी के अध्यक्ष पॉल जी. किर्क और रिपब्लिकन पार्टी के अध्यक्ष फ्रैंक जे. फ़रहएनकोपफ जूनियर इस बात पर राज़ी हुए और 19 फ़रवरी, 1987 को वॉशिंगटन डीसी में यह संस्था बनी।

आज इस संस्थान को एक स्वतंत्र बोर्ड संचालित करता है, पर पहले दो साल जिनमें कि 1988 का चुनाव भी होना था, दोनों पार्टियों के अध्यक्ष इसके चेयरमैन बने। पर 1989 के बाद तीन दशकों से ज़्यादा समय हो गया, किसी भी राजनैतिक दल का अध्यक्ष इसका चेयरमैन नहीं बना।

इनका मूल उद्देश्य है, अमेरिकी जनता को राष्ट्रपति पद के उम्मीदवारों और उनके विचारों से रू-ब-रू करवाना। अपनी निष्पक्षता को बरकरार रखने के लिए यह किसी भी राजनैतिक दल, राजनेता या उनसे जुड़े लोगों से डोनेशन या स्पांसरशिप नहीं लेती। इसका बोर्ड स्वतंत्र होता है, जिसमें सभी प्रमुख मीडिया हाउस से जुड़े प्रतिष्ठित और वरिष्ठ लोग और अकादमिक क्षेत्र के विद्वान होते हैं, पूर्व राष्ट्रपति भी इसके ऑनरेरी मेम्बर होते हैं। अभी बराक ओबामा और जॉर्ज डब्ल्यू. बुश भी इसके बोर्ड में शामिल हैं।

यह संस्था चुनाव से क़रीब दो साल पहले अपना काम शुरू कर देती है। यह बिड आमंत्रित करती है डिबेट की जगहें तय करने के लिए, अलग-अलग कॉलेज और यूनिवर्सिटी अपनी बिड डालते हैं जिसे परखने के बाद कमिटी अलग-अलग वेन्यू तय करती है।

फिर बारी आती है डिबेट को संचालित करने वाले के चुनाव की। मूल रूप से मॉडरेटर तय करने का पैमाना यह है कि जिसका भी चयन हो उसे टीवी का ज्ञान हो और पता हो कि डिबेट कैसे संचालित की जाती है। दूसरा, उसे उन विषयों का गहनता से ज्ञान हो जिन मूल विषयों पर चुनाव केन्द्रित है। तीसरा, यह कि जो भी उम्मीदवार मैदान में हो उससे मॉडरेटर की पहचान हो, वे लोग उसके साथ बातचीत करने में सहज हों। चौथा, मॉडरेटर यह सुनिश्चित करे कि डिबेट के दौरान लोग उम्मीदवारों

की बात सुनने में दिलचस्पी रखें न कि उनकी, इसलिए वह अपना प्रश्न स्पष्ट और सीधा रखें।

इन सबके बाद जिन भी पत्रकारों का चयन होता है उन्हें एक-एक डिबेट दिए जाते हैं। पर इसमें जो बात सबसे रोचक है वह यह कि मॉडरेटर को यह आज़ादी होती है कि वह अपना प्रश्न स्वयं तय करे और उन प्रश्नों पर कमीशन का कोई दख़ल या प्रभाव नहीं होता। उम्मीदवारों को भी प्रश्नों की जानकारी डिबेट के दौरान ही मिलती है।

हमें सिर्फ़ दो उम्मीदवारों को डिबेट में हिस्सा लेते देखने की आदत है, परन्तु नियम इससे अलग है। अमेरिका में जन्मा कोई भी व्यक्ति क़ानूनी तौर पर चुनाव लड़ सकता है। लोग लड़ते भी हैं, पर डिबेट में हिस्सा लेने के लिए आपको न सिर्फ़ अमेरिका में जन्मा नागरिक होना चाहिए, बल्कि हर राज्य के बैलेट पेपर पर आपका नाम होना भी आवश्यक है। इसके साथ ही कमीशन द्वारा तय की गईं पाँच एजेंसियाँ जो सर्वे करती हैं उसमें आपकी स्थिति इतनी मज़बूत होनी चाहिए कि आप 15 प्रतिशत या उससे अधिक वोट हासिल कर चुनाव पर प्रभाव डालने की स्थिति में हों।

अभी तक सिर्फ़ 1992 के चुनाव में तीन उम्मीदवारों—जॉर्ज बुश सीनियर, बिल क्लिंटन और बिज़नेसमैन रॉस पैरॉ ने हिस्सा लिया था। हालाँकि डिबेट के बाद पारीयोत चुनावी रेस से बाहर हो गए थे।

अब इस तरह के डिबेट की पैरवी करने वालों को निष्पक्ष रूप से हमारे लोकतांत्रिक ढाँचे को देखना चाहिए। मुझे नहीं लगता कि हमारे राजनीतिक दल और उनके उम्मीदवार बिना बताए हुए सवालों का जवाब देने के लिए मंच साझा करने को राज़ी होंगे।

मुद्दों पर चुनाव हमारे यहाँ लड़ा ही नहीं जाता, हम अभी सिर्फ़ जुमले ही दे सकते हैं और भीड़ को ही सम्बोधित कर सकते हैं।

ख़ैर, आख़िरी डिबेट भी सम्पन्न हो गया, इस बार मॉडरेटर क्रिस्टन वेल्कर ने किसी भी उम्मीदवार को एक-दूसरे की बात काटने का ज़्यादा

मौक़ा नहीं दिया। राष्ट्रपति ट्रम्प ने भी उनकी तारीफ़ की और कहा, "आइ एम इम्प्रेस्ड।" यह डिबेट भी कोविड और नस्ली हिंसा के इर्द-गिर्द चला।

ट्रम्प ने सुर्ख़ियाँ बनाते हुए कहा, "आइ एम द लीस्ट रेसिस्ट पर्सन इन द रूम (मैं यहाँ कमरे में सबसे कम नस्लवादी व्यक्ति हूँ)।" एक और बार जो बाइडन को आड़े हाथों लेते हुए उन्होंने कहा, "आज मैं यहाँ हूँ क्योंकि तुमने अपने कार्यकाल में जो काम करना चाहिए था वह नहीं किया।"

ये दोनों बातें अगले कुछ दिनों के लिए सुर्ख़ियाँ बनाने के लिए काफ़ी थीं।

एक जगह क्लाइमेट चेंज पर बात करते हुए उन्होंने कहा, "अमेरिका की आबोहवा रूस, चीन और भारत से कहीं बेहतर है। अभी मैं भारत गया था, वहाँ की आबोहवा कितनी गंदी है।" बस यह कहना भर था कि हमारे ख़बरिया चैनल पड़ गए ट्रम्प के पीछे।

ट्रम्प के विपरीत बाइडन हर बात को नाप-तौल कर बोल रहे थे, उन्होंने इस बात पर ज़ोर दिया कि कोविड से अमेरिका को बचाने में ट्रम्प असफल हुए हैं और उनकी लापरवाही से निर्दोष लोगों की जानें गईं। उन्होंने कहा कि वो वैज्ञानिकों और डॉक्टरों की सलाह मानकर आगे की रणनीति बनाएँगे कोविड को हराने के लिए। इसके अलावा उनका कहना था कि वो अमेरिका को वापस उसके मूल स्वरूप में लाने का प्रयास करेंगे।

इसके साथ ही, इस चुनाव में डिबेट सम्पन्न हुआ। कमीशन ने 2016 के चुनाव के बाद एक आँकड़ा साझा किया कि 63 प्रतिशत अमेरिकियों ने डिबेट्स देखने के बाद निर्णय लिया था कि वे अपना वोट किसको देंगे। पर इस बार लगता है ऐसा नहीं होगा, अमेरिका ने मन बना लिया है कि उसे किसको वोट देना है। अभी तक का अनुभव यही दर्शाता है।

डिबेट के बाद राष्ट्रपति ट्रम्प फ़्लोरिडा पहुँच गए हैं, कल सुबह वे वेस्ट पालम बीच स्थित न्यू लाइब्रेरी में अपना वोट डालेंगे।

लाइब्रेरी जहाँ हम रुके थे उससे लगभग 6 मील दूर थी, हम भी समय

रहते निकल गए। पर लाइब्रेरी से क़रीब एक मील दूर हमें रोक दिया गया। राष्ट्रपति अपना मतदान करने पहुँच गए थे और जल्दी ही वहाँ से निकलने वाले थे। उनकी सुरक्षा को ध्यान में रखते हुए कुछ रास्तों का ट्रैफ़िक अभी रोक दिया गया था।

हम वहाँ सही समय पर वो दृश्य देखने नहीं पहुँच सके, फिर भी हमने लाइब्रेरी का रुख़ किया। वहाँ पहुँचकर हम पार्किंग खोज ही रहे थे कि क़रीब 10-15 गाड़ियों का क़ाफ़िला जिन पर ट्रम्प के समर्थन के झंडे, बैनर लगे हुए थे शोरगुल करता हुआ गुज़रा।

पहली बार चुनाव में कुछ जाना-पहचाना दिखा, वे लोग माइक पर बोले जा रहे थे, "कास्ट योर वोट एंड सपोर्ट ट्रम्प। इफ़ यू हैव देन ज्वाइन अस (आप ट्रम्प को वोट देकर अपना समर्थन दीजिए, और अगर आपने मतदान कर लिया है तो हमारे साथ चलिए)।"

हम मतदान तो नहीं कर सकते थे, पर यह जानने के लिए कि यह क़ाफ़िला कहाँ तक जाएगा और क्या कुछ करता है हम उनके साथ हो लिये।

अभी हम लाइब्रेरी से बाहर निकले ही थे कि देखते-ही-देखते कुछ मोटरसाइकिल सवार, दो बड़ी वैन और एक बड़ी-सी बस जिस पर राष्ट्रपति ट्रम्प का फ़ोटो और स्लोगन लिखे थे हमारे पीछे लग गईं। अब हमारे आगे कारें थीं, पीछे बस और वैन और बाईं ओर मोटरसाइकिल का क़ाफ़िला।

ट्रम्प के समर्थन में गाने और एमएजीए (मेक अमेरिका ग्रेट अगेन) एन्थम कारों में लगे स्पीकरों पर ज़ोर से बज रहे थे। जैसे-जैसे क़ाफ़िला आगे बढ़ रहा था, गाड़ियाँ जुड़ती जा रही थीं और हॉर्न का शोर बढ़ता जा रहा था। इतना शोर कि एक बार के लिए लगा कि हम भारत में ही कार चला रहे हैं। गाड़ियाँ 100 से अधिक हो गई थीं और हमें क़ाफ़िले के साथ चलते एक घंटा हो गया था। क़ाफ़िला शॉपिंग मॉलों, वोटिंग सेंटरों

से निकल रहा था और जब भी कोई नई गाड़ी क़ाफ़िले में जुड़ती उसमें शामिल अन्य गाड़ियाँ ज़ोर-ज़ोर से हॉर्न बजाकर उसका अभिवादन करतीं।

फिर अचानक हमारे आगे चल रही गाइड कार में बैठा एक व्यक्ति रूफ़ से बाहर आकर सबको धीरे होकर चक्कर लगाने का इशारा करता है और सब हॉर्न बजाकर उसे बताते हैं कि वो इशारा समझ गए। शायद हम ही इकलौते ऐसे होंगे जिन्हें कुछ समझ नहीं आया। पर हम भी चलते रहे, सभी कारें एक चौराहे के चारों ओर बहुत धीरे-धीरे घूम रही हैं। लग रहा है जैसे क़तार से खड़ी हो रही हैं।

गाइड कार का चालक बाहर निकलकर आता है और स्पीकर पर बोलता है, "द लेडीज़ विल नाउ ज्वाइन अस।" देखते ही देखते कुछ ही मिनटों में वहाँ एक क़ाफ़िला और आया जिसमें सिर्फ़ महिला चालक थीं, उन्होंने अपनी कारों पर बैनर लगा रखे थे, विमन फ़ॉर ट्रम्प।

यह चकित कर देने वाला दृश्य था। अब तक डोनाल्ड ट्रम्प द्वारा महिलाओं के लिए कहे गए बेहूदा और भद्दे बयान ही सुने थे, लेकिन आज महिलाओं को उनके समर्थन में उतरा देख हैरानी हुई।

जैसे ही क़रीब 20 कारें और जुड़ीं गाइड कार ने चलना शुरू किया। फिर कुछ और पोलिंग बूथों से गुज़रता हुआ यह हजूम आगे बढ़ने लगा, दो घंटों के इस शोरगुल से कान पक चुके थे पर यह देखना भी ज़रूरी था कि आख़िर यह क़ाफ़िला थमता कहाँ है।

आधा घंटा इंतज़ार करना पड़ा। फिर गाइड कार की छत से एक व्यक्ति बाहर निकलकर बोलता है, यह क़ाफ़िला वेलिंगटन में थमेगा।

सभी कारें उसके पीछे-पीछे, वेलिंगटन मॉल में प्रवेश करती हैं और एक मेक्सिकन रेस्टोरेंट के आसपास जाकर रुकती हैं। तभी गाइड कार का चालक माइक पर आकर सबका शुक्रिया करता है और विनी के लिए ज़ोरदार तालियाँ बजाने को कहता है। हॉर्न और तालियों का शोर अचानक बढ़ जाता है और 'ट्रम्प ट्रेन' लिखी हुई बस की छत पर एक व्यक्ति बाहर

निकलकर सबका अभिवादन करता है और सबको डिनर के लिए आमंत्रित करता है।

सभी लोग अलग-अलग ग्रुप में बैठने लगते हैं। चारों ओर हर्षोल्लास का माहौल है। मैं सीधे गाइड कार के चालक के पास जाकर अपना परिचय देता हूँ। उसका नाम कार्लोस है, वह यहीं एक मेसॉन (जो बिल्डिंग बनाते हैं) के तौर पर काम करता है और जब उसके पास समय होता है तब वह यहाँ कैम्पेन से जुड़ जाता है।

"आप यहीं रुको, मैं आपको पैट्रिक से मिलवाता हूँ, हमारे ग्रुप का लीडर वही है।" यह कहकर वह अपना खाना बीच में छोड़ पैट्रिक को ढूँढ़ने निकल जाता है। कुछ ही देर में कार्लोस, एक दुबले-पतले बड़ी दाढ़ी वाले व्यक्ति के साथ आता है। वह मेरा परिचय पैट्रिक से कराकर निकल जाता है।

पैट्रिक एक बिल्डर है। वह वेस्ट पालम बीच का निवासी है और रिपब्लिकन समर्थक है। वह कैम्पेन से एक साल से जुड़ा है और गर्व से बताता है कि वेलिंगटन और आसपास के इलाक़ों में उसने 2000 के क़रीब वालंटियर जोड़े हैं जो घर-घर जाकर ट्रम्प के लिए समर्थन माँगते हैं और कैम्पेन में मदद कर रहे हैं।

"पर अभी ट्रम्प फ़्लोरिडा में क़रीब 1 प्वाइंट पीछे चल रहे हैं बाइडन से?" मैंने कहा।

"आप आँकड़े छोड़ दीजिए, वे एकतरफ़ा तस्वीर ही दिखाते हैं। आप हमारे साथ चलें और देखिए, क्या अभी तक आपको कहीं भी बाइडन के समर्थन में ऐसा कुछ देखने को मिला। आप फ़्लोरिडा को ट्रम्प के खाते में डाल दीजिए, कुछ भी हो जाए वे यहाँ से जीतकर ही जाएँगे।" पैट्रिक बोला।

उसमें ग़ज़ब की ऊर्जा थी। हर कोई जो आसपास से निकल रहा था, वह उसका अभिवादन कर रहा था।

"आप जब ट्रम्प के लिए समर्थन माँगते हैं तो क्या कहते हैं लोगों से?" मैंने पूछा। "हमें कैम्पेन से बुकलेट मिली है जिसमें लिखा है कि ट्रम्प ने अमेरिका को सही राह दिखाने के लिए क्या कुछ किया है। उस बुकलेट को हम घर-घर पहुँचाते हैं।

उसे यह प्रश्न अच्छा नहीं लगा, वह असहज सा दिखा। उसकी असहजता को भाँपते हुए मैंने पूछा, "क्या आप कोई भी तीन काम बता सकते हैं जो आपकी नज़र में राष्ट्रपति ट्रम्प ने अच्छे किए हैं?"

पैट्रिक एक पल के लिए रुक सा गया, "आपने मुझे ग़लत पकड़ लिया अचानक से।" वह बोला।

"आप अपना समय लीजिए।" मैंने कहा।

दो-तीन मिनट तक चुप रहने के बाद वह बोला, "उन्होंने वाल का काम शुरू किया, जेल सुधार के निर्णय लिये और चीन से सीधे टक्कर ली।"

"और कुछ?" मैंने पूछा।

"अभी तो इतना ही बता सकता हूँ, आप रुको, मैं आपको अपने लीडर विनी से मिलवाता हूँ, वह यह सब कुछ जानता है और आप उससे कुछ भी पूछ सकते हैं।"

इतना बोलकर पैट्रिक वहाँ से निकल गया।

पास की टेबल पर महिलाओं का समूह बैठा था, मैं उनकी तरफ़ गया और पूछा, "क्या मैं आप लोगों से बात कर सकता हूँ?"

उन्होंने एक की तरफ़ इशारा करके कहा, "यह बात कर सकती है।"

मैंने अपना परिचय दिया तो महिला ने बताया कि उसका नाम वैलेंसिया नैटली है, वो इटैलियन-अमेरिकन है। उसकी दादी 1960 के दशक में न्यूयॉर्क आकर बस गई थीं। वे एक टीचर थीं।

वैलेंसिया एक सर्जिकल असिस्टेंट नर्स है और यहाँ के पब्लिक अस्पताल में काम करती है।

"आप ट्रम्प का समर्थन क्यों करती हैं।" मैंने उससे सीधा सवाल किया।

"उनके काम तारीफ़ के क़ाबिल हैं और वे अमेरिका को फिर से एक महान देश बनाने के लिए एक सच्चे राष्ट्रभक्त की तरह काम कर रहे हैं।" उसने कहा।

आपको उनका कौन सा काम क़ाबिले तारीफ़ लगा।

"मैं एक नर्स हूँ, अभी महामारी के दौरान कई लोगों की नौकरी जा चुकी है, इस मुश्किल घड़ी में ट्रम्प ने यह तय किया कि सबके घर में पैसा पहुँचे जिससे कि हमारा घर चल सके। मैं एक अकेली माँ हूँ, मेरे पास कॉन्ट्रैक्ट पर नौकरी है, पर मेरी बिल्डिंग में कई लोग ऐसे भी हैं जिनकी नौकरी जा चुकी है, ट्रम्प ने उन्हें बेरोज़गारी भत्ता देकर उन सबको जीवनदान दिया है। 12 वर्ष पहले जब ओबामा राष्ट्रपति बने थे, तब रिसेशन आया था और तब भी लोगों की नौकरियाँ जा रही थीं। मेरा बेटा एक वर्ष का था, और तब जब मेरी नौकरी गई तो हमें कई दिन कार में रहना पड़ा क्योंकि किराया देने के पैसे भी नहीं थे हमारे पास। पर ट्रम्प सरकार ने यह तय किया कि सभी के पास जीवित रहने के लिए ज़रूरी साधन लेने लायक़ पैसे पहुँचें।" उन्होंने एक ही साँस में कहा।

"क्या ट्रम्प ने इस हालात को ठीक से सँभाला है? आप एक नर्स के तौर पर कैसे आकलन करती हैं?"

"देखिए, सरकार जितना भी कर सकती थी उसने किया, अभी तक दुनिया में कहीं भी इस बीमारी का कोई भी इलाज नहीं निकला है, ऐसा नहीं है कि सिर्फ़ अमेरिका में ही इलाज नहीं है।" वैलेंसिया ने कहा।

"एक बात और, ट्रम्प ने ग़ैरक़ानूनी इमिग्रेशन पर कड़ा रुख़ अपनाया है। यह अच्छी बात है, मुझे एक नर्स के तौर पर 22 डॉलर प्रति घंटा मिलता है, जो इमिग्रेंट्स ग़लत तरीक़े से यहाँ आते हैं वो मुझसे 14 डॉलर कम में एक घंटा काम करने को राज़ी हो जाते हैं। मेरे जैसे कई और लोगों को

उनसे मुक़ाबला करना पड़ता है और ट्रम्प यह निश्चित करना चाहते हैं कि मेरे जैसे लोगों का हक़ न मारा जाए।" उसने कहा।

वैलेंसिया ने यह भी कहा कि अमेरिका इमिग्रेंट्स का देश है। 60 साल पहले मेरी दादी भी यहाँ इमिग्रेंट थीं। पर वे क़ानूनी तरीक़े से यहाँ आईं, इस देश को अपनाया और अब हमारा पूरा परिवार यहाँ सालों से रह रहा है। हम यहीं पैदा हुए हैं। परन्तु तब भी जो लोग ग़लत तारीक़े से आते थे उन्हें सरकार बाहर का रास्ता दिखाती थी। लेकिन आज जब ट्रम्प यही कर रहे हैं तो इतना हो-हल्ला हो रहा है।

तभी पैट्रिक, विनी को लेकर पहुँच गया, "अब आप इससे जो भी पूछना चाहें पूछें।" यह कहकर वह निकल गया।

वैलेंसिया ने जाते हुए कहा, "ट्रम्प मेरे लिए बड़े भाई जैसे हैं और मैं उनके लिए जो बन सकेगा करूँगी।"

"काफ़ी उत्साहित हैं ये सब लोग।" मैंने बात शुरू करते हुए कहा।

"यह अच्छी बात है हमारे लिए।" विनी बोला। अपना परिचय देते हुए उसने बताया कि वह एक पायलट है, जब 2016 के चुनाव होने थे, तब उपराष्ट्रपति माइक पेन्स का हवाई जहाज़ वही उड़ाता था। इसी तरह वह ट्रम्प कैम्पेन से जुड़ा, और जब इस बार चुनाव आया तो पेन्स के ऑफ़िस ने उसे कॉल करके वेस्ट पालम बीच, फ़्लोरिडा में कैम्पेन को ग्राउंड पर चलाने की ज़िम्मेदारी सौंपी।

"आपको क्या लगता है, फ़्लोरिडा के वोटर किन मुद्दों पर वोट करेंगे?"

"यहाँ मुद्दे कोई अलग नहीं हैं। अर्थव्यवस्था, नौकरियाँ और कोविड को लेकर आम जन की भावनाएँ। मुख्य तौर पर यही चीजें यहाँ का मुद्दा रहेंगी। आप तो अमेरिका घूम रहे हैं, कोई और मुद्दा दिखा?" उसने जवाब में सवाल पूछा।

"अभी तक के आँकड़ों में राष्ट्रपति पिछड़ रहे हैं। सभी जगहों पर,

फ़्लोरिडा में भी पीछे हैं।" मैंने कहा।

"देखिए, अभी चुनाव अपने चरम पर पहुँच रहा है। डेमोक्रेट्स ज़्यादातर जल्दी वोट करते हैं और मेल से भी वोटिंग करते हैं, तो अभी अगर आपको बाइडन आगे दिखें तो अचरज नहीं। पिछली बार हिलरी भी आगे चल रही थीं, पर जैसे ही इलेक्शन डे पर रिपब्लिकन समर्थकों का लाल सैलाब उमड़ा, सारा चुनाव बदल गया। हमें उम्मीद है इस बार भी ऐसा ही होगा। फ़्लोरिडा पर तो मैं शर्त लगा सकता हूँ।" विनी बोला।

आमतौर पर अमेरिका में 57 से 60 प्रतिशत वोटिंग होती है पर इस बार यह आँकड़ा 70 प्रतिशत हो जाने की सम्भावना है।

"आप किस भूमिका में काम करते हैं कैम्पेन के साथ?" मैंने पूछा।

"मैं ट्रम्प ट्रेन राइडर्स नाम का ग्रुप संचालित करता हूँ। हम फ़ेसबुक पर हैं, इस ग्रुप के साथ कई वालंटियर भी जुड़े हैं। जितने भी ट्रम्प समर्थक यहाँ वेस्ट पालम बीच में हैं हम उनसे जुड़े हुए हैं, और वे कोई भी एक्टिविटी करें हम उनका समर्थन करते हैं और यह सुनिश्चित करते हैं कि वह आयोजन सफल रहे। हमारे लोगों से कोई भी समर्थक छोटे या बड़े इवेंट के लिए मदद माँग सकता है।

"जैसे आज का यह मोबाइल कारवाँ ही देखिए। यह पैट्रिक का आइडिया था कि कारों की रैली निकाली जाए, उसके और उसके दोस्तों के पास क़रीब 50 कारों और इतनी ही मोटरसाइकिल का इंतज़ाम था और वह राष्ट्रपति जब वोट डालने जाए तो उनके क़ाफ़िले के साथ अपने दोस्तों को जोड़कर उनका समर्थन करना चाहता था।

"जब हमें इसके बारे में उसने ग्रुप में सूचना दी तो मैंने औरों से पूछा कि कौन-कौन इसमें शामिल हो सकता है। कुछ ही घंटों में हमारे पास क़रीब 150 कार और 50 बाइक और जुड़ गईं। 100 वाहनों की राइड आज 300 वाहनों की रैली बन गई।

"हमने पैट्रिक को ये बातें बताईं, फिर कार्लोस को रूट की ज़िम्मेदारी

दी, उसने सभी से टाइम साझा कर रूट बनाया और आज हम क़रीब-क़रीब 1000 लोग इसका हिस्सा बने। हमें कुछ लोकल राजनेताओं ने भी समर्थन दिया और सभी का हौसला बढ़ाया।"

"क्या आप लोग सिर्फ़ राइड्स करते हैं? कोई भाषण-वाषण नहीं?"

"नहीं। यह फ़न राइड्ज़ होती है। आप देखो, इस पूरे मॉल में अभी क़रीब 1000 समर्थक जुटे हैं, सब अलग-अलग ग्रुप्स में हैं और हमारे साथी उनके बीच में हैं उनसे मुद्दों पर बात कर रहे हैं, व्हाट्सएप्प पर सूचना साझा कर रहे हैं। हम यह फ़ीडबैक कोर टीम से साझा करेंगे और उसके मुताबिक़ हमारी एक्शन फ़ोर्स आगे की रणनीति बनाएगी।" विनी ने समझाया।

"इस चुनाव में मेल बैलेट को लेकर भी विवाद हो रहा है, आपको क्या लगता है कि मेल बैलेट कितना प्रभाव डालेंगे नतीजों पर।" मैंने पूछा।

आपको यह समझना होगा कि दो तरह के पोस्टल बैलेट होते हैं। एक एब्सेंटी बैलेट, जहाँ आप चुनाव अधिकारी को लिखकर बताते हैं कि आप इलेक्शन डे या अर्ली वोटिंग के दौरान उपलब्ध नहीं हैं और पोस्ट से अपना बैलेट मँगवाते हैं। इस तरह चुनाव अधिकारी आपके लिए एक वैध बैलेट भेजता है और आप अपने मताधिकार का प्रयोग करते हैं। फिर दूसरा है मेल इन बैलेट, जो कि चुनाव अधिकारी सभी को उनके पते पर स्वयं भेजता है। अब इसमें कई पेच हैं, कई ऐसे पते हैं, जहाँ वे रहते ही नहीं जिनके लिए बैलेट भेजा गया है। कई लोगों के पते बदल गए, फिर भी उनके वहाँ बैलेट पहुँच रहे हैं। इस तरह हज़ारों ऐसे लोग हैं जो उस पते पर नहीं रहते जहाँ उनका बैलेट भेजा गया। अब आप क्या इन मतों को वैध मानेंगे?

"राष्ट्रपति ट्रम्प इन्हीं दूसरे मतों के बारे में अपने समर्थकों को चेता रहे हैं और माँग कर रहे हैं कि इन पर लगाम लगे।" विनी ने अपना पक्ष रखा।

"पर ब्रेनन सेंटर की रिपोर्ट के अनुसार मेल बैलेट में धाँधली होने की आशंका मात्र .0003 प्रतिशत है।

"ऐसा आप सोचते या मानते हैं, हम नहीं। और इसी कारण हम अपने समर्थकों को कह रहे हैं कि आप ज़्यादा से ज़्यादा तादाद में निकलकर बूथ पर जाएँ और अपना वोट डालें।

"एक बात और, आपके सवालों का जवाब भी उन रिसॉर्स पर निर्भर करता है जिनका आपने इस्तेमाल किया है।" विनी ने कहा।

तभी पैट्रिक आया और उसने विनी के कान में कुछ कहा।

"मुझे अभी चलना होगा, हमें यहाँ के स्नैक्स का बिल भरना है और फिर मीटिंग के लिए रवाना होना है। आपको फ़्लोरिडा में कोई भी ज़रूरत हो तो मुझे कॉल कर सकते हैं।" विनी ने अलविदा कहा।

हम तीनों भी कुछ खाने के लिए वहीं बैठ गए। कुछ ही पलों में वहाँ से सब निकल चुके थे, हमने खाना खाकर जब अपना बिल भरा तो मैंने बैरे से पूछा, "जो लोग अभी यहाँ से निकले उन्होंने कितने का बिल भरा होगा।"

"मुझे पूरा-पूरा तो नहीं पता पर क़रीब 3000 डॉलर तो लगे ही होंगे।" बैरे ने कहा। मैंने विनी की तस्वीर दिखाकर पूछा, "क्या इसने पूरा बिल भरा था?" बैरे ने हामी भरी और निकल गया।

रैली भले ही आधुनिक रही हो, पर ख़र्चे यहाँ भी अपने चुनावों की तरह ही होते हैं।

11

जॉर्जिया

26-27 अक्तूबर, 2020

अगला पड़ाव था जॉर्जिया राज्य का अटलांटा शहर। मैंने सबसे पहले इस शहर के बारे में 2002 के अन्त में सुना था। मैंने नई-नई पत्रकारिता शुरू की थी, जोधपुर में रिश्तेदार और पिताजी को जानने वाले अचरज में थे, मिलने वालों में से किसी ने भी इस क्षेत्र में काम नहीं किया था इसलिए सबको अचरज था। तब अटलांटा में रहने वाली मेरी एक कज़िन बहन ने एक दिन पापा से कहा, अच्छा क्षेत्र चुना है, मेरे शहर अटलांटा में सीएनएन का हेडक्वार्टर है, किसी दिन वह यहाँ तक आएगा।

अपने मामा का मन ख़ुश करने के लिए मेरी बहन ने शायद ऐसा कह दिया होगा, पर आज 18 साल बाद मैं अटलांटा में कार चला रहा हूँ, और उसी बहन के घर जा रहा हूँ।

रात्रिभोज के बाद बातें चुनावों की तरफ़ बढ़ीं, टीवी पर ख़बरों में सर्वोच्च न्यायालय की जज एमी कोनी बैरेट को पद और गोपनीयता की शपथ लेते दिखाया जा रहा था। सर्वोच्च न्यायालय के जज पद के लिए एमी का चुनाव, राष्ट्रपति ट्रम्प के बाक़ी फ़ैसलों की तरह ही आपत्तिजनक था। ट्रम्प विरोधी मान रहे थे कि ट्रम्प सुप्रीम कोर्ट में अपनी पसन्द के जजों

की नियुक्ति कर रहे थे कि अगर वे चुनाव हार जाएँ तो उन्हें न्यायपालिका राष्ट्रपति पद पर बने रहने में मदद कर सके।

मेरी बहन और बहनोई ट्रम्प समर्थक थे।

"राष्ट्रपति कोई भी चान्स नहीं लेना चाहते हैं।" मेरे बहनोई ने कहा।

"क्या यह ग़लत नहीं होगा?"

"बिलकुल होगा, पर मुझे लगता नहीं कि इसकी ज़रूरत पड़ेगी।" वे बिलकुल निश्चिंत थे।

मेरे बहनोई पेशे से मैकेनिकल इंजीनियर हैं और तीन दशकों से अटलांटा में रह रहे हैं। उनका पक्ष जानने के बाद मैंने उनके सामने अपनी जिज्ञासा रखी, "आपको नहीं लगता, राष्ट्रपति जो कर और कह रहे हैं वो ठीक नहीं है। जिस तरह से भेदभाव और अलगाव की राजनीति करते हैं वह अमेरिका की मनोवृत्ति के विरुद्ध है?"

"ऐसा नहीं है। यह देश शुरू से ही ऐसा रहा है। पिछले कुछ वर्षों में इसकी एक छवि बना दी गई है कि यह लिबरल है। ऐसा कुछ है नहीं, शायद इसीलिए ट्रम्प पिछली बार जीते क्योंकि लोगों को लगा कि वे उनके मनोभाव को समझते हैं और वही बोलते हैं जो वे सुनना चाहते हैं। इसीलिए वे जीते और इस बार भी वे रेस में बने हुए हैं, सीएनएन चाहे कुछ भी दिखाए।" उन्होंने सरलता से कहा, "आप तो घूम रहे हैं, लोगों से मिल रहे हैं, आपको क्या लगता है?" उन्होंने अपने जवाब के साथ एक सवाल भी मेरे सामने रख दिया।

"ट्रम्प के लिए समर्थन तो है, पर यह जीतने के लिए पर्याप्त होगा या नहीं यह समय ही बताएगा।" मैंने जवाब दिया और हम भोजन करने के लिए उन्हें धन्यवाद देकर होटल की राह पकड़ी।

सीएनएन के अलावा, ज़्यादातर लोग अटलांटा को मार्टिन लूथर किंग जूनियर के शहर के रूप में जानते हैं। यही वह शहर है जहाँ मार्टिन ने 1955 में सिविल राइट्स मूवमेंट की शुरुआत की थी। यह आन्दोलन अश्वेतों को

समान दर्जा दिलाने और उनके प्रति शासकीय भेदभाव को समाप्त करने के लिए किया गया था।

अश्वेतों को ग़ुलामी से मुक्त कर उन्हें समान अधिकार दिलाने की पहल 1858 में अब्राहम लिंकन ने इस विषय पर हुई उस बहस में की थी, जो उन्होंने सीनेटर स्टीफ़न डगलस से स्प्रिंगफ़ील्ड, इलिनॉ में की थी। उस बहस के 97 वर्ष बाद मार्टिन ने यह आन्दोलन शुरू किया था।

इन दोनों के विचारों का विरोध करने वालों ने इनकी हत्या कर दी थी।

आज मार्टिन की हत्या के 52 वर्ष बाद, लिंकन की पार्टी के डोनाल्ड ट्रम्प अमेरिका के सबसे ज़्यादा अराजक राष्ट्रपति हैं, जो श्वेत सर्वोच्चता (व्हाइट सुप्रीमेसी) में विश्वास रखते हैं।

दिन की पहली मुलाक़ात कैपिटल बिल्डिंग में चुनाव अधिकारी वॉल्टर से तय थी। स्थानीय पत्रकारों से सेक्रेटरी ऑफ़ स्टेट ब्रैड रैफ़्फ़ेन्सबर्ग की एक प्रेसवार्ता थी और उनका सहयोगी होने के नाते वॉल्टर प्रेस सम्बन्धी ज़िम्मेदारी सँभालते हैं। इसलिए प्रेसवार्ता के बाद का वक़्त उन्होंने हमें दिया।

तय समय पर मैं कैपिटल पहुँचा तो वॉल्टर पत्रकारों को विदा कर रहे थे। मुझे रास्ता ढूँढ़ता देख बोले, "आप अविनाश हैं?" मैंने स्वीकृति में सिर हिलाया। फिर हमने कैफ़े की राह पकड़ी और कड़कती ठंड में कॉफ़ी के साथ बातचीत की शुरुआत की।

"क्या इस बार जॉर्जिया में रिकॉर्ड वोटिंग हो रही है?"

"जी हाँ, अभी तक तीस लाख वोट डाले जा चुके हैं और उम्मीद है कि इस बार सारे आँकड़े पीछे रह जाएँगे।"

"ऐसा क्यों?"

"यह एक ऐतिहासिक चुनाव है। इस पर अमेरिका का भविष्य निर्भर करता है और एक चुनाव अधिकारी होने के नाते मेरे लिए यह सुखद है।" वॉल्टर ने बिलकुल सधा हुआ जवाब दिया, जिससे साफ़ ज़ाहिर हो रहा

था, वे प्रेस से काफ़ी समय से बात कर रहे हैं।

जानकारों के अनुसार, अमेरिका में भी वोटरों का दमन किया जाता है और इसकी प्रक्रिया को समझने के लिए जॉर्जिया एक मिसाल है, जहाँ क़रीब 35 प्रतिशत वोटर अश्वेत हैं।

इस बारे में मैंने वॉल्टर की राय जाननी चाही तो उन्होंने कहा, "मेरी नज़र में ऐसा कुछ भी नहीं आया। आप अभी के आँकड़े देखिए हम रिकॉर्ड वोटर देख रहे हैं। ऐसा मेरी नज़र में नहीं आया।" उन्होंने यह भी जोड़ा, "आप देखिए, हमने कई संस्थानों के साथ काम किया और वोट डालने के लिए जागरूकता फैलाई और नतीजे सामने हैं।"

मैंने फिर से वोटरों के दमन का मुद्दा उठाया, लेकिन वॉल्टर की ओर से कोई जवाब नहीं मिला। ऐसे में मैंने बातचीत का रुख़ कोविड की ओर मोड़ा तो वॉल्टर बोले, "हालात बहुत ख़राब हैं। ना केवल नौकरियाँ जा रही हैं, बल्कि जान के भी लाले पड़े हैं।"

"क्या आपके किसी अपने ने ऐसा कुछ अनुभव किया?" मैंने पूछा।

वे कुछ क्षणों तक रुके रहे, फिर बोले, "मेरे बेटे की नौकरी चली गई कुछ महीने पहले। वह ग्राफ़िक डिज़ाइन का काम करता था, पर कुछ महीने पहले जिस बड़ी कम्पनी में वह काम कर रहा था वह बन्द हो गई और उसकी नौकरी चली गई। सब कुछ मानो रुक-सा गया, वह गुमसुम-सा रहने लगा, बावजूद इसके कि मेरे पास काम है और घर ठीक से चल रहा था। मैं शुक्रगुज़ार हूँ कि एक छोटी ही सही मगर नौकरी उसे वापस मिल गई और अब वह उसमें व्यस्त है, पर जब तक नौकरी नहीं थी उसकी हालत देख हमें दु:ख होता था। हम उसके लिए डरे भी रहते थे।"

मैंने ब्रैड से मिलने का समय माँगा था, पर वे काफ़ी व्यस्त थे। वॉल्टर ने मेरे लिए कुछ समय निकाला था, पर अब उन्हें भी जाना था।

"आपको कोई आधिकारिक जवाब चाहिए होगा तो मुझे मेल करिएगा।" यह कह वॉल्टर ने अपने दफ़्तर का रुख़ किया।

वोटरों के दमन के जिस मुद्दे पर मुझे जवाब लेने थे वह मुझे वॉल्टर से नहीं मिले। यह पता करना इसलिए भी आवश्यक था क्योंकि जॉर्जिया के रिपब्लिकन गवर्नर ब्रायन केम्प ने 2018 में अश्वेत मताधिकार एक्टिविस्ट स्टेसी ऐडम्स को काँटे के मुक़ाबले में हराया था। और उन पर धाँधली के आरोप लगे थे।

जॉर्जिया, 1992 से हर दो राष्ट्रपति चुनाव के बाद पार्टी बदलता रहा है, पिछली बार यहाँ डोनाल्ड ट्रम्प जीते थे, और इस बार मुक़ाबला नज़दीकी रहेगा। दमन की शिकायतों के बावजूद वोटरों का जैसा जोश यहाँ दिखाई दे रहा था वह मेरी जिज्ञासा को बढ़ावा दे रहा था। मैं यह जानने को उत्सुक था कि किसी व्यक्ति विशेष को वोट देने से विश्व के सबसे पुराने लोकतंत्र में कैसे रोका जाता है।

यह सब जानने के लिए मैंने जॉर्जिया स्टेट यूनिवर्सिटी का रुख़ किया। वहाँ मुझे अपने पाकिस्तानी मित्र अदनान रसूल से मिलना था, जिन्होंने वहाँ से पी-एचडी की थी और अभी यूनिवर्सिटी ऑफ़ मार्टिन में पढ़ते हैं।

अदनान ने मेरा परिचय, पेरिलॉ सी पे से कराया जो यहाँ यूनिवर्सिटी में पॉलिटिकल साइंस के असिस्टेंट प्रोफ़ेसर हैं और अश्वेत राजनीति पढ़ाते हैं।

यूनिवर्सिटी में चहल-पहल बिलकुल नहीं थी, शान्त पड़े कैम्पस में हम लैंगडल हॉल पहुँचे। पे का दफ़्तर दसवें माले पर था, वे हमसे मिलने के लिए बाहर ही खड़े थे और मुलाक़ात के लिए उन्होंने कॉन्फ्रेन्स रूम ले रखा था।

बात की शुरुआत ही पे ने वोटरों के दमन से ही की, "जितना पुराना अमेरिका का लोकतंत्र है, उतना ही पुराना सिलसिला है यहाँ कुछ चुनिंदा वोटरों को इस प्रक्रिया से दूर रखने का। कहीं अश्वेत, कहीं लातिन तो कहीं समलैंगिक इस दमन का शिकार बनते हैं, राज्य और काउंटी के हिसाब से लोगों को उनके सबसे अहम अधिकार से वंचित रखा जाता है।

"हम जॉर्जिया को ही लें, दो साल पहले 2018 में यहाँ गवर्नर के

लिए चुनाव हुआ था। ब्रायन केम्प जो उस वक़्त उम्मीदवार थे, वही मुख्य चुनाव अधिकारी भी थे। कड़े विरोध के बावजूद उन्होंने अपने आपको चुनाव प्रक्रिया से दूर नहीं रखा। फिर ऐसा हुआ कि अश्वेत या फिर भूरे नागरिक जहाँ रहते थे वहाँ क़रीब 200 वोटिंग बूथ कम कर दिए गए और उन्हें किसी नई जगह भी स्थापित नहीं किया गया। नतीजा यह निकला कि उन इलाक़ों में बूथों में मतदान करने के लिए इतनी लम्बी लाइन लग गई कि वोटरों को अपनी बारी के लिए 6 से 7 घंटे तक इंतज़ार करना पड़ा जिससे लोगों ने वोट कम डाले।

फिर जॉर्जिया एक स्ट्रिक्ट वोटर आईडी स्टेट है, जिसका मतलब है कि यहाँ वोटिंग नियम इतने सख़्त हैं कि वोट करने के लिए आपके पास स्टेट आईडी होना ही चाहिए। यह आईडी क़रीब 30 से 35 डॉलर का बनता है और कई अश्वेत इस आईडी के लिए इतना ख़र्च करने की स्थिति में नहीं होते, नतीजतन वे वोट डालने से वंचित हो जाते हैं।

"एक और प्रक्रिया है पर्ज़िंग, जिसके तहत राज्य सरकार किसी के नाम की छँटनी कर सकती है। सरकार के पास क़ानूनन इतनी ताक़त है कि वह किसी व्यक्ति का नाम वोटर लिस्ट से कई कारणों से हटा सकती है और वह ऐसा करती भी है। इस प्रक्रिया में वोटर के नाम और उपनाम की जाँच की जाती है और अगर स्पेलिंग या किसी और वजह से उसका नाम नकली या संदिग्ध दिखता है तो उसका नाम वोटर लिस्ट से बाहर कर दिया जाता है। हद यह है कि मान लीजिए आपने 2016 में वोट डाला, लेकिन 2020 में नहीं डाल पाए तो हैरानी की बात नहीं होगी अगर आपका नाम 2024 की वोटर लिस्ट में शामिल न हो। यहाँ के राज्य नियमों के तहत ऐसा होना आम बात है।

पे ने आगे बताया, "यह तो हुए आम नियम-क़ायदे। अब यह सुनिए ज़रा। अगर आपने किसी कारण से एक साल का समय जेल में बिताया तो आपका नाम वोटर लिस्ट से हमेशा के लिए हटाया जा सकता है, और

उसे वापस जोड़ने की प्रक्रिया काफ़ी जटिल है। इसके चलते, अनुमान के मुताबिक़ क़रीब-क़रीब 20 प्रतिशत अश्वेत पुरुष वोट डालने से वंचित हैं। "कमाल का राज्य है, हमारे यहाँ तो सलाखों के पीछे सालों गुज़ारने वाले भी संसद की शोभा बढ़ाते हैं।"

जब मैं उनसे यह साझा करता हूँ तो पे ठहाका लगाते हैं।

यह पता लगाने के बाद कि वोटर को वोट डालने से रोकने के लिए सिस्टम किस तरह की बाधाएँ पैदा करता है, मैंने यह पता करना चाहा कि क्या अश्वेतों के प्रति जो माहौल बना है वह ट्रम्प की सरकार में ही हुआ है?

इस पर पे ने बताया, "ऐसा नहीं है। अश्वेतों के प्रति अलग भाव रखना सामने आया राष्ट्रपति बराक ओबामा के पहले चुनाव के वक़्त। जब यह तय हो गया कि एक अश्वेत राष्ट्रपति बनने वाला है तभी से आप न सिर्फ़ भेदभाव बल्कि नस्लभेदी इशारे और नारे देखने लगे। हमें यह जताया जाने लगा कि तुम हमसे अलग हो।"

कुछ रुककर उन्होंने कहा, "लोगों ने अपने घरों के बाहर बन्दर के खिलौने को फंदे से लटकाकर टाँगा हुआ था। ऐसा मैंने पहले कभी नहीं देखा। फिर फ़ॉक्स न्यूज़ सरीख़े चैनल ने एक अलग क़िस्म की पत्रकारिता की शुरुआत की जिसमें एक राजनेता को खलनायक साबित करने में कोई कसर नहीं छोड़ी गई। नतीजतन आज अमेरिकी टीवी पत्रकारिता मज़ाक़ बनकर रह गई। आज ट्रम्प के राज में नस्ली भेदभाव और अधिक मज़बूत और आम हो गया है, यह हमारे जीवन का हिस्सा बन गया है जिसे हम सामान्य मानने लगे हैं।"

"क्या आपको लगता है कि राष्ट्रपति ओबामा को फेयर डील नहीं मिली। आप उनके कार्यकाल को कैसे आँकते हैं?"

"ओबामा एक ऐसे समय में अमेरिका के राष्ट्रपति बने थे जब देश आर्थिक तंगी के सबसे ख़राब समय से गुज़र रहा था। देश के हालात को ठीक करने में उन्हें दो साल लग गए, और उसके बाद ओबामा केयर को

पास कराना उनके लिए कठिन रहा और फिर पूर्ण विराम लग गया। विपक्षी नेता मिच मैक्कॉपल ने उन्हें अपने पहले कार्यकाल में कुछ नहीं करने दिया। उनका दूसरा कार्यकाल भी कुछ ख़ास आकर्षक नहीं रहा। वे चेंज़मेकर बनकर आए थे पर ज़्यादा कुछ बदल नहीं पाए। वे विपक्ष को साथ लेकर बदलाव नहीं कर सके, जो उनके पहले वाले राष्ट्रपति करते आए थे। बुश जूनियर उनसे ज़्यादा काम कर गए थे। यह उनकी ख़ामी रही।"

अपने अहम सवाल का जवाब लेने के बाद, निकलने से पहले मैंने पे से आख़िरी सवाल पूछा, "अभी की हालत देखते हुए आपको सबसे बड़ी चिन्ताजनक बात क्या लगती है अमेरिका में?"

"सबसे बड़ा ख़तरा यह है कि हम सिर्फ़ अपनी तरह की बात करने वाले लोगों या समूहों में ही बात करते हैं। जो लोग हमसे सहमति नहीं रखते या अलग विचार रखते हैं, हम उनसे दूर होते जा रहे हैं। वाद-विवाद और बहस की हर गुंजाइश ख़त्म-सी हो रही है। जबकि हम हमेशा से ऐसा देख रहे हैं जहाँ आपसी वाद-विवाद बहुत सिविल तरीक़े से करते आए हैं। अब वह तहज़ीब समाप्त-सी हो रही है। हम यही उम्मीद करते हैं कि अमेरिका फिर से ख़ुद को इकट्ठा करे और एक नई सरकार के साथ नई शुरुआत करे।"

इतना कहकर पे जाने के लिए उठ खड़े हुए। उनके लेक्चर का समय हो रहा था।

12

नॉर्थ कैरोलिना

28-30 अक्तूबर, 2020

हमारा सफ़र अब अपने आख़िरी पड़ाव की ओर बढ़ रहा है और मंज़िल है नॉर्थ कैरोलिना। सच कहूँ तो अमेरिका आने से पहले मैंने कभी भी इस राज्य का नाम नहीं सुना था।

अमेरिका के दक्षिण-पूर्वी हिस्से में बसा यह राज्य, जनसंख्या के हिसाब से देश का 9वाँ सबसे बड़ा राज्य है और यहाँ से वॉशिंगटन डीसी, जहाँ से मैंने सफ़र शुरू किया था क़रीब 280 मील की दूरी पर है। अगर इतिहास पर अगर नज़र डालें तो पता चलता है कि उन्नीसवीं सदी के प्रारम्भ में यहाँ तारकोल का उत्पादन सबसे ज़्यादा होता था और यह इलाक़ा काफ़ी पिछड़ा हुआ था। अगर किसी की एड़ियों में तारकोल जमा रहता था, तो उन्हें टार हील कहा जाता था और उन्हें काफ़ी अपमानजनक रूप से देखा जाता था।

सिविल वॉर के समय यहाँ के सिपाही बड़ी बहादुरी से लड़े और उन्होंने इस अपमानसूचक शब्द को अपने शौर्य का सूचक बनाकर इस्तेमाल करना शुरू कर दिया। शहीद सिपाहियों की क़ब्र पर गर्व के साथ 'टार हील योद्धा' लिखा जाने लगा। फिर यहाँ की कॉलेज टीमों ने 1880

के इंटर कॉलेज खेलों में 'टार हील' को अपना जयघोष बना लिया। आज इसी 'टार हील' राज्य का शार्रलेट शहर न्यूयॉर्क के बाद अमेरिका में दूसरा सबसे बड़ा बैंकिंग हब है। यहाँ इमिग्रेंट्स की संख्या भी तेज़ी से बढ़ रही है।

इस राज्य से 15 इलेक्टोरल कॉलेज वोट आते हैं। पिछली बार यहाँ से ट्रम्प जीते थे। इस बार भी उनके लिए यह राज्य बहुत ही महत्त्वपूर्ण है। जनसंख्या के हिसाब से देखें तो नॉर्थ कैरोलिना की 70 प्रतिशत आबादी में श्वेत हैं और शेष 30 प्रतिशत में अश्वेत और इमिग्रेंट्स हैं जिनमें एशियाई मूल के लोग भी शामिल हैं।

इसी तरह पार्टी के हिसाब से देखें तो यहाँ के वोटरों में से 35 प्रतिशत वोटर डेमोक्रेटिक पार्टी से है, 30 प्रतिशत रिपब्लिकन पार्टी के हैं और शेष 35 प्रतिशत किसी भी पार्टी से ताल्लुक नहीं रखते। भले ही यहाँ के नागरिक पार्टियों के हिसाब से अलग-अलग बँटे हुए हैं, फिर भी वोटों के पिछले तीन दशकों के आँकड़े देखें तो ज़ाहिर होता है कि यह एक सुरक्षित रिपब्लिकन राज्य है। 2008 का अपवाद छोड़ दें तो राष्ट्रपति ओबामा के पहले चुनाव के अलावा कभी भी कोई डेमोक्रेट राष्ट्रपति उम्मीदवार यहाँ से नहीं जीता।

पिछले चुनाव से अभी तक यहाँ 3,74,000 नये वोटर पंजीकृत हुए हैं, इनमें से 1,70,000 डेमोक्रेटिक वोटर हैं, पिछले चुनाव में हिलरी की हार से क़रीब 3000 कम।

मामला काफ़ी क़रीबी है। आँकड़े तो बताते हैं कि सारा माहौल बाइडन के पक्ष में जाता दिख रहा है। शेर्लोट और रालेह यहाँ के दो बड़े शहर हैं। शेर्लोट आर्थिक राजधानी है वही रालेह यहाँ की राजधानी है। यहाँ के लोगों की मानसिकता अभी भी रूढ़िवादी है। चर्च की मान्यता है कि गर्भपात आज भी यहाँ एक बड़ा सामाजिक-राजनीतिक मुद्दा है। इन दोनों बड़े शहरों में इमिग्रेंट्स की आबादी अधिक है और यहाँ डेमोक्रेट्स को बढ़त मिलती लग रही है, परन्तु इनसे आगे ग्रामीण क्षेत्रों में अभी भी रिपब्लिकन पार्टी की पकड़ मज़बूत है।

राज्य के सीनेट चुनाव में भी काँटे की टक्कर हुई थी और रिपब्लिकन गवर्नर को जीतने में काफ़ी ज़ोर लगाना पड़ा था। शायद यह एक कारण रहा कि राष्ट्रपति डोनाल्ड ट्रम्प जुलाई से अक्तूबर तक 10 बार नॉर्थ कैरोलिना आ चुके हैं और कल रालेह के क़रीब उनका 11वाँ चुनावी दौरा है।

शेर्लोट में मेरा पहला पड़ाव था शेर्लोट पैन्थर्ज़ का होम ग्राउंड बैंक ऑफ़ अमेरिका स्टेडियम। मुझे पता लगा कि कल यहाँ टीम खेलने वाली है और मैंने सोचा कि यहाँ काफ़ी हलचल होगी और मुझे लोगों से मिलने का मौक़ा मिल जाएगा।

जब वहाँ पहुँचा तो पता चला कि अभी तो तैयारी के लिए भी लोग नहीं आए हैं। वहाँ भी स्टेडियम के भीतर एक पोलिंग बूथ था, जो नया बूथ बना था। वहाँ इक्का-दुक्का लोग ही आ-जा रहे थे। बूथ पर मेरी मुलाक़ात जेनिफ़र से हुई, जो फ़िलहाल यहाँ बूथ असिस्टेंट के रूप में काम कर रही थीं। वैसे वे शेर्लोट में ही प्राइमरी स्कूल में टीचर हैं।

अब तक जितने बूथ देखे थे उनके मुक़ाबले यहाँ मुझे कम भीड़ नज़र आई। हैरत भी हुई कि कल यहाँ मैच है तो इस जगह पोलिंग बूथ किस हिसाब से बनाया गया है।

"बूथ कल सुबह 9 बजे से खुलेगा और शाम 7 तक खुला रहेगा। मैच शाम 8 बजे से है, इसलिए हमें कोई दिक़्क़त नहीं होगी और अनुमान है कि कल काफ़ी लोग मतदान करने आएँगे।" जेनिफ़र ने बताया।

"मगर क्या ऐसे हालात में मैच करना सही है?" मैंने पूछा।

"देखिए, आपका पूछना बिलकुल वाजिब है, पर यहाँ लोग अब कोविड के प्रोटोकॉल से बहाल हो गए हैं। सरकार ने भी पाबन्दी नहीं लगाई है। अब यह लोगों के ऊपर है कि वे कितना जोख़िम लेना चाहते हैं। पैन्थर्ज़ यहाँ की लोकल टीम है और मुझे लगता है कल स्टेडियम भरा हुआ रहेगा। पर मैं वोटिंग समाप्त होते ही घर चली जाऊँगी।" जेनिफ़र बोलीं।

जेनिफ़र अपने पति मार्क और दो बच्चों टीम और हैना के साथ रहती

हैं। उन्हें बॉलीवुड का संगीत काफ़ी पसन्द है।

"मैं अपनी पढ़ाई के दौरान एजुकेशन ट्रिप में मुम्बई गई थी और क़रीब दो महीने तक वहाँ रुकी थी। धारावी* में काम भी किया था। उस दौरान मैं जिस हॉस्टल में रही वहाँ एक पंजाबी लड़की ने मुझे हिन्दी गाने ख़ूब सुनाए। मैंने उसके साथ 'कुछ कुछ होता है' फ़िल्म भी देखी और मुझे शाहरुख़ ख़ान पसन्द हैं।" जेनिफ़र ने कहा और मुझसे पूछा, "आपको यहाँ कैसा लग रहा है अमेरिका में?"

"अच्छा लग रहा है, भीड़-भाड़ और शोर-शराबा कम है। पर आपके यहाँ चुनाव हमारे यहाँ जैसे नहीं होते।" मैंने कहा।

"यह बात तो है, पर कल शाम हमने बूथ पर एक छोटी-सी पार्टी रखी, क्योंकि यहाँ कल दस हज़ारवाँ वोट डाला गया। यह इस बूथ के लिए किसी लैंडमार्क से कम नहीं है।"

जेनिफ़र अश्वेत हैं। मैंने उनसे पूछा कि उनको इस चुनाव से क्या उम्मीदें हैं तो उन्होंने कहा, "मैं उम्मीद करती हूँ, कि अमेरिका अपने मूल स्वभाव में फिर से लौट आए। यह जो नफ़रत पनप रही है और जिस तरह से हम एक-दूसरे को नीचा या ग़लत साबित कर रहे हैं, अमेरिका में ऐसा नहीं होता था। इसके अलावा मुझे कोई शिकायत नहीं है सरकार से।"

"क्या आपको लगता है बाइडन यहाँ जीत दर्ज़ कर पाएँगे?" मैंने पूछा।

"अभी तक मैं विश्वास के साथ नहीं कह सकती, पर जिस तरह का रुझान अभी दिख रहा है बूथ पर, उन्हें थोड़ा और ज़ोर लगाने की आवश्यकता है।" उन्होंने बताया।

"ऐसा कैसे कह सकती हैं आप?"

"देखिए, एक बूथ असिस्टेंट के रूप में, यहाँ मेरा काम है वोटरों की

* धारावी : मुम्बई स्थित एशिया का सबसे बड़ा स्लम।

मदद करना। अगर अपना नाम खोजने में दिक़्क़त हो, वोट डालने का तरीका समझना हो या उन्हें कोई और आवश्यकता हो तो मैं उनकी मदद करने के लिए अधिकृत हूँ। इसके अलावा, उनके वोट डालकर बूथ से बाहर आने पर मैं उनसे निवेदन करने के लिए भी अधिकृत हूँ कि वे अपने 5 दोस्तों को कॉल करें या एसएमएस कर वोट डालने के लिए प्रेरित करें। ऐसा करने के दौरान मुझे उनसे बात करने का मौक़ा मिलता है और मैं उनका मन टटोलने की कोशिश करती हूँ।

"पर मुझे ज़रा कम ही उम्मीद लगती है, अगर लोगों ने मेल बैलेट में उनके पक्ष में वोट किया तो कुछ करिश्मा हो सकता है, अन्यथा जैसा कि यहाँ के जाने-माने पत्रकार बिल स्नाइडर जो ऑब्ज़र्वर के लिए लिखते थे कहा करते थे—जब भी आपको ऐसा लगे कि नॉर्थ कैरोलिना अपना रंग बदल रहा है, आप कुछ रोज़ रुककर प्रतीक्षा कीजिए और आपको दिखने लगेगा कि यहाँ लोग कितने रिपब्लिकन हैं।"

यहीं बूथ के पास एक आलीशान पाँच सितारा होटल था। मुझे हाथ-मुँह धोने थे, तो मैं होटल के अन्दर चला गया। वॉशरूम में मैंने देखा, एक, 50-55 साल का आदमी सीटी बजाता हुआ फ़र्श साफ़ कर रहा है और उसके हाथ पर बड़ा सा टैटू बना हुआ है।

"सुन्दर टैटू है।" मैंने कहा।

"शुक्रिया।" उसने जवाब दिया।

"क्या बनवा रखा है यह?" मैंने पूछा।

"अपनी बेटी वीवो का नाम।" कहते हुए वह रुक गया और मेरे पास आकर अपनी बाँहें दिखाते हुए बोला, "मेरी बेटी मुझे सबसे अज़ीज़ है, इसीलिए यहाँ उसका नाम लिखवाया है। अब उसकी भी एक सुन्दर बिटिया हुई है और मैं सोच रहा हूँ उसका नाम भी कहीं टैटू करवाऊँ।"

"ज़रूर। मैंने भी अपनी बेटी का नाम अपनी बाजू पर टैटू करवा रखा है।" मैंने कहा।

"पर दिख तो नहीं रहा।" उसने पूछा।

"रुकिए।" यह कहते हुए मैंने अपने टी शर्ट की आस्तीन ऊपर कर दी और अपने हाथ पर बना टैटू दिखाया—अनुभूति।

उसने 'अनुभूति' का मतलब पूछा?

जब मैंने उसे बताया कि इसका मतलब अहसास होता है, तो उसने कहा, "आप भारतीय लोगों के नाम के पीछे भी कहानी होती है, हर नाम का मतलब होता है। अगर आप मुझसे मेरी बेटी के नाम का मतलब पूछेंगे तो मुझे पता ही नहीं है।"

मैंने उससे पूछा, "क्या आप यहाँ अपने परिवार के साथ रहते हैं?

"नहीं मैं मूलतः न्यूयॉर्क में रहता था। पिछले 30 वर्षों से वहाँ एक फ़िशिंग कॉन्ट्रैक्टर के साथ था। हम अलास्का से मछली पकड़कर लाते थे। बड़ा मुश्किल काम था, पर तीन माह काम करने के मुझे 35 से 45 हज़ार डॉलर मिलते थे और मैं मुनाफ़े में कमीशन भी लेता था। एक साल में तीन यात्राएँ और तीन महीने छुट्टी। जीवन अच्छा चल रहा था कि मेरी बीवी चल बसी और उसके साल-भर बाद मेरे पिता भी गुज़र गए, वे यहीं पर रहते थे। तब से मेरी 80 साल की माँ यहाँ अकेली पड़ गईं, मेरे 5 भाई-बहन में से कोई भी उनके पास आने को राज़ी नहीं हुआ तो मैंने अपना छोटा अपार्टमेंट बेचकर, यहीं माँ के पास रहने का निश्चय किया। माँ-बाप बूढ़े हो जाएँ तो उन्हें अकेला नहीं छोड़ सकते, ऐसा मेरा मानना है। अगर आज मैंने अपनी माँ को अकेला छोड़ दिया तो कल मेरी बेटी भी मुझे अकेला छोड़ देगी। मैं भगवान से डरता हूँ और इसीलिए माँ की सेवा करता हूँ।" उसने कहा।

उसकी बात सुन मुझे बड़ी हैरत हुई। जहाँ हम भारत में अमेरिका के बारे में सुनते हैं कि परिवार की यहाँ अहमियत नहीं होती, वहीं यह आदमी किसी आम भारतीय जैसी सोच के साथ जी रहा है, जो परिवार और नैतिक मूल्यों पर भरोसा करता है।

माहौल गम्भीर होता देख उसने मुझसे पूछा, "तुम यहाँ क्या कर रहे हो?"

मैंने अपना परिचय देते हुए उसे अपनी यात्रा का उद्देश्य बताया।

यह सुन उसकी आँखें चमक उठीं, "मैं न्यूयॉर्क में रहा हूँ और ट्रम्प वहाँ का सबसे बड़ा ठेकेदार है। मुझे आज भी आश्चर्य होता है कि हमने उसे राष्ट्रपति कैसे बना दिया। हम अमेरिकी इतना रोमांच भी पसन्द नहीं करते। मेरी नज़र में यह राष्ट्रपति एक धब्बा है हमारी समझ के ऊपर। और एक ऐसी भूल जो हमें जल्दी ही सुधारनी होगी। वह किसी की इज़्ज़त नहीं करता, उसका कोई मूल्य नहीं है, ख़ुद के फ़ायदे के सिवा उसे कुछ नहीं दिखता। मैं उम्मीद करता हूँ कि मेरे देशवासी इस बार अपनी भूल का सुधार करेंगे।"

इतना कहकर उसने अपनी घड़ी देखी और कहा, "मेरी शिफ़्ट का समय पूरा हो चुका है, उम्मीद करता हूँ कि आपकी यात्रा शुभ हो और आप यह देखकर वापस जाएँ कि कैसे हमारे देश ने एकजुट होकर इस दानव को व्हाइट हाउस से बाहर धकेला।"

यह कह उसने इजाज़त ली।

"मेरा नाम अविनाश है, आप अपना नाम तो बताते जाओ।" मैंने उससे कहा।

"मेरा नाम जैकी है। आपसे मिलकर अच्छा लगा, उम्मीद करता हूँ जब आप भारत जाएँ तो हमारे देश के बारे में अच्छा लिखें।" यह कहते हुए उसने विदा ली।

13

वॉशिंगटन

2-7 नवम्बर, 2021

37 दिनों की यात्रा के बाद जब मैं इलेक्शन नाइट की पूर्व संध्या पर अपने होटल में चेक इन कर रहा था तो रिसेप्शन पर मेरे दस्तावेज़ देख रही महिला ने हिदायत देते हुए मुझसे कहा, "आप कल बाहर न ही निकलें तो अच्छा रहेगा, पता नहीं कल आप कैसा अमेरिका देखें। हमें डर है कि अगर ट्रम्प हार गए तो उनके समर्थक हिंसा पर उतारू हो जाएँगे।" वह अश्वेत थी और डरी हुई थी। अगले तीन दिनों तक उसने अपनी शिफ़्ट होटल में ही ले रखी थी, ताकि उसे उन्हें बाहर न निकलना पड़े।

ख़बरें लगातार आ रही थीं कि माहौल ख़राब हो रहा है। जब मैं रात को भोजन खोजने निकला तो देखा कि होटल के आसपास कई शोरूम बन्द पड़े थे, दुकानों के शीशों पर मोटी लकड़ी की परत चढ़ी हुई थी और कुछ पर काम चल रहा था। किसी अनहोनी की आशंका चारों ओर फैली हुई थी।

गूगल देव का शुक्रिया कि उन्होंने नज़दीक ही एक भारतीय रेस्टोरेंट दिखाया और उनके निर्देशानुसार मैं और यादव जी भोजन की तलाश में चले जा रहे थे। अभी रात के 8 ही बजे थे लेकिन सड़कें पूरी सूनी हो चुकी थीं, क़रीब 10 मिनट तक हम पैदल चले। हमें सिर्फ़ दो जगह पुलिस की गाड़ी ही

निकलती हुई दिखी। बाक़ी किसी भी जगह इनसान नहीं दिखा। गूगल ने जो जगह बताई थी वहाँ एक छोटा सा रेस्टोरेंट दिखा जिस पर सिर्फ़ इंडियन कुइजिन लिखा हुआ था। अन्दर बमुश्किल इतनी जगह थी जिसमें 20 लोग बैठ सकते थे, पर सभी कुर्सियाँ टेबलों पर उलटी रखी हुई थीं। आप खाना ले जा सकते थे, पर बैठकर नहीं खा सकते थे।

काउंटर पर एक अश्वेत लड़का था। उसे देख हैरत हुई। मेनू देख पीली दाल, आलू की सूखी सब्ज़ी और नॉन का ऑर्डर किया। जब तक खाना तैयार होकर आता, उससे नाम पूछकर बात शुरू की। वह अपना नाम जैकब बताकर किचन में चला गया, उसके जाते ही एक दुबला-पतला व्यक्ति, जिसके बाल सफ़ेद थे और जिसने चेहरे पर मास्क पहना था, बाहर आया और पूछा, "मैं आपकी क्या मदद कर सकता हूँ?"

"कुछ नहीं, हम भारत से है, चुनाव देखने यहाँ आए हैं, भारतीय रेस्टोरेंट देखा तो सोचा, खाना खा लें। जब तक खाना आए तब तक थोड़ी बातचीत कर लेते हैं।" मैंने कहा।

"मैं माफ़ी चाहूँगा, तब तो मैं भी आपकी मदद नहीं कर सकता।" उसने कहा।

क्या यह रेस्टोरेंट आपका नहीं है? मैंने पूछा।

"जी बिलकुल है, पर मैं भारत से नहीं हूँ।" उसने जवाब दिया।

"तो क्या आप बांग्लादेश से हैं?" मैंने पूछा?

लंदन और रोम समेत कई जगह बांग्लादेशी मूल के लोगों को मैंने भारत के नाम से रेस्टोरेंट चलाते हुए देखा है और वहाँ खाना भी खाया है।

"नहीं, मैं साउथ अफ्रीका से हूँ, मेरा नाम सेथ है और मेरी बीवी मीना राव भारत के हैदराबाद से है। आप यहाँ जो भी ऑर्डर करेंगे, उसकी रेसिपी उसी की बनाई हुई मिलेगी। इसीलिए हमारे मेनू में 20 से ज़्यादा भारतीय व्यंजन नहीं हैं।" सेथ ने मुस्कुराते हुए कहा।

हम बातें कर ही रहे थे कि खाना आ गया। बिल का भुगतान करते

हुए मैंने सेथ से पूछा, "क्या रेस्टोरेंट कल खुला रहेगा?"

"अभी कहना मुश्किल होगा।" सेथ बोला, "पर आप मुझे कल इस नम्बर पर 2 बजे फ़ोन कर लेना, मैं आपको बता दूँगा।" उसने अपने मेनू कार्ड पर नम्बर दिखाते हुए कहा।

क़िस्मत अच्छी थी कि सेथ का रेस्टोरेंट जब तक मैं वहाँ था, खुला रहा। दिन भर चलने के बाद रात को रोज़ाना पेटभर सादा भारतीय खाना मिलना ऐसा था मानो भगवान का आशीर्वाद।

यह चमत्कारी आशीर्वाद ग्रहण कर, बड़े दिनों बाद ऐसी नींद आई जिस पर इस चिन्ता का कोई दबाव नहीं था कि सुबह आगे कहीं निकलना है। सुबह 11 बजे डाउन टाउन की राह पकड़ी है। सड़कों पर अभी भी सन्नाटा, पुलिस की टुकड़ी हर मोड़ पर थी, जिन जगहों पर लकड़ी की मास्किंग नहीं हुई थी, वहाँ काम तेज़ी से चल रहा था। नज़दीक ही बने केनेडी रेक्रिएशन सेंटर पर पोलिंग बूथ था, आज उस पर मतदान का आख़िरी दिन था, पर यहाँ आधे घंटे तक खड़े रहने पर भी कोई मतदान करने आता नहीं दिखा।

लगता नहीं आज कोई वोट करने आएगा, सुबह से कोई 25-30 लोग मुश्किल से आए होंगे। वहाँ खड़े एक वोटिंग असिस्टेंट ने कहा।

सबकी नज़रें इस बात पर टिकी हुई हैं कि नतीजा कब आएगा, किसी को भी यह उम्मीद नहीं है कि आज मध्य रात्रि तक यह तय हो जाएगा कि 20 जनवरी को व्हाइट हाउस कौन पहुँचेगा। सभी यह जानने के लिए बेचैन हैं कि क्या डोनाल्ड ट्रम्प को ओवल ऑफ़िस में 4 साल और मिलेंगे या अपने तीसरे प्रयास में जो बाइडन आख़िरकार अमेरिकी राष्ट्रपति बन पाएँगे।

यहाँ से निकलकर मैं पहुँचा व्हाइट हाउस के बाहर पेंसिलवेनिया एवेन्यू, जहाँ ट्रम्प विरोधी प्रदर्शनकारियों और मीडिया का जमावड़ा हुआ था। वहाँ मेरी बात बुल्गेरियाई मूल के अमेरिकन यूनिवर्सिटी से पी-एचडी कर रहे मेरे मित्र म्लादेन पेटकोव से हुई। पेटकोव को इसी वर्ष यहाँ

की नागरिकता मिली है, अमेरिका के हालात पर उन्होंने कहा, "स्थिति चिन्ताजनक है, लोगों में भय और अविश्वास है। ऐसा मैंने पिछले दो सालों में ज़्यादा महसूस किया। पर अच्छा है कि जितना भी ज़हर भरा है वो एक साथ बाहर आ जाए और हम 20 जनवरी से नई शुरुआत करें।"

इस जगह को इन दिनों ब्लैक लाइव्ज़ प्रोटेस्ट स्क्वेयर के नाम से भी जाना जा रहा है। किसी भी वक़्त यहाँ आपको प्रदर्शनकारी हाथ में बैनर लिये दिख जाएँगे और उन्हीं के अनुपात में पुलिस बल भी नज़र आएगा। दिनभर यहाँ जलसे जैसा माहौल बना हुआ था, ऐसा कि मानो प्रदर्शनकारी प्रतीक्षा कर रहे हैं कि बस अब ऐलान हो कि राष्ट्रपति ट्रम्प चुनाव हार गए हैं।

शाम क़रीब 5 बजे मैंने अपने होटल की राह पकड़ी, बस दो घंटे बाद ही चुनाव समाप्त होने के साथ ही परिणाम आने शुरू हो जाएँगे।

शाम सात बजते ही मैंने अपने कमरे की दोनों टीवी चालू कर एक में फ़ॉक्स न्यूज़ और दूसरे में सीएनएन लगा दिया। अभी तक जितना पढ़ा और सुना उससे यह पता चला कि फ़ॉक्स और एसोसिएटेड प्रेस में होड़ लगी रहती है कि पहले परिणाम कौन देगा। ग़ौर करने लायक़ एक और बात यह है कि यहाँ इससे पहले कि राज्य का निर्वाचन अधिकारी आधिकारिक रूप से परिणाम घोषित करे, इन दो नेटवर्क में से एक परिणाम घोषित कर देता है। इनकी विश्वसनीयता इतनी बनी हुई है कि दोनों राजनैतिक दल भी इनको ही देखते हैं।

ऐसा कैसे कर पाते हैं ये ख़बरिया नेटवर्क? "ये हर राज्य के पिछले चार से पाँच चुनावों के परिणामों का बूथ के आधार पर विश्लेषण करते हैं। फिर राज्य के वोटिंग पैटर्न को वर्तमान चुनाव के रुझानों से मिलान करते हैं और देखते हैं कि अभी तक पिछले चुनावों के मुक़ाबले कितना बदलाव आया है। उसी के आधार पर ये दो बड़े नेटवर्क चुनाव के परिणाम घोषित करते हैं। यह बहुत ही पेचीदा काम है, पर इसी काम से ये नेटवर्क

अपनी साख बनाते हैं।" यह गणित मुझे डेमोक्रेट पोलस्टर ऐंड्रू कलस्टेर ने समझाया, जो बराक ओबामा का डिजिटल कैम्पैन संचालित कर चुकी हैं।

शुरुआती रुझान आने लगे तो पहले दो घंटे में जो बाइडन को एकतरफ़ा बढ़त मिली, ऐसा लगा मानो वे मध्यरात्रि तक चुनाव जीत जाएँगे। पर थोड़ी देर बाद डोनाल्ड ट्रम्प दौड़ में वापसी करते दिखाई दिए। सबकी नज़रें फ़्लोरिडा, पेंसिलवेनिया, ओहायो और विस्कॉन्सिन पर गड़ी हुई थीं। अभी तक का कोई भी राष्ट्रपति बिना फ़्लोरिडा और ओहायो जीते ओवल ऑफ़िस में नहीं बैठा था।

पर मुक़ाबला बेहद नज़दीकी था। जहाँ बाइडन जीत रहे थे वहाँ उनकी बढ़त बहुत ज़्यादा नहीं थी। ऐसा ही हाल ट्रम्प का भी था। चुनाव में सनसनी तब फैली जब फ़ॉक्स न्यूज़ ने ऐरिज़ोना के 11 इलेक्टोरल वोटों के बाइडन के खाते में जाने का ऐलान किया। यह चौंका देने वाली घोषणा थी। एक सुरक्षित रिपब्लिकन राज्य में ट्रम्प की हार! हर तरफ़ मानो हाहाकार मच गया, क्या चैनल, क्या ट्विटर और क्या ही व्हाट्सएप।

फ़ॉक्स के प्रेज़ेंटेटर भी ख़बर बताते हुए संकोच कर रहे थे, यह इस चुनाव की सबसे बड़ी ख़बर है। चन्द मिनट में एरन मिश्किन फ़ॉक्स के चुनावी डेस्क का संचालन कर रहे थे। स्क्रीन पर आते हैं और कहते हैं, "मैं आप सभी का संकोच समझ सकता हूँ, पर आँकड़े झूठ नहीं बोलते, मैं अपनी टीम के दिए नतीजों के साथ खड़ा हूँ, डोनाल्ड ट्रम्प ऐरिज़ोना से चुनाव हार रहे हैं।"

मिश्किन के जाने के बाद भी अफ़रातफ़री जारी रहती है, कई वेबसाइटों और ट्विटर हैंडल पर जंग सी छिड़ जाती है।

आधी रात हो चुकी है। अचानक ख़बर आती है कि ट्रम्प मीडिया को सम्बोधित करेंगे।

आधी रात तक आ चुके परिणामों के आँकड़े कुछ ऐसे हैं—जो बाइडन 129 इलेक्टोरल वोटों पर क़ाबिज़ हैं जबकि 109 पर डोनाल्ड ट्रम्प बैठे हैं।

"मैं सभी अमेरिकी नागरिकों का धन्यवाद करना चाहूँगा, जिन्होंने मुझमें अपना विश्वास जताया है और हम जल्द ही फिर से ओवल ऑफ़िस में जा रहे हैं।" डोनाल्ड ट्रम्प नतीजे आने से पहले ही अपने जीतने की घोषणा-सी कर देते हैं।

इसके कुछ ही देर बाद बाइडन अपने समर्थकों के बीच होते हैं। वे कहते हैं, "हमें अपनी जीत का पूरा भरोसा है और हम व्हाइट हाउस जा रहे हैं। आप सब अन्तिम परिणामों का इंतज़ार करें।'

4 नवम्बर की सुबह! नतीजों में कोई भी बड़ा बदलाव नहीं हुआ है। असमंजस की स्थिति बनी हुई है। मैंने अपने एक मित्र से चुनाव के बारे में पूछा जो इस पूरी सरगर्मी के बीच में है, उसने कहा कि चुनाव बाइडन जीत रहे हैं, भले ही मार्जिन कुछ भी हो। लेकिन सीनेट में फ़िलहाल रिपब्लिकन का बोलबाला रहेगा और बाइडन को उनसे तालमेल बनाकर ही आगे बढ़ना होगा। फ़िलहाल जो बाइडन 264 इलेक्टोरल वोट पा चुके हैं और जीत से महज़ 6 वोट दूर हैं।

यह परिणाम आने तक नेवाडा में 75 फ़ीसदी वोट गिने जा चुके हैं और जो बाइडन 7647 वोट से आगे हैं। नॉर्थ कैरोलिना से 15 वोट आने हैं जहाँ 94 प्रतिशत वोट गिने जा चुके हैं। यहाँ ट्रम्प 76,701 वोट से आगे हैं; जॉर्जिया से 16 वोट आएँगे और यहाँ 98 प्रतिशत गिनती के बाद ट्रम्प 28,570 वोट से आगे हैं, पेंसिलवेनिया से 20 वोट आने हैं और वहाँ 89 प्रतिशत वोट गिने जाने के बाद ट्रम्प 1,64,418 वोट से बढ़त बनाए हुए हैं।

मामला बेहद क़रीबी है। चुनाव ख़त्म हुए 36 घंटे हो गए हैं और अभी तक कोई भी परिणाम सामने नहीं आया है। रात में जब मैं बाहर निकला तो क़रीब 11 बजे पेंसिलवेनिया एवेन्यू पर कुल मिलाकर सन्नाटा था, इक्के-दुक्के प्रदर्शनकारी ज़रूर थे और पुलिस के जमावड़े में कोई कमी नहीं थी फिर भी शान्ति व्याप्त थी।

राज्यों में अभी गिनती चल रही है। जैसा कि मैंने पहले कहा, कोई भी राष्ट्रपति फ़्लोरिडा और ओहायो जीते बिना व्हाइट हाउस नहीं पहुँचा है। ट्रम्प यहाँ जीत चुके हैं। इसके बावजूद पीछे चल रहे हैं। इस चुनाव के अन्तिम परिणाम को लेकर उम्मीद और आशंकाएँ बढ़ गई हैं।

जानकार बताते हैं कि परिणाम में देरी की वजह है मेल से आने वाले वोटों का सत्यापन और एक-एक वोट की गिनती। अमेरिकी लोग शान्ति से परिणाम की प्रतीक्षा कर रहे हैं, वहीं भारतीय कमेंटेटर कह रहे हैं कि अमेरिका को इलेक्शन कमीशन ऑफ़ इंडिया से चुनाव आउट सोर्स करा लेने चाहिए।

इसी बीच राष्ट्रपति ट्रम्प 6 नवम्बर की शाम 6:30 बजे व्हाइट हाउस में प्रेस के सामने आते हैं। बिना कोई सवाल लिये वे सिर्फ़ यही कहते हैं, अगर आप लीगल वोट ही गिनें तो हम यह चुनाव जीत चुके हैं। अपने समर्थकों का हौसला बढ़ाते हुए वे कहते हैं, हम किसी को भी अपनी आवाज़ दबाने नहीं देंगे। हम न्याय का हर दरवाज़ा खटखटाएँगे और जीत हमारी ही होगी।

इस प्रेस क्रॉन्फ्रेंस से यह साफ़ हो गया है कि, ट्रम्प अन्दाज़ा लगा चुके हैं कि उनकी जीत अब मुमकिन नहीं है। अब यहाँ से 20 जनवरी तक वो ऐसा माहौल बनाने वाले हैं मानो उन्हें ग़लत तरीक़े से हराया गया है। जैसे-जैसे उनकी हार तय होती जा रही है, लोगों में डर बढ़ता जा रहा है। इसके साथ ही लगता है वॉशिंगटन डीसी में सन्नाटा गहराता जा रहा है।

6 तारीख़ की शाम सूचना आती है कि पेंसिलवेनिया में अभी तक 3,25,000 वोट गिने जाने बाक़ी हैं और जॉर्जिया में क़रीब 20,000। जब अधिकारियों से पूछा गया कि आकी कब तक इन्हें गिना जाएगा, जवाब मिलता है, पता नहीं।

पिछले दो दिन से सिर्फ़ टीवी पर वोटों की गिनती देखी जा रही है और व्हाइट हाउस तक के दो-दो चक्कर लगाए जा रहे हैं। पर कुछ ख़ास नतीजा नहीं निकल रहा। इसी बीच धरनास्थल पर मुलाक़ात होती है, भारतीय मूल

के पत्रकार ललित झा से, जो यहाँ प्रेस ट्रस्ट ऑफ़ इंडिया के संवाददाता हैं और व्हाइट हाउस को रिपोर्ट देते हैं।

उनसे मैंने पूछा, "आप मीडिया के साथ ट्रम्प के रिश्ते को कैसे देखते हैं?"

"किसी भी अन्य राष्ट्रपति के रिश्ते की तरह ही।" उन्होंने एक वाक्य में जवाब दिया।

"क्या बोल रहे हैं आप? जहाँ तक सुना और देखा है, ट्रम्प तो पत्रकारों से बदतमीज़ी के लिए कुख्यात हैं।" मैंने कहा।

"देखिए, आप वही बोल रहे हैं जितना आप ट्रम्प को देख रहे हैं। हमारा प्रेस ऑफ़िस वेस्ट विंग से क़रीब 100 क़दम दूर है जहाँ राष्ट्रपति बैठते हैं। मीडिया सेक्रेटरी हम से 20 क़दम पर बैठते हैं। मैं जबसे देख रहा हूँ, हर राष्ट्रपति का एक अन्दाज़ होता है। ओबामा ने 8 सालों में फ़ॉक्स को सिर्फ़ एक बार इंटरव्यू दिया, वो सिर्फ़ सीएनएन से बात करते थे। उनसे पहले बुश जूनियर को सीएनएन पसन्द नहीं था, जबकि वह उनके पिता बुश सीनियर का पसन्दीदा चैनल था। हर राष्ट्रपति का अपना एक कम्फ़र्ट ज़ोन होता है। यह अमेरिका में ही नहीं, आप भारत में भी देख सकते हैं।

मैंने उन्हें सीएनएन के जिम अकोस्टा और राष्ट्रपति ट्रम्प के बीच हुई बहस के बारे में याद दिलाया तो वे बोले, "मेरे लिए वह एक ऐसा मौक़ा था जो लोकतंत्र को अपनी बेहतरीन दशा में दिखाता है, जिसमें सत्ता से सवाल पूछने वाला देश नहीं, दुनिया के सबसे ताक़तवर नेता से 10 फ़ीट की दूरी से खड़ा होकर कह रहा है, श्रीमान आप झूठ बोल रहे हैं। ट्रम्प उसका जवाब देते हैं, तुम झूठी ख़बर दिखाते हो। इतना सब कुछ होने के बाद भी, ट्रम्प प्रशासन उन्हें व्हाइट हाउस में आने-जाने से नहीं रोकता है, वह बाद में भी मिलते हैं और उनमें भिड़ंत जारी रहती है। यह अद्‌भुत है।"

"अच्छा बताइए, परिणाम क्या होने वाला है?" मैंने पूछा।

"कल तक रुकिए, ख़ुद ही देख लीजिएगा, इतना देखा है तो थोड़ा इंतज़ार और कर लीजिए।" यह कहकर ललित ने विदा ली।

ख़बरों के बीच अटकलों का बाज़ार भी गरम था, सभी लोग कह रहे थे, अगर ट्रम्प हार जाते है तो सुप्रीम कोर्ट उनके बचाव में आ सकता है, जिसके 9 जजों में से अधिकतर उनके ही बिठाए हुए हैं। मैंने ऐंड्रू से इस बारे में पूछा तो उन्होंने कहा, "जिस तरह के हालात हैं ट्रम्प चार से पाँच राज्य हारते हुए दिख रहे हैं, ऐसे में सुप्रीम कोर्ट संज्ञान नहीं ले सकता। उन्हें हर राज्य के सर्वोच्च कोर्ट में जाना होगा और वहाँ साबित करना होगा कि उनके साथ धाँधली हुई है। यहाँ राज्य चुनाव पर अधिकार रखता है, केन्द्र नहीं।

7 नवम्बर, अमेरिका में मेरी इस यात्रा का आख़िरी दिन है, कल सवेरे वापसी तय है। मैं उठने के साथ ही उम्मीद करता हूँ कि परिणाम अधिकारिक रूप से आ जाएगा।

किसी भी वक़्त परिणाम आ सकता है, आँकड़ों को देखें तो बाइडन जॉर्जिया में 1,563 मतों से आगे हैं; पेंसिलवेनिया में 14,516 मतों से आगे हैं, नेवाडा में 20,137 मतों से और ऐरिज़ोना में 39,769 से आगे हैं। सिर्फ़ नॉर्थ कैरोलिना में वे 76,000 वोट से पीछे हैं। उनकी जीत लगभग तय है।

इन्हीं आँकड़ों को देखते हुए, हम आज आख़िरकार लिंकन वॉफ़ल हाउस समय रहते पहुँच गए हैं। यह वॉफ़ल हाउस, उस इमारत में बना है जहाँ राष्ट्रपति लिंकन ने अपना अन्तिम समय बिताया था। हम तीन दिन से यहाँ सही समय पर नहीं पहुँच पा रहे थे, और यह 12 बजने के साथ ही बन्द हो जाता था।

हमारा वॉफ़ल और कॉफ़ी अभी आने को थी, तब तक मैंने लिंकन पर दो किताबें ख़रीद लीं। इस जगह मैं उस इमारत का हिस्सा होने के अलावा कुछ ख़ास नहीं था, पर हमारे डीसी एक्सपर्ट यादव जी की यह जगह जाँची-परखी हुई थी और अब हम अपनी अमेरिकी यात्रा के आख़िरी लंच का आनन्द ले रहे थे।

तभी देखा, काउंटर पर खड़ा व्यक्ति ज़ोर से चिल्लाया, यस वी विन!!! हम जीत गए और उसने और उसके स्टाफ़ ने तालियाँ बजानी शुरू कर दीं। मेरा हाथ मोबाइल पर गया। देखा बाइडन के जीतने की ख़बरें नोटिफ़िकेशन में धड़ाधड़ गिर रही थीं। एकाएक पूरा वॉफ़ल हाउस मानो झूम उठा, स्टाफ़ एक-दूसरे से गले मिलकर बधाई दे रहा था, वहाँ बैठे लोग आपस में बधाई दे रहे थे और तालियाँ बजा रहे थे।

बिना वक़्त गँवाए हमने खाना ख़त्म कर व्हाइट हाउस का रुख़ किया, देखते ही देखते तीन दिन से ख़ाली पड़े डीसी में मानो लोगों का सैलाब उमड़ पड़ा। हर जगह लोग! पैदल, साइकिल पर, कारों में हॉर्न बजाते, जी हाँ, हॉर्न बजाते और अमेरिका का झंडा लहराते लोग आते जा रहे थे। आधे घंटे में तो शहर में मेला सा लग गया, हर कोई एक-दूसरे का अभिवादन कर रहा था। पेंसिलवेनिया एवेन्यू का तो नज़ारा ही बदल गया। पैर रखने तक की जगह नहीं बची थी, एक आदमी सबसे बड़े लैम्प पोस्ट पर चढ़ गया और बीयर की बोतलें खोलकर लोगों में उछाल रहा था। हर तरफ़ एक अलग-सी ऊर्जा थी।

शान्त से रहने वाले शहर को जाने क्या हो गया था, जब तक मैं मुख्य स्थल तक पहुँचता पेंसिलवेनिया एवेन्यू में हजूम अपने चरम पर था। ट्रम्प विरोधी गाने लाउडस्पीकर पर इतने तेज़ बज रहे थे कि व्हाइट हाउस के गलियारों में चल रहा साफ़ सुन सकता था। ये गाने बिलकुल ऐसे थे जिन्हें उस इमारत में रहने वाले सुनना कतई पसन्द नहीं करेंगे।

आमतौर पर ऐसे नज़ारे तब दिखे थे जब सद्दाम हुसैन की मूर्ति बग़दाद में गिराई गई थी या फिर जब लीबिया में कर्नल गद्दाफ़ी को पकड़ा गया था। तानाशाहों के पकड़े जाने या अपदस्थ किए जाने पर जनता में आज़ादी या बंधनों से मुक्ति का जैसा अहसास दिखाई देता है, कुछ वैसी ही ख़ुशी वॉशिंगटन की गलियों में मुझे दिख रही थी। अमेरिका ट्रम्प से मुक्त हो गया है, और लोगों की ख़ुशी सँभाले नहीं सँभल रही है।

"ऐसा नज़ारा तो राष्ट्रपति ओबामा की जीत के बाद भी देखने को नहीं मिला था, आज जो माहौल है उसका कोई मुक़ाबला नहीं।" ये शब्द थे पेंसिलवेनिया एवेन्यू के मोड़ पर बने स्टारबक्स पर पिछले तीन-चार दिनों से रोज़ाना मुझे हॉट चॉकलेट पिलाने वाले जैक नेथन के। उन्होंने कहा, "मैं 2008 में भी यहीं था, तब भी वॉशिंगटन झूमा था और आज वह ख़ुशी से पागल हो गया है।"

तीन घंटे से भी ज़्यादा समय तक व्हाइट हाउस के आसपास यह नज़ारा क़ायम रहा, सूरज ढल जाने के बाद भी लोगों के जोश में कोई कमी नहीं थी। व्हाइट हाउस से वार मेमोरियल होते हुए मैं लिंकन मेमोरियल की ओर जा रहा था। यह वह जगह थी जो मैं इतने दिनों से देखना चाह रहा था पर होटल से दूरी के कारण टाल रहा था, अमेरिकी इतिहास के सबसे चर्चित राष्ट्रपति के स्मारक पर जाने का आज से बेहतर कोई समय नहीं हो सकता था।

लिंकन मेमोरियल पर ग़ज़ब की भीड़ थी, प्रवेश स्थल से मूर्ति तक की दूरी काफ़ी लम्बी थी, मुझे तो एक किलोमीटर से अधिक ही लगी, इसका ज़िक्र इसलिए कर रहा हूँ क्योंकि यह पूरी जगह सूरज ढल जाने के बाद भी लोगों से खचाखच भरी हुई थी।

जब आप लिंकन की मूर्ति के पास खड़े होकर देखते हैं तो वार मेमोरियल और उसके पीछे कैपिटल एक सीधी रेखा में नज़र आते हैं, मानो लिंकन सत्ता के सिंहासन पर अभी भी अपनी पैनी नज़रें गड़ाए बैठे हैं।

आज का दिन भी ऐतिहासिक है, जानकारी के लिए बता दूँ कि लिंकन जब नई बनी रिपब्लिकन पार्टी से राष्ट्रपति बने तब उन्होंने अमेरिका से रंगभेद को मिटाकर, अश्वेतों को ग़ुलामी के बंधन से मुक्त कराया। जबकि आज उन्हीं की पार्टी के ट्रम्प ने अमेरिका को रंगभेद से फिर बाँट दिया। आज लिंकन की पार्टी हार गई, पर लिंकन की सोच जिसने अमेरिका को एकता के सूत्र में बांधा था, फिर से जीत गई। अमेरिकी जनता ने यह साबित

कर दिया कि उन्होंने विभाजन की राजनीति करने वाले एक राष्ट्रपति को अलविदा कह दिया। अमेरिका ने पॉकेट के लिए नहीं बल्कि 'प्रिंसिपल' के लिए वोट कर एक विभाजनकारी नेता को व्हाइट हाउस से बाहर का रास्ता दिखा दिया।

14

6 जनवरी, 2021

"आइ डोंट ट्रस्ट माई फ़ेलो अमेरिकन्स"—यह वाक्य मैंने पहली बार 30 सितम्बर, 2020 को अपने मित्र और अमेरिकन सिविल लिबर्टीज यूनियन के निदेशक बेन वाइजनर से सुना। मैंने बेन के इस वाक्य को बहुत ज़्यादा गम्भीरता से नहीं लिया। बेन, अमेरिकी व्हिसल ब्लोअर एडवर्ड स्नोडेन* के वकील हैं और मानवाधिकारों की पैरवी करते हैं। वे उन अनगिनत लोगों में से एक हैं जिन्हें राष्ट्रपति डोनाल्ड ट्रम्प ने ट्विटर पर ब्लॉक कर रखा है।

मेरी 42 दिन चली अमेरिकी चुनाव यात्रा के शुरुआती दिनों में ही ब्रुकलिन में हमारी बातचीत के दौरान उन्होंने यह वाक्य कहा था। उनका कहना था, "जब से 2016 में अमेरिका ने ट्रम्प को राष्ट्रपति चुना, तब से मेरा अपने देशवासियों से भरोसा उठ गया।

"अगर आप थोड़ा भी सोच सकते हैं, अच्छे और बुरे की आपमें समझ है तो आप ट्रम्प को नहीं चुन सकते। मैंने अनेक अमेरिकियों से बात की थी और उनमें से कोई ट्रम्प समर्थक नहीं था लेकिन जब नतीजा सामने आया तो मैं हैरान हुआ था! मुझे समझ नहीं आया कि जब सभी उनके ख़िलाफ़

---

* अमेरिकी व्हिसल ब्लोअर, जिन्होंने 2013 में राष्ट्रीय सुरक्षा एजेंसी की बेहद अहम सूचनाएँ लीक कर नागरिक जीवन की स्वतंत्रता के प्रति शासन की ओर से सम्भावित खतरों से आगाह किया था।

थे, तो कौन हैं वे लोग, जिन्होंने ट्रम्प को राष्ट्रपति चुना।"

6 जनवरी, 2021 को जब अमेरिकी कांग्रेस, कैपिटल हिल पर आधिकारिक तौर से जो बाइडन को राष्ट्रपति चुनने के लिए इकट्ठा हुई, तो थोड़ा-थोड़ा करते-करते, हज़ारों की संख्या में ट्रम्प समर्थकों ने कैपिटल बिल्डिंग पर धावा बोलकर सभी को चौंका दिया। इस तरह अमेरिकी नागरिक अपनी ही संसद पर हमला कर देंगे, इसकी कल्पना शायद ही किसी ने की थी।

इससे पहले, 1814 में भी कैपिटल बिल्डिंग पर हमला हुआ था। लेकिन वह हमला ब्रिटिश सेना ने उस पर यार्क पोर्ट पर हुए हमले की प्रतिक्रिया में किया था। उस दौरान वॉशिंगटन डीसी में पहली बार कैपिटल, व्हाइट हाउस और ट्रेजरी बिल्डिंग को जला दिया गया था।

यह दृश्य देखते वक़्त मुझे बेन का कहा वह वाक्य याद आ गया। और साथ ही कुछ इसी तरह की और बातें याद आईं जो लोगों में छिपे अविश्वास को दर्शा रही थीं और जिन्हें मैंने अपनी यात्रा के दौरान लोगों से सुना था।

जब 7 नवम्बर को नतीजे घोषित हुए थे तो डर का स्थान जश्न ने ले लिया था और मैंने वॉशिंगटन में लोगों के हजूम को झूमते देखा था। चारों ओर ख़ुशी का माहौल था, इससे लगा था कि अनहोनी का डर ग़लत था, और अमेरिका ने दिखा दिया है कि वह अलगाव की राजनीति को ख़ारिज कर चुका है।

लेकिन इसका एक दूसरा पहलू भी था। ट्रम्प ने इसे आधिकारिक तौर पर स्वीकार नहीं किया। 244 सालों के इतिहास में वे पहले राष्ट्रपति बने जिन्होंने जनादेश को नहीं स्वीकारा। अपने ट्वीट में वे कहते रहे कि उन्हें साज़िश के तहत हराया गया है। जैसे-जैसे सत्ता पर क़ाबिज़ रहने के उनके क़ानूनी दावे ख़ारिज होते गए, ट्विटर पर उनके दावों की झड़ी लग गई कि उन्हें ग़लत तरीक़े से हराया गया है। हममें से ज़्यादातर लोगों की नज़र में राष्ट्रपति ट्रम्प के ट्वीट सहानुभूति इकट्ठा करने का ज़रिया भर

थे। पर उनके समर्थकों के लिए ऐसा नहीं था, उनके लिए तो राष्ट्रपति का हर बयान, हर ट्वीट उनके नेता के प्रति हुई नाइंसाफ़ी का उदाहरण था।

इस कथित नाइंसाफ़ी के ख़िलाफ़ ट्रम्प समर्थकों के मन में लगातार गहरा रहे उन्माद को ख़ुद राष्ट्रपति ट्रम्प ने 6 जनवरी के 'सेव अमेरिका' नाम से आयोजित सभा में अपने भाषण से अराजकता के चरम पर पहुँचा दिया। इसका परिणाम हुआ, कैपिटल बिल्डिंग में आगजनी।

नतीजे आने के ठीक दो महीने बाद जिस भीड़ ने वॉशिंगटन डीसी की गलियों से होते हुए कैपिटल पर हमला किया, वह 7 नवम्बर के जश्न में शरीक हुए अमेरिकियों से कई गुना बड़ी थी। इतनी बड़ी कि जिसकी कल्पना किसी ने नहीं की थी। निस्सन्देह वह विभाजित अमेरिका का डरावना चेहरा थी।

बाइडन से 70, 59, 741 मतों से पराजित हुए ट्रम्प ने अपने चार सालों के कार्यकाल में अमेरिका जनमानस को इतना बाँट दिया है कि क़रीब-क़रीब आधा अमेरिका अपने नेता ट्रम्प के अलावा किसी और की बात को नहीं सुनता। वह रंग के आधार पर लोगों में भेदभाव करता है, आर्थिक असमानता पर बँटा हुआ है, वह शहरी और ग्रामीण के बीच भी भेदभाव करता है। वह यह मानता है कि वॉशिंगटन में सिर्फ़ बिचौलिये राज करते हैं और एक योजनाबद्ध तरीक़े से उन्हें वे सिस्टम से बाहर रखते हैं।

ऐसा सोच रखने वालों को ट्रम्प ने पहचाना, उनके इस ख़ौफ़ को भुनाया कि अगले कुछ सालों में अश्वेत लोगों का अमेरिका में बहुमत हो जाएगा और फिर उन्हें पूछने वाला कोई नहीं रहेगा। उन्होंने ऐसी मानसिकता वाले लोगों में अपने भाषणों से, अपने ट्वीट से, डार्क वेब पर चल रहे क्यू लिंक्स के जरिये अराजकता पैदा की जिस पर वे असत्यापित खबरें लीक करते थे। ट्रम्प की इन कोशिशों के नतीजे दुनिया के सामने हैं।

कैपिटल में आगजनी की घटना के बाद 'हाउस ऑफ़ रिप्रेजेंटेटिव्स' ने एक विशेष सत्र बुलाकर राष्ट्रपति ट्रम्स के ख़िलाफ़ महाभियोग प्रस्ताव

पेश किया। प्रस्ताव के पक्ष में 232 और विरोध में 197 मत पड़े। इसके साथ ही सदन में ट्रम्प के ख़िलाफ़ दूसरी बार महाभियोग पारित हो गया। इस बार दस रिपब्लिकन सासदों ने भी उनके ख़िलाफ़ वोट दिया। ऐसा अमेरिका में अब तक सिर्फ़ चार बार हुआ है। जिनमें से दो बार प्रस्ताव ट्रम्प के ख़िलाफ़ रहा।

सीनेम में ऐसा प्रस्ताव फ़िलहाल नहीं लाया गया है। इसमें रिपब्लिकन और डेमोक्रेट दोनों के 50-50 सीनेटर हैं। अगर ट्रम्प के ख़िलाफ़ यहाँ महाभियोग प्रस्ताव लाया जाता है तो यह तभी पारित होगा जब सत्रह रिपब्लिकन सीनेटर भी इसके पक्ष में वोट दें। अगर ऐसा होता है तो सीनेट एक बिल पास कर सकती है जिससे ट्रम्प भविष्य में शायद कभी चुनाव न लड़ पाएँ।

इसकी सम्भावनाएँ बहुत कम हैं। क्योंकि 2022 में बीस रिपब्लिकन सीनेटर फिर से चुनाव में जाएँगे। वे ट्रम्प के ख़िलाफ़ जाकर अपने वोट गँवाना नहीं चाहेंगे। ट्रम्प व्हाइट हाउस से बाहर जा रहे हैं लेकिन सियासत पर उनकी पकड़ ढीली नहीं समझी जा सकती।

15

बाइडन के लिए आगे क्या

अमेरिका के नये राष्ट्रपति के रूप में ओवल ऑफ़िस में बैठने के बाद जो बाइडन के सामने कई चुनौतियाँ होंगी। आन्तरिक और वैश्विक पटल पर उन्हें अमेरिका की साख मज़बूती से स्थापित करनी होगी। देश की छवि को पिछले चार सालों में ट्रम्प की नीतियों के चलते ज़बरदस्त आघात पहुँचा है। जिन समझौतों में उसकी साझेदारी से दुनिया के कई देश अपने अन्य वैश्विक हितों को साधने के लिए अमेरिका के दबाव या अपनी भावी ज़रूरतों को देखते हुए शामिल हुए थे, वे अब उसे सन्देह की नज़र से देख रहे हैं।

क्लाइमेट चेंज को लेकर किए गए पेरिस समझौते से जब अमेरिका बाहर निकला तो यह एक बहुत बड़ा निर्णय था। इस समझौते में कई देश सिर्फ़ अमेरिका की वजह से शामिल हुए थे, अब जब अमरीका समझौते से बाहर है वे देश ठगा महसूस कर रहे हैं।

वॉशिंगटन पोस्ट के यूजीन रॉबिन्सन के अनुसार, "कोविड महामारी से देश को बचाना बाइडन के लिए सबसे बड़ी चुनौती होगी। इस बात को नकारा नहीं जा सकता कि कोविड ने बाइडन की जीत में अहम भूमिका निभाई है। अगर महामारी नहीं आती और ट्रम्प उसको लेकर लापरवाह नहीं रहते,तो अमेरिका के आर्थिक हालात देखते हुए उन्हें हरा पाना और

भी ज़्यादा मुश्किल होता। अब बाइडन के कंधों पर देश को इस संकट से निकालने की ज़िम्मेदारी होगी। उनकी टीम में कई लोग हैं जिन्हें स्वास्थ्य सेवाओं का अनुभव है, उनके चीफ़ ऑफ़ स्टाफ़ रोनाल्ड केलिन, स्वाइन फ़्लू फैलने के समय व्हाइट हाउस की टीम का नेतृत्व कर चुके हैं। अब सबकी नज़रें बाइडन पर होंगी।"

कोविड का टीका आ चुका है। लेकिन उसको सभी अमेरिकियों तक जल्द-से-जल्द पहुँचाना एक बड़ी चुनौती होगी। इसमें बाइडन को अपनी क्षमता साबित करनी होगी।

इस महामारी के चलते अर्थव्यवस्था की हालत ख़राब हो रही है जिसे फिर से पटरी पर लाने के लिए बाइडन 1.9 ट्रिलियन डॉलर के पैकेज की घोषणा की है। जहाँ ट्रम्प ने नौकरी गँवाने वाले लोगों को 600 डॉलर प्रति हफ़्ते दिए थे, बाइडन वह राशि एक बारी के लिए बढ़ाकर 2000 डॉलर कर रहे हैं, ताकि परिवारों को आर्थिक संबल मिले। उन्होंने 400 डॉलर प्रति हफ़्ता मिलने वाला बेरोज़गारी भत्ता सितम्बर 2021 तक बढ़ा दिया है और प्रति घंटा मिलने वाला पारिश्रमिक 15 डॉलर प्रति घंटा कर दिया है।

बाइडन के लिए दूसरी सबसे बड़ी आन्तरिक चुनौती होगी कि अमेरिकी सीनेट में, जहाँ डेमोक्रेट और रिपब्लिकन की संख्या 50-50 है, वहाँ कोई भी क़ानून पास कराने के लिए 60 वोट की आवश्यकता होती है। उन्हें रिपब्लिकन पार्टी को भी साथ लेकर चलना होगा।

अमेरिका का वर्चस्व मुख्य रूप से चार स्तंभों पर आधारित है। पहला, अर्थव्यवस्था; दूसरा, सैन्य शक्ति; तीसरा, लोकतंत्र और चौथा, नैतिक अधिकार। अर्थव्यवस्था के मामले में आज भी वह महाशक्ति है, पर चीन अब उसके काफ़ी क़रीब पहुँच चुका है। अब चीन को लेकर बाइडन क्या रणनीति बनाएँगे यह देखना रोचक रहेगा। जहाँ तक सैन्य शक्ति की बात है, कोई भी देश अमेरिका के आगे नहीं टिकता। इस बार के चुनाव ने स्पष्ट कर दिया है कि लोकतंत्र अमेरिका में कितना मज़बूत है। उसने

अपनी कैपिटलिस्ट इमेज से परे, जेब की नहीं सोची, बल्कि अपने मूल्यों के आधार पर अपना राष्ट्रपति चुनकर 2016 में की गई अपनी ग़लती को सुधारा, जब उसने एक बाहरी व्यक्ति को सत्ता का सिंहासन सौंप दिया था।

अमेरिका की छवि पर सबसे बड़ा धब्बा, 6 जनवरी, 2021 को उस वक़्त लगा, जब कैपिटल पर हिंसा हुई। इस अप्रत्याशित घटना ने अमेरिका की साख पर एक अमिट दाग़ लगा दिया। अभी तक ऐसी घटनाएँ, अमेरिकी भाषा में, थर्ड वर्ल्ड कंट्री में होती थीं। यही धब्बा राष्ट्रपति जो बाइडन के समक्ष उनके राजनीतिक कैरियर की सबसे बड़ी चुनौती के रूप में खड़ा है। जिस अमेरिका की कमान उन्हें मिली है उसका जनमानस आज बँटा हुआ है। इसलिए सारी दुनिया की नज़रें उन पर रहेंगी कि वे अपने विभाजित राष्ट्र को किस तरह फिर से यूनाइटेड स्टेट्स ऑफ़ अमेरिका बना पाते हैं।

☆☆☆